Babette Kirchner

Eventgemeinschaften

Erlebniswelten

Herausgegeben von
Winfried Gebhardt
Ronald Hitzler
Franz Liebl

Zur programmatischen Idee der Reihe

In allen Gesellschaften (zu allen Zeiten und allerorten) werden irgendwelche kulturellen Rahmenbedingungen des Erlebens vorproduziert und vororganisiert, die den Menschen außergewöhnliche Erlebnisse bzw. außeralltägliche Erlebnisqualitäten in Aussicht stellen: ritualisierte Erlebnisprogramme in bedeutungsträchtigen Erlebnisräumen zu sinngeladenen Erlebniszeiten für symbolische Erlebnisgemeinschaften. Der Eintritt in dergestalt zugleich ‚besonderte' und sozial approbierte Erlebniswelten soll die Relevanzstrukturen der alltäglichen Wirklichkeit – zumindest partiell und in der Regel vorübergehend – aufheben, zur mentalen (Neu-)Orientierung und sozialen (Selbst-)Verortung veranlassen und dergestalt typischerweise mittelbar dazu beitragen, gesellschaftliche Vollzugs- und Verkehrsformen zu erproben oder zu bestätigen.

Erlebniswelten können also sowohl der ‚Zerstreuung' dienen als auch ‚Fluchtmöglichkeiten' bereitstellen. Sie können aber auch ‚Visionen' eröffnen. Und sie können ebenso ‚(Um-)Erziehung' bezwecken. Ihre empirischen Erscheinungsweisen und Ausdrucksformen sind dementsprechend vielfältig: Sie reichen von ‚unterhaltsamen' Medienformaten über Shopping Malls und Erlebnisparks bis zu Extremsport- und Abenteuerreise-Angeboten, von alternativen und exklusiven Lebensformen wie Kloster- und Geheimgesellschaften über Science Centers, Schützenclubs, Gesangsvereine, Jugendszenen und Hoch-, Avantgarde- und Trivialkultur-Ereignisse bis hin zu ‚Zwangserlebniswelten' wie Gefängnisse, Pflegeheime und psychiatrische Anstalten.

Die Reihe ‚Erlebniswelten' versammelt – sowohl gegenwartsbezogene als auch historische – materiale Studien, die sich der Beschreibung und Analyse solcher ‚herausgehobener' sozialer Konstruktionen widmen.

Winfried Gebhardt (gebhardt@uni-koblenz.de)
Ronald Hitzler (ronald@hitzler-soziologie.de)
Franz Liebl (FranzL@udk-berlin.de)

Babette Kirchner

Eventgemeinschaften

Das Fusion Festival
und seine Besucher

Bibliografische Information der Deutschen Nationalbibliothek
Die Deutsche Nationalbibliothek verzeichnet diese Publikation in der
Deutschen Nationalbibliografie; detaillierte bibliografische Daten sind im Internet über
<http://dnb.d-nb.de> abrufbar.

1. Auflage 2011

Alle Rechte vorbehalten
© VS Verlag für Sozialwissenschaften | Springer Fachmedien Wiesbaden GmbH 2011

Lektorat: Frank Engelhardt | Cori Mackrodt

VS Verlag für Sozialwissenschaften ist eine Marke von Springer Fachmedien.
Springer Fachmedien ist Teil der Fachverlagsgruppe Springer Science+Business Media.
www.vs-verlag.de

Das Werk einschließlich aller seiner Teile ist urheberrechtlich geschützt. Jede Verwertung außerhalb der engen Grenzen des Urheberrechtsgesetzes ist ohne Zustimmung des Verlags unzulässig und strafbar. Das gilt insbesondere für Vervielfältigungen, Übersetzungen, Mikroverfilmungen und die Einspeicherung und Verarbeitung in elektronischen Systemen.

Die Wiedergabe von Gebrauchsnamen, Handelsnamen, Warenbezeichnungen usw. in diesem Werk berechtigt auch ohne besondere Kennzeichnung nicht zu der Annahme, dass solche Namen im Sinne der Warenzeichen- und Markenschutz-Gesetzgebung als frei zu betrachten wären und daher von jedermann benutzt werden dürften.

Umschlaggestaltung: KünkelLopka Medienentwicklung, Heidelberg
Gedruckt auf säurefreiem und chlorfrei gebleichtem Papier
Printed in Germany

ISBN 978-3-531-17987-2

Inhalt

Vorwort 7

1 Einleitung 9
  1.1 Konzept des Fusion Festivals 10
  1.2 „Musik, die wie Maschinen klingt" 12
  1.3 Modell des Festes 17
  1.4 Modell des Events 22
  1.5 Hermeneutische Vorgehensweise 24

2 Prolegomena zum Festivalbesuch als kulturelle Praxis 29
  2.1 Kultur als Netz von Bedeutungszuschreibungen 29
  2.2 Fabrikation von Popularkultur 30
      2.2.1 Karneval als Teil der Volkskultur 32
      2.2.2 Macht als Organisationsprinzip 38
          2.2.2.1 Widerstand als Form von Macht 41
          2.2.2.2 Strafe als Instrument von Macht 43

3 Psychische Existenzbewältigung mittels Festivalbesuch ... 45
  3.1 Bedeutung der Ästhetik 45
      3.1.1 Symbolische Arbeit 46
      3.1.2 Funktionen des Stils 50
  3.2 Ferienkommunismus 55
      3.2.1 Außeralltägliche Freiheit 59
      3.2.2 Sampling als Verarbeitungsmethode 61
  3.3 Festlicher Überfluss 67
      3.3.1 Funktionen des festlichen Drogenkonsums ... 68
      3.3.2 Bedeutung von Drug, Set und Setting 72
  3.4 Flucht aus der Kontrolle in die Kontrolle 75
      3.4.1 Dominante Machtposition des Kulturkosmos ... 76
      3.4.2 Festliche Selbstorganisation 81
  3.5 Bedeutung der populärkulturellen Festivalpraxis 83

4 Grenzerfahrungen 87
  4.1 Festivalbesuch als liminale Phase 87
  4.2 Performative Konstruktion des Festivals 95
    4.2.1 Theatralität als soziale Praxis 95
    4.2.2 Verkörperung von Kultur 98
    4.2.3 Festivalgelände als performativer Raum 108
  4.3 Festival als anderer Raum 109
  4.4 „Großangriff auf sämtliche Sinne" 117
    4.4.1 Neue Phänomenologie 118
    4.4.2 Gemeinschaft durch Einleibung 119
    4.4.3 Fröhliche Feieratmosphäre 124
    4.4.4 Zeltlager als Wohnraum 128
  4.5 Performativ-mimetische und sinnliche Konstitution des Festivals 129

5 Gemeinschaften der Festivalbesucher 131
  5.1 Gemeinschaft und Gesellschaft 131
    5.1.1 Verbindung durch Gemeinsamkeiten 131
    5.1.2 Verbindung durch Kontrakte 132
    5.1.3 Vergesellschaftungs- und Vergemeinschaftungsprozesse 133
    5.1.4 Posttraditionale Gemeinschaften 134
  5.2 Symbolische Konstruktion von Gemeinschaft 138
    5.2.1 Gemeinsame Symbole, ähnliche Sinnzuschreibungen 139
    5.2.2 Zwei Gesichter einer Gemeinschaft 142
  5.3 Rückkehr der Stämme 145
    5.3.1 Intimität durch Emotionalität 146
    5.3.2 Raum des Stammes 150
  5.4 Gemeinsamer Urlaub vom Leben 151

6 Paradoxe Gemeinschaften 157

Literatur- und Quellenverzeichnis 161

Anhang

I Forschungsstil Grounded Theory 175
II Allgemeiner Interviewleitfaden 195

Vorwort

Eventgemeinschaften sind Phänomene, die mich seit langem und anhaltend in vielfältigen Varianten interessieren: Wie entstehen diese – radikal posttraditionalen – Gemeinschaftsformen? Was kennzeichnet sie? Lassen sie sich, und wenn ja, dann wie, verstetigen? Das sind die immer wieder kehrenden Kernfragen bei unseren einschlägigen Untersuchungen.

Auf diesem Forschungsfeld am intensivsten befasst haben Michaela Pfadenhauer und ich uns (bislang) mit der Loveparade: Von Mitte der 1990er Jahre bis zu ihrem düsteren Ende 2010 in Duisburg haben wir das Geschehen bei diesem Metropolen-Event beobachtet und analysiert. Was ich von der Loveparade weiß, weiß ich also aufgrund unserer eigenen teilnehmenden Intensiv-Erkundungen. Was ich vom Fusion Festival weiß, weiß ich hingegen nahezu ausschließlich aus dem, was Babette Kirchner dazu geschrieben hat. Gleichwohl traue ich mich hier, dieses Wochenendvergnügen ins Verhältnis zu setzen zum von mir immer wieder selber miterlebten „Love(parade) Weekend" – vertrauend auf Babette Kirchners beeindruckende „plastische" Darstellungen und multiple theoriegeleitete Reflexionen dessen, was als organisatorische Rahmenbedingungen, als Programmgestaltung, als rituelle Praktiken und als weltanschauliche Symbolisierungen die temporäre Zusammengehörigkeitserfahrung der Teilnehmer des Fusion Festivals zu prägen scheint.

Wenn ich das Fusion Festival mit der Loveparade vergleiche, dann fällt mir zunächst einmal eine Reihe von Gemeinsamkeiten der beiden Veranstaltungen auf. Und wenn ich mir dazu hin noch andere Groß-Raves (exemplarisch etwa „Nature One") vor Augen führe, dann frage ich mich selbstverständlich, ob das Fusion Festival – und wenn ja, inwiefern – nennenswerte Unterschiede aufweist zu dem, was wir (ansonsten) als technoide Massentanzvergnügen kennen.

Nun, neben den auch zwischen (anderen) Techno-Partys beschreibbaren organisatorischen und lokalen Besonderheiten weist – und allein das schon macht ihre Studie als Beitrag zur Eventforschung so wertvoll – Babette Kirchner auf ein essentielles Spezifikum des Fusion Festivals hin:

Auch wenn (ein- und mehrtägige, Indoor- und Outdoor-)Großveranstaltungen mit elektronischer Tanzmusik üblicherweise keineswegs auf den Effekt abzielen, den die Loveparade – erklärtermaßen – von Anfang an (also schon 1989 mit jenen mythisch verklärten 150 Beteiligten, die seinerzeit den Kudamm entlang tanzten) haben sollte und innerhalb weniger Jahre auch hatte – nämlich die Vision einer „andersartigen" Raving Community (oder gar „Raving Society") aus den

„Untergrund"-Brachen des wiedervereinigten Berlins heraus als unüberhör- *und* (vielleicht vor allem) unübersehbares Spektakel in Szene zu setzen und dergestalt einer breiten urbanen und alsbald globalen (Medien-)Öffentlichkeit „näher" zu bringen –, so war und ist es doch symptomatisch für große Techno-Partys, wie ich sie kenne, dass so intensiv und extensiv wie möglich für sie geworben und dass die Macher (deshalb) die Aufmerksamkeit der szenespezifischen ebenso wie der allgemein genutzten Medien mit nachgerade allen denkbaren Mitteln auf das Ereignis zu lenken versuchen.

Dem gegenüber wollen die „Fusionisten" anscheinend nicht nur ihre „Andersartigkeit" *nicht* öffentlich demonstrieren. Sie – die Teilnehmer ebenso wie die Organisatoren – wollen im und für den Zeit-Raum ihres kollektiven Rückzugs auch keine Zuschauer – also weder Zaungäste noch Medienvertreter, die das, was da zelebriert wird, nach außen transportieren (sollten). Das heißt nicht etwa, dass das Fusion Festival eine Geheimveranstaltung wäre. Vielmehr ist die „Mundpropaganda" offenbar mehr als ausreichend, um alljährlich zu gegebener Zeit jeweils 60.000 Teilnehmer in das selbstgewählte Reservat bzw. das selbsterrichtete Ghetto zu locken. Und mehr „Fusionisten" will ‚man' bei diesem „Gathering" anscheinend auch nicht dabei haben.

Diese offenbar wohlbedachte, radikale Ab- und Eingrenzung erscheint mir in der Tat als das auffälligste Spezifikum des Fusion Festivals (auch) vor dem Hintergrund von (anderen) mehrtägigen Groß-Raves. Dass die Veranstalter auch dezidiert auf jedes Sponsoring (außer einer öffentlichen Förderung des Landes Mecklenburg-Vorpommern, der Gemeinde Lärz sowie des Landkreises Mecklenburg-Strelitz) verzichten, erscheint somit als ausgesprochen folgerichtig. Und dass im symptomatischen Selbstverständnis und in den situativen Interaktionspraktiken der „Fusionisten" dann auch noch die eine und andere diffuse Idee eines ur- bzw. quasi-kommunistischen Miteinanders „auf Zeit" aufscheint, rundet das Bild, das Babette Kirchner von diesem Event und seinen „paradoxen Gemeinschaften" zeichnet, ab – und evoziert zugleich weitergehende Forschungsinteressen.

Ronald Hitzler

1 Einleitung

Die Besucher des Fusion Festivals bilden nicht per se eine Gemeinschaft. Anhand der sozialen Praxis während des Festivals soll analysiert werden, wie wann und von wem welcher Typus von Gemeinschaft konstituiert wird. Dafür wird zunächst der Festivalbesuch als kulturelle Praxis verstanden. Dabei soll geklärt werden, welchen Dingen und Handlungen die Besucher Bedeutung zuschreiben, wie sie das Festivalerlebnis konstituieren, warum sie konkret das Fusion Festival besuchen, welche Rolle dem Alltag zukommt und warum sie die Gemeinschaft(en) aufsuchen. Zur Untersuchung der sozialen Praxis fließen Beobachtungen und Erzählungen von Interviewpartnern mit ein, die dann im weiteren Verlauf mittels phänomenologischer Hermeneutik zur Auslegung und zum Verstehen führen werden.

Ein erster privater Besuch des Festivals im Jahr 2008 ließ die Idee zur Untersuchung der sozialen Festivalpraxis keimen. Eine Vielzahl von Sinneseindrücken und Verhaltensweisen machte den Besuch zu einem außergewöhnlichen Erlebnis. Schnell stellte sich die Frage, was das besondere Erlebnis für die Besucher ausmacht, warum sie wiederkehren und warum die Besucherzahlen jährlich rapide steigen.[1] Die ersten Eindrücke verwiesen auf eine Zusammenkunft von unterschiedlichen Selbstdarstellern, was ein gänzlicher Widerspruch zur so genannten Gemeinschaft der Fusionisten zu sein schien.[2] Um diesen Widerspruch zu klären wurde für die vorliegende Forschungsarbeit die Frage nach der Vergemeinschaftung der Besucher des Fusion Festivals gestellt. Dabei steht die konkrete soziale Praxis im Fokus. Genauer soll geklärt werden, wie Gemeinschaft von den Besuchern hergestellt wird. Welchen Typus von Gemeinschaft produzieren sie? Wer sind die Mitglieder der bzw. einer Gemeinschaft? Welche Praxen zur Inklusion und Exklusion werden angewandt? Wie stellt sich die Gemeinschaft nach außen dar?

Verschiedene theoretische Typen von Gemeinschaft werden erst im Anschluss an die Betrachtung der sozialen Praxis definiert. Zur groben Begriffsklärung dient deshalb zunächst die Etymologie des Wortes Gemeinschaft. Das althochdeutsche ‚gemeine' bedeutet ‚zusammengehörig, gemeinsam, allgemein'. Weiter heißt das althochdeutsche ‚meinan' ‚denken, sagen, beraten'. Folglich verweist die Gemein-

---

[1] Im Jahr 2009 sind die Besucherzahlen um ca. 15.000 im Vergleich zum Vorjahr gestiegen. Vgl. Kulturkosmos (2009 c).
[2] Vgl. Kulturkosmos (2009 g).

schaft auf zwei Facetten: das Handeln, das eine Verbindung zu anderen Menschen herstellt (Prozesscharakter) und der Zustand der Verbindung (Resultat).[3]

Je nach Musikfestival lassen sich Besonderheiten in der kulturellen Praxis erkennen. Als bedeutender Unterschied zu anderen Technofestivals lässt sich die Vielfalt der musikalischen Subgenres auf der Fusion – so wird das Festival von den Besuchern genannt – aufführen. Aufgrund dessen sind die Besucher vielfältiger als bei Festivals, die sich auf nur ein oder maximal zwei Subgenres des Techno konzentrieren. Denn unterschiedliche Subgenres bedeuten nicht einfach unterschiedliche musikalische, sondern auch soziale Praxen. Zudem versteht der Kulturkosmos Müritzsee e. V.[4] das Fusion Festival aufgrund des vielfältigen Angebotes nicht als reines Musikfestival. Damit besitzt das Festival Attraktivität für sehr unterschiedliche Besucher.

1.1 Konzept des Fusion Festivals

Im Jahr 1997 wurde das Festival auf einem ehemaligen russischen Militärflugplatz in Lärz/Mecklenburg-Vorpommern erstmals veranstaltet. Mittlerweile hat sich das Fusion Festival als jährlich stattfindendes „kulturelles Großereignis in ganz Deutschland und im europäischen Ausland, einen Ruf als einmaliges Kulturspektakel geschaffen"[5]. Der Veranstalter legt für das Festival folgende Schwerpunkte fest:

1. Zusammenführung (engl. Fusion) unterschiedlicher Kunstformen für kulturelle Vielfalt, damit die Besucher ihre Interessen verfolgen, aber auch Neues kennen lernen können
2. Erweiterung des häufig engen kulturellen Interessensbereiches junger Menschen mittels Konfrontation mit Neuem und Unbekanntem
3. exemplarische Darstellung der Möglichkeiten des Geländes für weitere Veranstaltungen.[6]

Der Verein Kulturkosmos beschreibt seine Arbeit als Verknüpfung interdisziplinärer und multikultureller Aspekte des Fusion Festivals mit den „besonderen Möglichkeiten der Bewusstseinsbildung im Sozialisierungsprozess von jungen Menschen"[7]. Als Ziel des Festivals definiert der Kulturkosmos die Erzeugung

---

[3] Vgl. Riedel (1975), S. 801 f.
[4] Der Kulturkosmos Müritzsee e. V. ist der Veranstalter des Fusion Festivals.
[5] Kulturkosmos (2009 n).
[6] Vgl. ders. (2009 n).
[7] Kulturkosmos (2009 o).

Konzept des Fusion Festivals

von Respekt und Toleranz bei jungen Menschen, die auch mit einer expliziten Abgrenzung gegen Rassismus einhergeht.

„Durch integrative Einbindung von Jugendlichen in die kulturellen Aktivitäten sollen Toleranz und Weltoffenheit gefördert und gebildet werden [...]. Der Kulturkosmos bietet so Raum für gesellschaftliche Auseinandersetzungen über eine Zivilgesellschaft, die in der Lage ist, Fremdenfeindlichkeit und rechtsradikaler Gewalt entgegenzuwirken"[8].

Neben der Hinterfragung von „rechtsextremistischen Weltbildern [...] [hat] das einmalig große Erlebnispotential des Festivals [...] unbestreitbar positive Einflüsse auf das kulturelle Verständnis vieler Menschen unterschiedlichen Alters"[9]. Das vielfältige Angebot vor Ort setzt sich zusammen aus elektronischer Tanzmusik, Live-Musik, Theater und Performance, experimentelles Kino und Installationen aus dem Bereich der bildenden Künste. Theater und Performance sind seit mehreren Jahren ein Schwerpunkt des Festivals, das seit 2001 mit öffentlicher Förderung vom Kultusministerium Mecklenburg-Vorpommern, der Gemeinde Lärz sowie dem Landkreis Mecklenburg-Strelitz, aber ohne Sponsoring, produziert wird. Neben der Kulturförderung betont der Kulturkosmos die sekundäre Tourismusförderung, da viele Besucher nach dem Festival noch ein paar Tage in der Region bleiben. Ansonsten ist die Verbindung zwischen Festival und Destination eher marginal.[10]

Das Fusion Festival findet jährlich am letzten Wochenende im Juni statt. Es wird offiziell am Donnerstag 21:00 Uhr an der zentralen Turmbühne eröffnet, indem der erste DJ sein Liveset[11] performt. Das offizielle Ende ist mit Sonntag 24:00 Uhr ebenfalls an der Turmbühne erreicht. Das Gelände kann bereits ab Mittwoch 12:00 Uhr betreten und bis Dienstag bewohnt werden. Vor der offiziellen Eröffnung bzw. nach der offiziellen Beendigung legen zwar keine DJs auf, aber es kann trotzdem zu Musik von CD-Playern getanzt werden. Im Vergleich zu anderen Musikfestivals fällt besonders auf, dass vorab kein Line up[12] veröffentlicht wird. Festivals locken ihre Besucher üblicherweise mit bekannten Künstlern, die ein spezifisches musikalisches Erlebnis versprechen. Die Fusionbesucher hingegen erhalten das Line up erst mit dem Betreten des Geländes. Die Attraktivität des Festivals wird folglich weniger durch Musikstars geprägt.

---

[8] Ebd.
[9] Ebd.
[10] Vgl. ders. (2009 o), (2009 p), (2009 q), (2009 r).
[11] Der DJ spielt seine Musik (und/oder die von anderen Künstlern) in einem Mix ab, der im Idealfall live in Interaktion mit dem Publikum entsteht. Vgl. Pfadenhauer (2009), S. 9ff.
[12] Im Line Up werden die Künstler aufgezählt, die auftreten werden.

Der Kulturkosmos Müritzsee e. V. existiert seit 1999 als gemeinnütziger Verein und betreibt als kleine Gruppe von festen Mitgliedern die Planung und Organisation des Fusion Festivals. Die meisten Vereinsmitglieder arbeiten ehrenamtlich, weswegen auch eine enorme Zahl an Helfern jährlich an der Bereitstellungsleistung mehrere Wochen vor dem Festival beteiligt ist. Das Festival selbst wird von einem Netzwerk aus verschiedenen Gruppen realisiert, die insgesamt ca. 800– 1.000 Sympathisanten umfasst. „Im Alltag beschäftigen sich diese Gruppen mit Subkultur, linker Politik, Jugendarbeit oder Kunst"[13]. Die einzelnen Gruppen übernehmen verschiedene Aufgaben wie Getränkeverkauf, Bühnendekoration, Betrieb der Toiletten etc. und arbeiten nach Absprache mit dem Kulturkosmos weitgehend selbstständig. Der erwirtschaftete Gewinn fließt direkt in die Unterstützung verschiedener sozialer, kultureller oder links-politischer Projekte der jeweiligen Gruppen. Außerdem arbeiteten im Jahr 2009 ca. 1.800 Festivalbesucher jeweils eine Schicht von sechs Stunden, die sich damit ihren Ticketpreis verdienten. Mit den 500 gebuchten Künstlern waren insgesamt ca. 3.000 Aktivisten in der Potential-, Prozess- und Ergebnisphase des Fusion Festivals beteiligt. Aufgrund dieser enormen Zahl und diffusen Netzwerkstruktur kann nicht exakt bestimmt werden, wer genau zur Fusioncrew gehört, die das Festival organisiert und durchführt, nur so viel: Der Kulturkosmos plant, organisiert und leitet die konkrete Veranstaltung des Fusion Festivals.[14] St. John bezeichnet die Organisation des Festivals auch als „professional amateurism".[15]

1.2 „Musik, die wie Maschinen klingt"[16]

Das Fusion Festival bietet weitaus mehr als Musik zu jeder Tages- und Nachtzeit. Das Besondere an diesem Festival ist die oben genannte Vielfältigkeit der künstlerischen Darbietungen. Der musikalische Fokus liegt auf einem sehr breit gefächerten Spektrum von Technomusik. Nichtsdestotrotz lassen sich ebenso zahlreiche andere Musikgenres finden. Da Technomusik jedoch vordergründig ist, wird im Folgenden der Fokus auf diesen Musikstil und seine Besonderheiten gelegt.

Über den Ursprung der Technomusik herrscht in der Literatur Uneinigkeit. Sehr wahrscheinlich ist der Einfluss aus mehreren musikalischen und künstlerischen Stilrichtungen wie auch Staaten. Anfang des 20. Jahrhunderts wurden

---

[13] Kulturkosmos (2009 l).
[14] Vgl. ders. (2009 l).
[15] St. John (2009), S. 137.
[16] Laarmann (1997) in Rösing (2001), S. 179.

Geräte zur Aufzeichnung und Bearbeitung von Klangereignissen entwickelt, mit denen wiederum elektro-akustische bzw. -mechanische Musik erzeugt werden konnte. Russolo begründete den Bruitismus, eine Strömung des italienischen Futurismus, die Geräusche der Umgebung in die Musikproduktion mit einbezieht.[17] Die Einbindung von Geräuschen eines ganzen Stadtteils ist das populärste Beispiel einer elektro-akustischen Komposition.[18] Henry und Schaeffer zeichneten später in der Musique Concrète Geräusche auf, die sie im Tonstudio veränderten und zu einer Komposition zusammenfügten. Stockhausen produzierte erstmals Kompositionen aus klassischer und elektronischer Musik.[19] In Anlehnung an ihn produzierte die deutsche Gruppe Kraftwerk in den 1970er Jahren Musik mittels Synthesizern, wovon sich wiederum ein paar Jahre später der HipHop-Musiker Bambaataa in den USA inspirieren ließ.[20] In den 80er Jahren des 20. Jhd. entstanden in den USA Prototypen des heutigen Techno: Chicago House und Detroit Techno. Der technische Fortschritt, der einerseits hohe Arbeitslosigkeit in der von der Automobilindustrie geprägten Stadt Detroit brachte, wurde andererseits in der Freizeit genutzt, um Tanzmusik zu produzieren. Juan Atkins gilt als einer der Begründer des Techno im Jahr 1985. Die Musik diente als einziges Ventil, um die Erschütterung über die Perspektivlosigkeit tanzend abzuarbeiten, nicht zu verarbeiten. Während der Party sollten keine sozialen Missstände angeprangert, sondern eine Gegenwelt geschaffen werden, die reinen kompensatorischen wie hedonistischen Zwecken diente.[21]

Parallel dazu entwickelte sich auch in Deutschland die elektronische Musik, wenngleich dafür noch kein spezifischer Name existierte. Als die Gründerstädte gelten Frankfurt/Main und Berlin. Bereits 1982 wurden in einem Frankfurter Kellerclub Techno-Partys organisiert, die später im Dorian Gray, einer deutschlandweit beliebten Flughafendiscothek stattfanden, in der auch seit dem Beginn Sven Väth Platten auflegte. In Berlin wurden seit 1989 in einem illegal genutzten Kellerraum, der zum Club umfunktioniert wurde, regelmäßig Partys veranstaltet, bei denen unter anderem Dr. Motte (mit bürgerlichem Namen Mathias Roeingh) auflegte. Dr. Motte ist vor allem durch die Initiation der ersten Lovparade 1989 über den Berliner Kurfürstendamm berühmt geworden. Der Jugendsender Radio 4U des Radiosenders Freies Berlin sorgte bereits damals für die Verbreitung der Musik. Marusha (bürgerlich Marion Gleiß) startete hier zunächst als Gast und übernahm 1991 die Sendung. Das Jahr 1991 gilt auch „als die endgültige

---

[17] Vgl. Anz (1995), S. 10.
[18] Vgl. Sterneck (1998), S. 113 ff.
[19] Vgl. Meyer (2000), S. 36 f.
[20] Vgl. Böpple (1996), S. 16 f.
[21] Vgl. Klein (2001), S. 171; Lothwesen (2000), S. 81 f.

Geburtsstunde der deutschen Techno-Szene"[22]. Der deutschlandweit berühmteste Techno-Club Tresor wurde in diesem Jahr in einem alten Tresor eines großen Kaufhauses eröffnet; und Frankfurter wie Berliner Strömungen liefen auf der ersten Mayday-Party in riesigen Hallen zusammen. Techno verbreitete sich zunächst rasch innerhalb Deutschlands und Europas, was auch zu einer schnellen Zersplitterung in Subszenen führte. Die amerikanischen Begründer des Techno waren später häufig im Tresor zu Gast, was wiederum den bis heute bestehenden interkontinentalen Austausch förderte.[23]

Techno als Bezeichnung für einen Musikstil wurde bewusst von Technik und Technologie abgeleitet.[24] Unter Technik wird zusammenfassend die Nutzung naturwissenschaftlicher Erkenntnisse für die Gesellschaft bezeichnet. Das griechische ‚téchnē' bedeutet ‚Kunst, Kunstfertigkeit, Geschick, Handwerk, Gewerbe' und ist abgeleitet von ‚technikós' zu Deutsch ‚kunstvoll, kunstverständig, sachgerecht, fachmännisch, listig'.[25] Die Musik lässt sich dementsprechend als ein kunstvolles Zusammenspiel von Mensch und Maschine zur Produktion von Musik beschreiben.

Techno als Bezeichnung für ein popmusikalisches Genre muss zunächst einmal kontrovers betrachtet werden. Der Gattungsbegriff hat sich in den 1990er Jahren für jegliche elektronisch produzierte Musikstilrichtungen etabliert. Techno hat sich jedoch längst ausdifferenziert und in zahlreiche Sub- und Subsubgenres zersplittert, weswegen in der Fachliteratur oftmals die Rede davon ist, dass Techno seinen Zenit überschritten hat und zugleich die Frage gestellt wird, was danach folgt.[26] Entgegen dieses Kanons über das Verschwinden von Technomusik und dem dazugehörigen Lifestyle verweisen die zahlreichen musikalischen Stilarten, Substilarten und Subsubstilarten eher auf eine Weiterentwicklung. Jährlich entsteht eine Vielzahl von neuen Namen für Subgenres, die ökonomische wie auch identitätsrelevante Funktionen erfüllen. Mit (namentlich) neuen Subgenres wollen einerseits Plattenfirmen die Aufmerksamkeit potentieller Käufer wecken und damit den Vertrieb fördern. Andererseits verweisen Menschen mit der Rezeption bestimmter Musik auf die Zugehörigkeit zu einem spezifischen Subgenre. Sie beanspruchen ein Subgenre für sich, solange ihre Andersartigkeit damit betont werden kann. Wenn der Mainstream an dem Subgenre Interesse findet, wird ein neues Subsubgenre entwickelt. Der Mainstream lässt sich jedoch empirisch nicht definieren. Vielmehr dient er als abstraktes Feindbild von einer Masse durch-

---

[22] Volkwein (2003), S. 24.
[23] Vgl. Volkwein (2003), S. 9 ff.
[24] Vgl. ebd., S. 187.
[25] Vgl. Pfeifer (1993 b), S. 1420.
[26] Vgl. Hitzler (2003), S. 212 ff.

schnittlicher Hörer, um sich abgrenzen zu können.[27] Wissen über ein Subsubgenre als Popularkultur dient außerdem als Gatekeeper. Wer den jeweiligen Netzwerken nicht angehört, kann das spezifische Wissen nur schwerlich erlangen. Und Unwissenheit ist ein Exklusionskriterium.[28]

In Anbetracht der verschiedenen Funktionen der stetigen Namensentwicklung von Sub- und Subsubgenres existiert bei der Beschreibung des heterogenen musikalischen Phänomens kein Konsens und wird auch kein Konsens zu erwarten sein. Im deutschsprachigen Raum konnte sich nur soweit geeinigt werden, dass unter Techno allgemein elektronisch und computergestützt produzierte Musik verstanden wird, die hauptsächlich zum Tanzen geeignet ist. In der englischsprachigen Fachliteratur hingegen wird als Metabegriff Electronic/Dance Music verwendet. Die äußerst weit gefasste Metaebene ermöglicht eine Betrachtung der Spezifika der Subgenres, die sich aber auch in der sozialen Praxis mit politischen und ökonomischen Aspekten anderer Subgenres überschneiden. Insbesondere die kulturelle Praxis, d.h. Musikproduktion und Konsumption, ist eng mit der Ökonomie verwoben. Medien und Musikproduzenten fassen z.B. zur besseren Vermarktung verschiedene Stilarten unter einem Genre zusammen, indem sie sich auf deren Gemeinsamkeiten beziehen und Unterschiede ausblenden.[29]

Techno ist als eine musikalische Praxis zu verstehen, die sich durch eine spezifische Form der Produktion und Rezeption populärer Musik dieses Genres auszeichnet. Die technische Realisierung basiert auf dem Einsatz elektronischen Instrumentariums zur Klangerzeugung mit dem Fokus auf rhythmische Elemente. Beim Hören werden jedoch schnell unterschiedliche Strömungen deutlich, weswegen die o.g. Begriffsklärung auch nur als grobe Orientierung dienen kann.[30] „Techno ist also nicht gleich Techno"[31]. Nichtsdestotrotz hält sich die – wenn auch grobgefasste – Bezeichnung Techno beständig in der Popularmusikforschung, da u.a. das allgemeine Prinzip elektronischer (Unterhaltungs-)Musik ausschlaggebend ist:

- Technologische Mittel wie Sequenzer, Synthesizer, Sampler, Drumcomputer, Computer,
- Kreative Zielsetzung: akustische und sensorische Vermittlung der Musik,
- Spartentypischer Rhythmus und Klänge: Four-to-the-floor-Beat mit präsenter Bassline und Verknüpfung von innovativen Klängen mit nichtmusikalischen Geräuschen,

---

[27] Vgl. Thornton (1995), S. 92 ff.
[28] Vgl. Jerrentrup (2001); Stauber (2004), S. 98; McLeod (2001), S. 60 ff.
[29] Vgl. Lothwesen (1999), S. 71; Volkwein (2003), S. 185; McLeod (2001), S. 60 ff.
[30] Vgl. Volkwein (2003), S. 187.
[31] Lothwesen (1999), S. 86.

- Standardisierte Verfahrensweisen wie Sampling, Loops etc.,
- Klangschichtung und -reihung zur Erzeugung von repetitiven Klangpatterns.[32]

Als Hauptmerkmale von Technomusik gelten der Bruch mit konventionellen musikalischen Strukturen, die Integration von nichtmusikalischen Geräuschen sowie die elektronische Klangerzeugung. Die Tracks (musikalische Stücke) entsprechen weder der traditionellen Harmonielehre noch der typischen dreiminütigen Länge von Popsongs. Vielmehr markieren die repetitiven Rhythmen und Endlosschleifen eine musikalische Entgrenzung. Taktgeschwindigkeit und Klangcollage zeichnen die Musik aus, bei der der Bass (häufig) vordergründig ist. Mittels Sampling werden vorhandene musikalische Produktionen dekontextualisiert, fragmentiert und in neue Zusammenhänge eingefügt, die dann eine neue Komposition entstehen lassen.[33] Entsprechend der Funktion von Techno als Tanzmusik sollen vor allem Wechsel von Spannung und Entspannung erzeugt werden, „durch regelmäßige überwiegend geradtaktige Elemente, die sich zu einem losen Gebilde zusammenschließen, dessen offene Anlage (rhythmusfreie Einleitung und Endung) das Ineinandermischen einzelner Stücke [...] gewährleistet"[34].

Ebenso schnell wie sich die Musik wandelt, so verändern sich auch die Begrifflichkeiten. Die noch immer in der Literatur verwendete Bezeichnung „Rave"[35] für Open Air-Veranstaltungen ist längst veraltet und ruft bei heutigen Technofans nur ein Grinsen oder gar Gelächter hervor. Zugunsten einer zeitgemäßen Untersuchung des Phänomens Fusion Festival wird deshalb auf die antiquierte Bezeichnung Rave verzichtet. In den Interviews kristallisierte sich heraus, dass auch Techno selten bzw. sogar ungern als Bezeichnung der bevorzugten Musik verwendet wird. Viele Interviewte assoziierten damit einen ganz bestimmten Substil der elektronischen Tanzmusik, wie sie die Metaebene nannten. Denn der Begriff Techno wird in der Musikwissenschaft und in den Medien anders verwendet als in der Szene.[36] Da die Rezeption vor allem bei Tanzveranstaltungen erfolgt, wird die elektronisch erzeugte Musik auch häufig elektronische Tanzmusik genannt. Diese Bezeichnung leitet sich aus dem Angloamerikanischen ab und verweist auf die enge Beziehung der Musik zum ‚Dancefloor'.[37]

Techno als Oberbegriff umfasst sehr verschiedene, mittlerweile sehr stark ausdifferenzierte Subgenres, die sich grob in sechs Hauptrichtungen differen-

---

[32] Vgl. ebd., S. 71 ff.; Volkwein (2003), S. 188. Klangpattern ist ein Klangmuster.
[33] Vgl. Vogelgesang (2001), S. 268 f.
[34] Lothwesen (1999), S. 71.
[35] Hitzler (2003), S. 214.
[36] Vgl. Volkwein (2003), S. 9 f.
[37] Vgl. Meyer (2000), S. 35.

zieren lassen: Acid, Ambient, Techno, Gabber/Hardcore, House und Trance. Die unterschiedlichen Subgenres und Bezeichnungen resultieren aus dem historischen Kontext ihrer Entstehung, der Produktionsbedingungen sowie medial geschickter Begrifflichkeiten. Aufgrund der zahlreichen Stilrichtungen und Subgenres von Techno ist die Szene mittlerweile schwer durchschaubar geworden, weshalb die Bezeichnung Techno oder elektronische Tanzmusik als grober Sammelbegriff trotz allem sinnvoll erscheint.[38]

Neben dem musikalischen Genre wird auch die spezifische soziale Praxis, die mit den Partys der elektronischen Tanzmusik verbunden ist, und teilweise sogar eine gewisse Affinität technischen Innovationen gegenüber als Techno bezeichnet. Techno wird von manchen Autoren zuweilen als bestimmter Lebensstil verstanden, da Technofans ihr Leben zwischen Woche (zum Arbeiten) und Wochenende (zum Feiern) differenzieren. Der Einfluss beider Lebensbereiche aufeinander ist dabei überaus gering. Politische, gesellschaftliche oder private Probleme werden auf den Partys (scheinbar) ausgeklammert und das Partygeschehen findet nur teilweise im Hören von Technomusik und noch seltener im Tragen typischer Kleidung in der Arbeitswoche ihren Ausdruck.[39]

Das Untersuchungsphänomen Fusion Festival weist zahlreiche Merkmale, vor allem der sozialen Praxis Techno, auf, die im Folgenden gedeutet und verstanden werden soll. Aufgrund der bereits dargestellten Vielfältigkeit des Musikstils und entsprechenden sozialen Praxen kann keine detaillierte Betrachtung aller auf dem Festival vertretenen Subgenres erfolgen. Stattdessen erscheint die Fokussierung der Gemeinsamkeiten sinnvoll.

1.3 Modell des Festes

Die soziale Wirklichkeit wird im permanenten Wechselspiel von alltäglichen und außeralltäglichen sozialen Handlungen konstituiert. Alltägliches Handeln dient der physischen Existenzbewältigung; außeralltägliches der psychischen Bewältigung.[40] Den Besuch von Festivals lediglich mit dem je spezifischen Angebot zu begründen,[41] erfasst demnach das Phänomen Festival bei weitem nicht tiefgründig genug.

‚Festival' lässt sich erklären als ‚Festspiel, große, mehrtägige festliche Veranstaltung'. Die Bezeichnung wurde im 19. Jhd. vom englischen ‚festival' über-

---

[38] Vgl. Volkwein (2003), S. 2, 188; Vogelgesang (2001), S. 265.
[39] Vgl. Klein (2001); Seifert (2004); Hitzler (2005a), S. 45 ff.
[40] Vgl. Weber in Gebhardt (1987), S. 81.
[41] Vgl. Nicholson (2001).

nommen und bedeutet ‚Musikfest'. Heute bezeichnet Festival periodisch wiederkehrende Festveranstaltungen. Die mehrtägige festliche Veranstaltung Fusion Festival muss von Partys klar abgegrenzt werden, da diese meist nur eine Nacht andauern. ‚Party' wurde im 20. Jhd. vom Amerikanisch-Englischen ‚party' übernommen und bezeichnet ‚geselliges Beisammensein, zwanglose Geselligkeit, Gesellschaft'.[42]

Das Fest ist Nicht-Alltag. Es steht für Entlastung, Erholung, Ferien. Bereits im Alten Testament erscheint die Dialektik von Arbeit und Ruhe als göttliches Gebot. In der Genesis ist damit das Recht auf Feste verankert. In der römischen Gesellschaft bedeutete das Fest nicht nur die Niederlegung der Arbeit, sondern auch die Aussetzung des Handels und Rechtswesens. In der Neuzeit erfüllt das Fest nur noch zwei Funktionen, nämlich die der Rekreation (zur Effektivitätssteigerung der Arbeit) und der bewussten Betonung außerordentlicher Ereignisse (zur Erinnerung an den identitätsrelevanten Anlass). Das Fest umfasst stets die Heraushebung aus dem Alltag und bedeutet ursprünglich ‚heilige Zeit'. Der heilige Charakter entsteht aus der Verbindung mit dem Ursprung, der Erinnerung an die Schöpfung. Im Fest wird auf spezifische Weise routinierten Abläufen Bedeutung beigemessen und damit dem Alltag ein Sinn gegeben, den er nicht aus sich selbst heraus vermitteln kann.[43]

Feste sind unregelmäßige, ungeordnete und nicht planbare Geschehnisse, die zwar nur eine bestimmte Zeit währen, aber deren Dauer meist nicht exakt bestimmbar ist. Der Ablauf des Festes lässt sich zwar planen, jedoch aufgrund der sozialen Interaktion nicht dessen Ausgang. Es muss eine Grenze zwischen Alltag und Fest bestehen bleiben, da – aufgrund ihrer gegenseitigen Abgrenzung – andernfalls beide aufhörten zu existieren. Das Fest als kulturelle Praxis (Abb. 1) führt die sonst unabhängig voneinander existierenden Komponenten Gemeinschaft, Bedeutung und Form (äußerer Kreis) zusammen, indem sie sich dann aufeinander beziehen (innerer Kreis) und gegenseitig permanent beeinflussen. Abhängig vom spezifischen Fokus können Ereignisse im Vergleich zur idealtypischen Form mit unterschiedlichem festlichem Charakter beschrieben werden. Im Fest findet sich eine Gemeinschaft zusammen, die diesem eine spezifische lebensbejahende Bedeutung beimisst und dies mit spezifischen äußeren Formen zum Ausdruck bringt.[44]

---

[42] Vgl. Pfeifer (1993 b), S. 338, 977.
[43] Vgl. Maurer (2004), S. 23 ff.
[44] Vgl. ebd., S. 129; Deile (2004), S. 10 ff.

Modell des Festes 19

Abbildung 1   Festmodell (Deile 2004, S. 10).

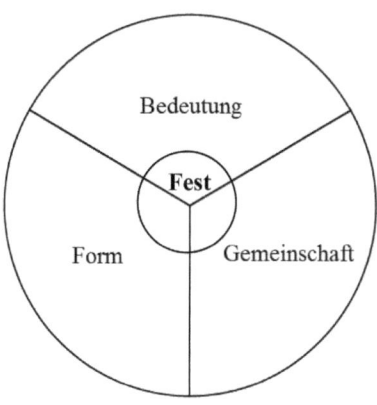

Das Fest hilft durch den kollektiven Ausstieg den Alltag zu bewältigen, dessen Last das Individuum sonst allein tragen muss. Jedoch ermöglicht es nicht nur negative Fluchtaspekte, sondern auch positive, indem das Individuum durch die ekstatischen Momente eine Selbststeigerung erfährt und sich selbst offenbart. Durch die Entdifferenzierung erlebt sich der Mensch im Fest als eine Einheit von sonst unterschiedlichen sozialen Rollen und Positionen. Die Festgemeinschaft definiert für sich, welche äußere Form Differenzqualität zum Alltag besitzt und welche besondere Bedeutung sie dem Fest beimisst. In seiner äußeren Erscheinungsform hat das Fest die Funktion der Ekstase und Flucht aus dem Alltag, indem sonst geltende Verbote aufgehoben werden. Durch den Exzess als Gesetz des Festes werden alltägliche Normen zunächst außer Kraft gesetzt und später eben deshalb erneuert. Aus dem außeralltäglichen Erlebnis erwächst einerseits eine Bereicherung des Lebens jedes Einzelnen und andererseits eine Stärkung der Gesellschaft bzw. Gemeinschaft. Feste stiften damit in zweifacher Hinsicht Identität: Einerseits grenzen sich Festgemeinschaften ab und aus. Andererseits erfolgt eine Inklusion aller am Fest Beteiligten durch die gemeinsame Aufhebung rechtlicher, sozialer und moralischer Normen, die sonst für die Funktionsfähigkeit der Gemeinschaft unerlässlich sind. Die Grenzenlosigkeit gefährdet jedoch nicht die Gemeinschaft der Festteilnehmer. Stattdessen ermöglicht das Fest die Regeneration des Individuums und des Kollektivs infolge der Flucht aus dem geregelten Alltag in ein ‚göttliches Chaos' und der gemeinsamen Erfahrung dessen. Die Gemeinschaft als wesentlicher Aspekt des Festes ermöglicht zwei Formen der Entlastung: Einerseits Entgrenzung des Individuums im Aufgehen in der Gemeinschaft, andererseits Befreiung aus dem sozialem Druck der Gemeinschaft im Verneinen der Normen und Sich-Entziehen. Das Fest zeichnet sich in dieser Sichtweise durch Vergessen, Eskapismus und absolute Befreiung aus der alltäglichen Existenz, ohne bewusste Reflexion darüber, aus.[45]

Feste bilden einen Freiraum, in dem verschiedene Inhalte widerspruchsfrei miteinander verknüpft werden können. Sie haben jedoch nicht zwingend gesteigerte Lebensfreude zur Folge. Ihr Ergebnis ist generell offen. Die Ekstase ist die idealtypische Handlungsform des Festes, da hierbei Menschen Transzendenz erfahren. Zur Ermöglichung der Ekstase dienen ein üppiges Festmahl, Getränke sowie andere berauschende Stimulanzien wie Drogen. Ebenso helfen Musik und Tanz zur Herbeiführung des angestrebten Zustandes. Desweiteren trägt die Ausschmückung der Festräume als Spiel von Licht (auch Feuer), hellen Farben und diversem Schmuck entscheidend zur festlichen Gestimmtheit bei, die sich durch eine Leichtigkeit z.B. im Lachen und Fröhlichkeit äußert. Mithilfe der Maskierung können sich Menschen außerdem in einer anderen Rolle inszenieren und dadurch leichter vom Alltag lösen. Die auf Festen erlaubten Verstöße oder gänzliches Außerkraftsetzen der alltäglich geltenden Ordnungen hinsichtlich sozialer Beziehungen, wie sexuelle, gesellige oder Herrschaftsverhältnisse, begünstigen zusätzlich ekstatische Zustände.[46]

Die Analyse der inneren Bedeutungen des Festes hebt die Funktionen Ruhe und Kontemplation hervor, wodurch das alltägliche Dasein bewältigt, die alltägliche Ordnung als sinnvoll erachtet und dadurch bestätigt wird, indem Menschen infolge der Flucht die alltägliche Existenz samt Sorgen und Zwänge übersteigen können. Dem Alltag wird dadurch Sinn beigemessen. Feste haben immer einen besonderen Anlass und bejahen somit das Leben, da stets ein – wenn nicht göttliches Moment – so doch transzendenter Charakter enthalten ist, indem sie auf Bedeutungen abzielen, die über das Fest und kurzfristige Auswirkungen hinaus bestehen.[47]

Eine dritte Sichtweise versteht das Fest als Kritik an bestehenden Verhältnissen. Die Aufhebung und Umkehrung alltäglicher Ordnung und damit Ungerechtigkeiten hat Ausgelassenheit, Fantasie, Bewusstseinserweiterung und Bereicherung des Lebens zur Folge. Alle drei Sichtweisen zeichnen sich durch die Differenz (auch örtlich) zum Alltag aus. Nichtsdestotrotz kann die Bedeutung der Feste erst dann geklärt werden, wenn die Verbindung zum Alltag hergestellt wird.[48] Entgegen der Auffassung, dass nur eine der Sichtweisen zutrifft bzw. kor-

---

[45] Vgl. Maurer (2004), S. 43; Gebhardt (1987), S. 36 ff; Deile (2004), S. 8 f.
[46] Vgl. Gebhardt (1987), S. 53 ff.
[47] Vgl. ebd., S. 40 ff.; Deile (2004), S. 8 f.
[48] Vgl. Gebhardt (1987), S. 40 ff.

Modell des Festes

rekt ist, erscheint eine Trias der drei Funktionen des Festes als äußere Form, innere Bedeutung und Kritik an bestehenden Verhältnissen durchaus denkbar. Im Gegensatz zum Fest hilft die Feier bei der Bewältigung des Alltags, indem sie ihn bewusst macht. Sie bestätigt den Alltag, indem sie ihn überhöht. Die alltägliche Sozialordnung wird beibehalten, oftmals sogar gesteigert, z. B. durch das Tragen von Rangabzeichen. Zur Beibehaltung der sozialen Ordnung werden Masken abgelehnt. Anders als Gebhardt sieht Deile die Feier nicht als Opposition zum Fest, sondern als eine Sonderform des Festes, bei der die Bedeutung empathisch gefeiert wird, zulasten von Form und Gemeinschaft. Dem Alltag wird Sinn zugeschrieben, da in der Feier als Vergesellschaftungsform die Möglichkeit der Kontemplation gegeben ist.[49]

Die Feier ist gekennzeichnet durch angemessene Sprechweise, ausgewählten Wortschatz, bedächtiges Schreiten, getragene Musik und dunkle Farben. In der Feier vergegenwärtigen sich Ideen oder Weltbilder durch ein streng geregeltes und geplantes Geschehen. Ihre begrenzte Dauer ist genau mit Anfang und Ende festgelegt. Da sie der Kontemplation dient, hält sie die Zeit gewissermaßen an. Das Nachsinnen festigt auch das Kollektivbewusstsein, da im wichtigsten Element, dem gesprochenen Wort (bzw. Proklamation oder Eid), ein besonderer Bezug zu einer Institution oder Person hervorgehoben und deren Zweck bestätigt wird. Die Symbole, wie Zeichen, Embleme, symbolischer Ort und Zeit, feierliche Kleidung usw., einer Feier sind ein weiteres Merkmal, die die Bedeutung der Zusammenkunft betonen. Neben der feierlichen Ausschmückung dient auch getragene Musik zur Rahmung der Feier bei.[50]

Das Fest gipfelt im gänzlichen Vergessen; die Feier in der bewussten, kommunikativen Reflexion der Wirklichkeit. Fest und Feier sind jedoch in der bisher vorgestellten Form als Idealtypen zu verstehen, die in Reinform nicht in der sozialen Wirklichkeit existieren, sondern stets als Mischformen.[51] In welcher Weise das Untersuchungsphänomen Fusion Festival festlichen Charakter besitzt und welche Aspekte eher des idealtypischen Festes oder der Feier zuzuordnen sind, soll durch die Analyse der Festivalpraxis mit den folgenden Fragen geklärt werden: Wer feiert? Was wird gefeiert? Wie wird gefeiert?

---

[49] Vgl. ebd., S. 53, 69; Deile (2004), S. 13 ff.
[50] Vgl. Gebhardt (1987), S. 63 ff.
[51] Vgl. Homann (2004), S. 109 ff.

1.4 Modell des Events

Als Event gilt eine „außergewöhnliche Veranstaltung mit Ereignischarakter [...], die dem Ziel dient ein Produkt, ein Unternehmen, eine Institution oder eine Marke emotional positiv aufzuladen".[52] „Events sind [...] existentielle Bezugs- und Kulminationspunkte des lebenslangen individuellen Sinnbastelns der vielen, aus verbindlichen Denk- und Verhaltensnormen, aus verlässlichen Sozialbeziehungen und Symbolwelten herausgelösten Einzelnen".[53] Nach Gebhardt lassen sich Events wie folgt typisieren:

- Spezifische Variante des Festes
- Als einzigartiges Erlebnis geplant
- Vermischung kultureller Traditionsbestände und ästhetischer Ausdrucksmittel
- Im Schnittfeld verschiedener Existenzbereiche (Alltag und Außeralltäglichkeit)
- Vermitteln exklusives Gemeinschafts- bzw. Zusammengehörigkeitsgefühl.[54]

Die Spaßorientierung von Populärkulturen gegenwärtiger westlicher Gesellschaften bedienen Events nachgerade in hohem Maße, weswegen Hepp, Höhn und Vogelgesang für die Bezeichnung als „populäre Events" plädieren. Eine Gegenüberstellung zu traditionellen rituellen Festen wie Weihnachten soll dies verdeutlichen (siehe Abb. 2).

Abbildung 2 Rituelle Feste vs. Populäre Events (Hepp et al. 2010, S. 13).

Rituelle Feste	Populäre Events
transzendierende Unterbrechung des Alltags	routinisiertes Außeralltäglichkeitserleben
gesellschaftlich dominierend	segmentiell dominierend
wiederkehrend	inszenierte Einzigartigkeit
vorgeplant	kommerzialisiert
feierlich	spaßig
harmonisierend	polarisierend

---

[52] Mandel (2011), S. 49.
[53] Hitzler (2011), S. 21, ders. (1999 a).
[54] Vgl. Gebhardt (2000), S. 17 ff.

1. Rituelle Feste und populäre Events weisen beide gleichermaßen einen außeralltäglichen Charakter auf. Populäre Events gelten jedoch als fester Bestandteil der alltäglichen Populärkultur und routinisiert in dem Maße, als dass ihr Erlebniskern erwartet wird.
2. Populäre Events nehmen keine zentrale Position in der Gesellschaft ein, jedoch verfügen sie durchaus über dominierendes Potenzial für einen Teil der Gesellschaft, nämlich für Szenen oder spezielle Fankulturen, da sie hier aktuelle und situative Sinndeutungen anbieten.
3. Events weisen hohen Aktualitäts- und Ausnahmecharakter auf. Jenes einzigartige Ereignis muss jedoch stets neu inszeniert werden, auch wenn dies auf Basis routinisierter Muster erfolgt.
4. Feste wie auch Events werden geplant und angekündigt. Events sind im Gegensatz zu Festen hochgradig kommerzialisiert, um die hohen Kosten eines solchen Ereignisses zu decken. Zumeist bedienen sich die Organisatoren eines umfassenden Event-Marketings.
5. Events zielen auf Unterhaltung und Spaß ab, indem in Bezug auf einen Erlebniskern spezifische Vergnügungsangebote geschaffen werden, die den Alltag in temporäre „Kulissen des Glücks"[55] verwandeln (sollen).
6. Events harmonisieren nicht die Gesellschaft wie Feste, sondern polarisieren, da sie einen Kulminationspunkt für segmentär-kulturelle Verdichtungen darstellen. Sie festigen Beziehungs- und Kommunikationsnetzwerke innerhalb jener Verdichtungen und ziehen gleichzeitig strikte Grenzen aufgrund ihrer Exklusivität.[56]

Events markieren außergewöhnliche – mithin außeralltägliche – Erlebnisse, die sich performativ-interaktiv und raumzeitlich-verdichtet ereignen und hohe Anziehungskraft für eine relativ große Anzahl an Menschen besitzen.[57] Jene Attraktivität von Events gründet auf dem impliziten Versprechen – und damit der Erwartung der Teilnehmenden – etwas Besonderes zu erleben: Action, Spaß und Rausch mit Anderen zusammen. Events bieten somit eine „[...] außergewöhnliche Chance, sich sozusagen wie in einem Kollektiv-Vehikel aus Lebens-Routinen heraustransportieren zu lassen und zeitweilig an symbolisch vermittelten, mehrkanaligen Sinnenfreuden zu partizipieren."[58]

Events zeichnen sich durch ihren punktuellen Fokus aus, der jedoch die Teilnehmenden emotional wie mental relativ nachhaltig in das interaktive Geschehen

---

[55] Schulze (1999).
[56] Vgl. Hepp (2010), S. 13 ff.
[57] Vgl. Gebhardt (2000); Hitzler (2010).
[58] Hitzler (2011), S. 14.

involviert und zwar mittels des performativen Anlasses.[59] Hitzler konstatiert in Anschluss an Bauman, dass gemeinsames Handeln nicht mehr geteilten Interessen folgt, sondern diese Interessen überhaupt erst erzeugt. Folglich stellen Events situative Rahmungen für „posttraditionale Gemeinschaften" dar.[60] Da die Zugehörigkeit zu Events nur situativ stattfindet, müssen die Teilnehmer häufig ihre Zugehörigkeit mittels Emblemen, Symbolen und anderen Zeichen bezeugen. Das Erleben des Events geht häufig mit dem körperlichen Empfinden bzw. Spüren am eigenen Leib einher. Die situative Gemeinschaft dient dem subjektiven Erlebnisziel, weswegen Knoblauch konstatiert, dass Events „strategische Rituale der kollektiven Einsamkeit [sind]."[61]

Die Rahmenbedingungen von Events werden in der Potentialphase der Dienstleistung (Produktion bzw. Organisation der Voraussetzungen) derart geschaffen, sodass die Teilnehmer selbst performativ situative Vergemeinschaftungen konstituieren und so gemeinsam die Sensation in der Prozessphase (Konstruktion bzw. Stattfinden im Vollzug) konsumieren. Erst in der Rekonstruktion bzw. der Bearbeitung im Rückblick entsteht rekonstruktiv das Event als gerahmtes Ereignis durch ex post Deutungen, Wertungen, Er- und Verklärungen der Teilnehmenden.[62]

Bei der bis 2010 (fast) jährlich stattfindenden Loveparade[63] zeigte sich eine Form der „Eventisierung des Juvenilen", bei der auch dank der Medien und der nicht-teilnehmenden Zuschauer eine Andersartigkeit und Jugendlichkeit – als Einstellung zum Leben – öffentlich „zur Schau gestellt" wurde.[64] Auch die Forschung zum Weltjugendtag in Köln im Jahr 2005 („Megaparty Glaubensfest") bildet ein typisches Beispiel der Eventforschung ab.[65] Inwiefern nun die dargelegten Charakteristika von (populären) Events tatsächlich auf das Fusion Festival zutreffen, wird im Verlauf des vorliegenden Buches geklärt.

1.5 Hermeneutische Vorgehensweise

Menschlichem Verhalten fehlt die biologische Eindeutigkeit, weswegen soziales Wahrnehmen und Handeln immer ein Vergleich verschiedener Deutungsmöglichkeiten ist. Aufgrunddessen ist jede Vorstellung, die durch äußere Wahrnehmung erzeugt wird, stets ein Mischprodukt aus situationsspezifischen Eindrücken und

---

[59] Vgl. Schulze (1993), S. 20; Hitzler (2011), S. 14.
[60] Vgl. Hitzler (2009).
[61] Knoblauch (2000), S. 49.
[62] Vgl. Hitzler (2011), S. 13 ff.
[63] Zur Geschichte der Loveparade siehe Hitzler (2011), S. 76 ff.
[64] Vgl. Hitzler (2011), S. 69 ff.
[65] Vgl. Forschungskonsortium (2007).

Erinnerungen. Wahrnehmung und Deutung sind immer aneinander gekoppelt und bauen auf dem kaum überprüfbaren Grund der individuellen Erfahrungen sowie dem soziohistorischen Apriori auf, das als selbstverständliches gesellschaftliches Vorwissen gilt. Jedes Individuum bezieht sich bei seinen Handlungen und Deutungen überwiegend auf diese überlieferten Wissensbestände und Orientierungssysteme einer Gesellschaft und nur zu einem verschwindend kleinen Teil auf die persönlichen Erfahrungen. Neben einer Wissenserweiterung und Einbettung in eine Wissensgemeinschaft kann diese Übernahme fremden Wissens allerdings auch realitätsferne Stereotype hervorrufen.[66]

Die für die Deutung benötigten Auslegungsmuster und Bedeutungszusammenhänge erlernt jedes Individuum in der Kindheit, die deshalb die erste Sozialisationsphase ist. Später wird es nach den routinisierten Auslegungsmustern derjenigen Gesellschaft bzw. Gemeinschaft sozialisiert, der es angehört. Da menschliches Handeln und Deuten stets zeichenhaft ist, sich auf Zeichen und ebendiese Bereiche häufig auf ‚symbolisches Handeln' gründet, ist die Anwendung der sozialwissenschaftlichen Hermeneutik unerlässlich. Hermeneutik stammt vom griechischen ‚hermeneúein' zu Deutsch ‚auslegen, denken', und lässt sich als ‚die Lehre der Auslegung' erklären.[67]

„Wissenschaftliche Hermeneutik beschäftigt sich mit der Explikation des implizit Gewußten. Sie zielt dabei nicht nur auf eine Deutung des Gewußten, sondern auf die Explikation der Konstitutionsregeln, Bedingungen und Motive des Wissens selbst"[68].

Sie zielt auf den Sinn von Interaktionsbedingungen, Interaktionsabläufen und Interaktionsrepertoires ab. Dieser ist den Dingen bzw. Handlungen jedoch nicht ontologisch gegeben, sondern wird interaktiv produziert, indem die interagierenden Subjekte die Äußerungen der anderen interpretieren. Auch im Alltag deuten Menschen die Handlungen anderer Menschen. Die Alltagshermeneutik vollzieht sich jedoch meist unbewusst als Selbstverständlichkeit. Ein wesentlicher Unterschied zwischen alltäglicher und wissenschaftlicher Hermeneutik besteht darin, dass wissenschaftliches Verstehen nicht im Handlungsvollzug steht und damit keinem Handlungsdruck ausgesetzt ist. Eben deshalb kann wissenschaftliche Hermeneutik Handlungssituationen, enthaltene Sinnentwürfe und Handlungsentscheidungen so ausführlich analysieren, weil keine Entscheidung im Handlungsverlauf erforderlich ist. Unter Bezugnahme der Phänomenologie der Deutungsakte und -leistungen geht die Hermeneutik über die bloße Auslegung

---

[66] Vgl. Soeffner (2004), S. 114 ff.
[67] Vgl. ebd.; Kluge (1995), S. 371.
[68] Soeffner (2004), S. 158 f.

hinaus hin zum Verstehen. Im Rahmen der Rekonstruktion sozialer Handlungen müssen zunächst die Konstruktionen erster Ordnung erfasst werden. Diese sind die Konstruktionen von Gesellschaftsmitgliedern, die im alltäglichen Handeln vollzogen werden. Die Hermeneutik rekonstruiert jene Konstruktionen und schafft damit Konstruktionen zweiter Ordnung. Da die Konstruktionen erster Ordnung im Handlungsvollzug entstehen, existiert zu den Konstruktionen zweiter Ordnung, die hernach entstehen, eine logische Differenz. Rekonstruktive Sozialforschung entwirft deshalb generell Möglichkeitsmodelle, da weder die Handlungen exakt in ihrem Zusammenhang nachvollzogen noch die Gedanken und Regungen der damals Handelnden gelesen werden können.[69]

Die wissenschaftliche Hermeneutik setzt sich zusammen aus der kontinuierlichen Fokussierung auf den Deutungsgegenstand und die extensive Deutung dessen. Dies bedeutet, dass alle denkbaren Interpretationen gesucht und konstruiert werden müssen, um deren Sinnpotential zu erschließen. Dafür muss auch der spezifische soziohistorische Deutungshorizont der Forschungssubjekte erschlossen werden. Die Überprüfbarkeit wird durch die intersubjektiv plausible Darstellung der Zusammenhänge zwischen Deutung und spezifischen Bedingungen gewährleistet. Die wissenschaftliche Hermeneutik erhebt für sich den Anspruch universal zu sein, da Menschen auch im Alltag Hermeneutik betreiben. Durch die Einbettung in spezifische Lebenswelten samt soziohistorischem Kontext werden allerdings Deutender, Deutung und Deutungsobjekte beeinflusst, weswegen die Auslegung stets relativ, jedoch nicht beliebig, ist.[70]

Die empirische Analyse von kleinen Lebenswelten[71] versucht die konkreten Formen der Orientierung, Handlung und Organisation von Individuen mit Bezug zu ihrer Umwelt zu beschreiben und zu interpretieren, indem auch phänomenologische Handlungs- und Lebensweltstrukturen erfasst werden. Problematisch dabei ist die Versprachlichung des Interaktionsgefüges, das in der sozialen Praxis weitgehend nichtsprachlich produziert und reproduziert wird. Damit werden einzigartige Phänomene in eine kollektive Semantik der Sprache übersetzt und damit im Prinzip schon einmal gedeutet. Gespräche gehen über den unmittelbaren Kontext der Interaktionssituation hinaus. Da wissenschaftliche Hermeneutik dokumentierte Interaktionssituationen analysiert, betreibt sie ausschließlich Fallanalysen. Denn der unmittelbare Kontext eines Textes (Dokumentes) hingegen geht nicht über den Text hinaus. Intersubjektivität und Verallgemeinerbarkeit der Ergebnisse können nur durch (a) eine Festlegung und Absicherung von Interpretationsregeln und (b) eine Rekonstruktion der Fallstruktur anhand von Bedingun-

---

[69] Vgl. Soeffner (2004), S. 119 ff., ders. (2007), S. 167 f.
[70] Vgl. ders. (2004), S. 116, ders. (2007), S. 171.
[71] Vgl. Luckmann (2007); Honer (1999).

gen und Regeln sozialer Gebilde (wie Wirklichkeit, Kultur etc.) erreicht werden. Die Besonderheiten des Falles werden dabei ebenso betrachtet wie die verallgemeinerbaren Aspekte. Aufgrund der Zeichenhaftigkeit menschlichen Handelns und Deutens ist die Lebensweltanalyse immer auch eine Symbolanalyse.[72]

Zum Verständnis der sozialen Vergemeinschaftung der Fusion Festivalbesucher muss hermeneutisch vorgegangen werden. Denn der Sinn, den sie dem Festival beimessen, entsteht interaktiv. Folglich muss die kulturelle Festivalpraxis untersucht werden, aus der sich Bedeutungsbeimessungen deuten lassen. Als Erhebungsmethoden dienen qualitative Befragungen wie auch die teilnehmende Beobachtung, um sprachliche und nichtsprachliche Äußerungen zu erfassen. Denn die spezifische Wirklichkeit des Festivals ist ein soziales Produkt, das in Kommunikationsprozessen entsteht. Der Sinnzusammenhang muss deshalb auch phänomenologisch-hermeneutisch erschlossen werden. Durch die Interpretation der Zeichen des Untersuchungsphänomens Fusion Festival entsteht Sinn, der als Möglichkeitsmodell zu verstehen ist. Die Interviewpartner sind Experten ihrer kleinen Lebenswelt Fusion Festival, da sie – wie bereits beschrieben – hauptsächlich die Auslegungsmuster dieser Gemeinschaft als Wahrnehmungs- und Handlungsorientierung nutzen.

Der Forschungsstil der Grounded Theory ermöglicht eine zunächst diffuse Annäherung an das komplexe Untersuchungsphänomen. Die im Forschungsverlauf entstehende Theorie wird stetig überprüft und weiterentwickelt, um letztendlich die spezifische Vergemeinschaftung zu verstehen. Zur Datenerhebung wurden vorab erste Parameter, wie Bedeutung der Musik, des DJs, der anderen Festivalbesucher, des Alltags und Drogen, festgelegt, die sich aus Vorkenntnissen von einem privaten Fusion Festivalbesuch im Jahr 2008 und Literatur zu Techno als Musik und Jugendkultur ergaben.

Die Analyse des Untersuchungsphänomens wird von außen nach innen vollzogen. Die gesamte Forschungsarbeit ist nach dem Stil Grounded Theory aufgebaut, sprich zirkulierende Datenerhebung, Theoriebildung und -überprüfung. Konkret umfasst dies zunächst die ersten Eindrücke des Festivals, d.h. die beobachtete soziale Praxis, um dann kontinuierlich das Verhalten der Festivalbesucher auf spezifische Bedeutungszuschreibungen herunter zu brechen. Innerhalb der Analyse der sozialen Praxis werden neben den Beobachtungen auch die spezifischen Rahmenbedingungen bzw. Gründe für das Verhalten der Festivalbesucher analysiert. Anschließend erfolgt eine Betrachtung des Festivals als körperliche und sinnliche Erfahrung. Anhand der sozialen Praxis werden dann unterschiedliche Modelle von Gemeinschaft definiert, die während des Festivals konstituiert werden.

---

[72] Vgl. Soeffner (2004), S. 157 ff., ders. (2007), S. 170.

Die Analyse zeitigt im Verlauf der vorliegenden Arbeit inwiefern sich das zentrale Zitat „Das ist Urlaub vom Leben"[73] als zutreffende Beschreibung der Vergemeinschaftung erweist. ‚Urlaub' ist abgeleitet vom althochdeutschen (8. Jhd.) ‚urloub' und bedeutet ‚Erlaubnis fort zu gehen, Verabschiedung, Abschied' bzw. in neuerer Zeit die ‚zeitweilige Freistellung vom Dienst'[74]. Der englische Begriff ‚holy-days' verweist zudem auf eine heilige Zeit. Die Betonung des Urlaubs vom Leben – und nicht vom Alltag – impliziert, dass der Festivalbesuch nicht bloß als Urlaub im Sinne von ‚nicht arbeiten müssen', sondern als nicht real wahrgenommen wird. Inwiefern dies zutrifft, soll in der vorliegenden Arbeit geklärt werden.

---

[73] Sabine 07. Juli 2009.
[74] Vgl. Pfeiffer (1993 b), S. 1491 f.

2 Prolegomena zum Festivalbesuch als kulturelle Praxis

Nicht nur Theorien über soziales Handeln werden durch Interpretationen, Typen und Konstruktionen strukturiert, sondern auch das Handeln selbst ist vorstrukturiert durch Wissen und Wirklichkeitskonstruktionen.[75] Diese Strukturen der Festivalpraxis sollen mit den folgenden Kapiteln aufgedeckt und erklärt werden. Dem Handeln der Festivalbesucher werden dabei latente Sinnstrukturen unterstellt. In der konkreten sozialen Situation handeln die Besucher durchaus nach bestimmten Intentionen, jedoch sind diese eher hintergründig aufgrund des Handlungsdrucks, der die soziale Praxis bestimmt. Dank der Entlastung vom Handlungsdruck bleibt dem Forscher hingegen in der Analyse der Situationen mehr Zeit, was eine möglichst ungetrübte Beurteilung der sozialen Praxis ermöglicht.[76]

Um beobachtete sowie von den Interviewpartnern berichtete Situationen analysieren zu können, muss zunächst einmal theoretisch geklärt werden, was Kultur allgemein bedeutet, was Popularkultur charakterisiert und welche Organisationsprinzipien in der sozialen Praxis inhärent sind.

2.1 Kultur als Netz von Bedeutungszuschreibungen

Der Mensch befindet sich in und webt permanent an einem Netz von Bedeutungszuschreibungen, das Kultur darstellt. Drei Prinzipien sind nach Geertz wesentlich:

1. Kultur wird permanent durch soziale Interaktion produziert und überformt.
2. Sie besitzt weder deterministische Macht, noch eine objektiv erkennbare Referenzgröße.
3. Kultur bestimmt den Wert, den Menschen Dingen oder Handlungen beimessen.[77]

Da Kultur aus sozial festgelegten Bedeutungsstrukturen besteht, existieren keine privaten Bedeutungstheorien. Menschliches Verhalten ist symbolisches Handeln.

---

[75] Vgl. Berger (1969).
[76] Vgl. Bohnsack (2007), S. 72 f.
[77] Vgl. Geertz (1987), S. 9 ff.

Kultur bildet den Rahmen, den Kontext, in dem Handlungen verständlich, sprich „dicht beschreibbar" werden.[78] Symbole sind „alle Gegenstände, Handlungen, Ereignisse, Eigenschaften oder Beziehungen, die Ausdrucksmittel einer Vorstellung sind, wobei diese Vorstellung die ‚Bedeutung' des Symbols ist."[79] Das Untersuchungsphänomen Fusion Festival als eine Kulturform ist ein Text, der im Verlauf der vorliegenden Arbeit gelesen, vielmehr noch verstanden, dicht beschrieben werden soll. „Wenn sie auch politisch keine Stimme haben, so sprechen kulturelle Formen doch gerade durch ihre Gestalt und Bewegung und die besondere Art von Produktion."[80]

2.2 Fabrikation von Popularkultur

Kultur wird – obgleich Ober- oder Unterschicht – in der sozialen Praxis konstituiert. Kultur umfasst ein Netzwerk von Sinnzuschreibungen. Wie diese Sinnzuschreibungen entstehen, soll im Folgenden erläutert werden.

Fiske definiert Kultur – ähnlich wie Geertz – als kontinuierlichen, niemals abgeschlossenen Prozess, der sozialen Handlungen Bedeutungen zuschreibt, aber auch Bedeutungen aus der sozialen Praxis heraus produziert und dadurch den Beteiligten eine soziale Identität zuweist. Menschen konsumieren Kultur nicht passiv als eine Ware, sondern schreiben bei der Nutzung von Kulturprodukten in Warenform ihre eigenen Bedeutungen ein, aus denen sie Identität konstituieren. Kultur wird in der sozialen Praxis produziert, d. h. in Interaktion mit Anderen werden die Bedeutungen hergesellt, stabilisiert, destabilisiert oder umgeformt, die sozialen Beziehungen, Diskursen und Texten beigemessen werden. Als Texte werden sinngebende Konstrukte aus möglichen Bedeutungen verstanden, die auf vielen verschiedenen Ebenen operieren. Jeder Text wurde von einem oder mehreren, manchmal nicht eindeutig benennbaren Autoren verfasst. Menschen erzeugen durch eigensinnige Lesarten Popularkultur, d. h. sie suchen sich aus den gegebenen Texten ihre eigenen Bedeutungen, die ihnen helfen sich mit bzw. in den Gegebenheiten zurechtzufinden. Die Lesart eines Textes kann auch als Reaktion auf eine Äußerung in einem spezifischen Kontext verstanden werden. Die entsprechende Lesart wird teilweise vom Text selbst vorgegeben, teilweise von den sozialen Merkmalen und diskursiven Praktiken des Lesers bestimmt.[81]

---

[78] Vgl. ebd., S. 9 ff., 46.
[79] Ebd., S. 49.
[80] Willis (1981), S. 215.
[81] Vgl. Fiske (2000), S. 14 ff.; Lutter (2000), S. 7; Oevermann (1979) in Bohnsack (2007), S. 73.

Bezüglich der Begriffsbestimmung von popular und populär existieren divergente Auffassungen. Unter popular versteht z. B. Warneken unterschichtlich;[82] populär (frz. populaire, lat. populāris) hingegen zielt auf die Beliebtheit beim Volk oder allgemeine Verständlichkeit im Sinne von volkstümlich ab.[83] Fiske verwendet in der englischsprachigen Originalfassung ausschließlich das englische ‚popular‘, was zumeist als populär übersetzt wird. Bachtin bezieht sich auf die Volkskultur, d. h. Ober- und Unterschicht, die sich im Karneval zusammen finden. In der vorliegenden Arbeit findet die strenge Unterscheidung nach Warneken Anwendung. Die Einordnung der Festivalteilnehmer in die gesellschaftlichen Unterschichten heißt nicht, dass alle z. B. aus Arbeiterfamilien stammen. Als Produzenten der gegenwärtigen Popularkultur werden die Angehörigen „von unterprivilegierten Schichten innerhalb einer demokratisch verfassten Wohlstandsgesellschaft"[84] erachtet. Unterprivilegiert bezeichnet hierbei unterdurchschnittlichen Besitz von ökonomischem, kulturellem oder sozialem Kapital oder geringe Reputation bei anderen sozialen Gruppen.[85] Typische Vertreter der Unterschicht sind z. B. der Hartz IV-Empfänger (ökonomischer, kultureller und sozialer Mangel) ebenso wie der Student (ökonomischer Mangel).

Techno als musikalische und soziale Praxis wird der Popularkultur zugeordnet. Wie auch allgemein in der Techno-Szene lässt sich auf dem Fusion Festival ein heterogenes Bild der Berufstätigkeit und Bildungsabschlüsse erkennen. Ebenso breit ist die Altersstruktur, wobei im Unterschied zu Clubbesuchern die Festivalgäste meist älter als 20 Jahre sind. Das Geschlechterverhältnis ist – typisch für das Phänomen Techno – ausgeglichen.[86]

Popularkultur wird als die besondere kulturelle Praxis unterschichtlicher Gruppen beschrieben. Der popularkulturelle Aspekt des Handelns zielt jedoch weniger auf die schichtspezifische Herkunft von Menschen ab, als auf ihre Art der Konsumtion, mittels der sie sich – trotz ihrer unterdrückten Position – in gewisser Weise ermächtigen. Sie konstituieren Popularkultur, indem sie sich produktiv und kreativ mit der dominanten Kultur auseinandersetzen. Bei einer Analyse von Popularkultur ist die Analyse von Machtkämpfen in dem spezifischen kulturellen Kontext unumgänglich. Die zugrunde liegende Machttheorie wird in Kap. 2.2.2 dargelegt. Popular heißt, dass Konsumenten eine Lesart für sich entwickelt haben bzw. entwickeln, mittels der sie sich erfolgreich mit medial vermittelten und kulturellen Formen auseinandersetzen. Ihnen gelingt es, in der sozialen Praxis lustvoll und kreativ ihre Interessen und Bedürfnisse auszudrücken. Deswegen

---

[82] Vgl. Warneken (2006), S. 10.
[83] Vgl. Pfeifer (1993 b), S. 1028.
[84] Warneken (2006), S. 337.
[85] Vgl. ebd.
[86] Vgl. Hitzler (2010 a), S. 153 ff.

gehören die Menschen nicht zwingend der Unterschicht – im Sinne von Arbeiterschicht – an, sondern auch diejenigen aus der vermeintlichen Oberschicht können Popularkultur produzieren, wenn sie z. B. an popularkulturellen Festivals teilnehmen.

2.2.1 Karneval als Teil der Volkskultur

Karneval oder Fastnacht bezeichnet die Zeit vor der Fastenzeit. Der Begriff setzt sich zusammen aus lat. carnis ‚Fleisch' und levāre ‚wegnehmen'.[87] Bachtin beschreibt den mittelalterlichen Karneval als „festliche Befreiung von den offiziellen, herrschenden, ernsten Wahrheiten, Zwängen und Tabus der feudal-klerikalen Gesellschaftsordnung"[88]. Der Karneval ist ein geduldeter Tabubruch, der zeitlich (auf bestimmte Festtage), nicht aber räumlich begrenzt ist, d. h. er kann auch zuweilen von öffentlichen bis in private Orte hinein reichen.[89] Merkmale des Karnevals sind:

- Degradierung,
- Mesalliance[90],
- Familiarisierung und
- Profanation.[91]

Karneval wird nicht inszeniert, sondern gelebt, und zwar von allen nach den „Gesetzen der Karnevalsfreiheit"[92], die in gleichem Maße für alle gelten. In dieser Zeit wird eine andere, freie, zwanglose Form des Lebens verwirklicht. Die Degradierung äußert sich in exzentrischer Abkehr vom alltäglichen Leben und einer festlichen Selbstorganisation des Volkes vor allem im konkreten und sinnlichen Bereich. Normalerweise geltende Normen sowie sozialhierarchische und andere Ungleichheiten, wie Altersunterschiede, sind außer Kraft gesetzt. Aufgrund dessen und wegen der Aufhebung der sozialen Ordnung von Zeit, Raum sowie geltenden Normen vollzieht sich im Karneval eine Annäherung von Hoch- und Popularkultur. Popularität bezieht Bachtin – anders als Fiske – auf das gesamte

---

[87] Vgl. Pfeifer (1993 a), S. 625 f.
[88] Hecken (2007), S. 138.
[89] Vgl. Bachtin (1990), S. 40 ff.
[90] Nicht standesgemäße Zusammenkunft, nicht ebenbürtige Verbindung (Miss-Allianz).
[91] Vgl. Bachtin (1990), S. 49 ff., ders. (1987), S. 59, 296.
[92] Ebd., S. 55.

Volk. Alle sind sozial gleichgestellt, Hierarchien und Privilegien aufgehoben, alle auf das Körperliche reduziert.[93]

Der popularkulturelle Aspekt des Karnevals zeigt sich darin, dass nicht der Machtblock in dieser Zeit die Regeln festlegt, sondern das gesamte Volk (Mesalliance). Da die Klassenunterschiede nun keine Rolle mehr spielen, nähern sich Ober- und Unterschicht an und können klassenübergreifend kommunizieren.[94] Das Volk umfasst bei Bachtin die Teilnehmer karnevalesker Methoden, d. h. nicht nur die Unterdrückten, sondern auch Angehörige der Oberschicht, die sich für die Zeit des Karnevals ohne Berücksichtigung der Hierarchien familiär begegnen. Somit tritt nicht der Widerstand der Unterdrückten in den Vordergrund, sondern die Vermischung verschiedener Schichten.[95] Popularkultur wird von allen am Karneval Beteiligten gemeinsam produziert. Die Familiarisierung zeigt sich folglich im freien, intim-familiären, zwischenmenschlichen Kontakt und der Verschmelzung des Individuums zur Einheit des Kollektivs, des Volkskörpers. Nur im Zusammenhang mit freien, gleichgestellten, vor Ort stattfindenden menschlichen Kontakten vermittelt die gemeinsame Erfahrung ein wachsendes Gemeinschaftsgefühl. Durch Ablehnung unveränderlicher Gegebenheiten mittels des Karnevalslachens belebt sich die Gemeinschaft wieder neu. Dieses Kollektivbewusstsein wird durch die eigene Selbsterneuerung zu einer Utopie erhöht.[96]

Im Karneval wird zeitweise die Vision von utopischen Welten realisiert,[97] was Bachtin anders als Foucault versteht. Bachtin bezeichnet damit nicht eine potentielle zukünftige Perspektive, denn die Utopie einer egalitären Gesellschaft wird – so Bachtin – im karnevalesken Raum zeitweise real. Karneval umfasst eine Zeit außerhalb der alltäglichen Zeit, „ein zweites Leben, das temporär die Utopie von Gemeinschaft, Freiheit, Gleichheit und Überfluss"[98] realisiert.[99] Der Utopismus zielt auf zwei verschiedene Dimensionen ab: die historische strebt die Wiedergewinnung des Paradieses an, und die universale Dimension die Aufhebung der Entfremdung. Sie bezieht sich auf die Existenz des Menschen im Kosmos. Die damit verbundene kosmische Angst betrifft den Gattungskörper Mensch, die stärker ist als die individuelle Angst vorm Tod. Das Lachprinzip hebt die kosmische Angst auf, indem sie diese im Materiell-Leiblichen konkret werden lässt, d. h. wovor die Menschen Angst haben, was sie befürchten. Demzufolge

---

[93] Vgl. ders. (1990), S. 44 ff.; Hecken (2007), S. 141; Fiske (1989), S. 83.
[94] Vgl. Bachtin (1990), S. 40 ff.
[95] Vgl. Hecken (2007), S. 139 ff.
[96] Vgl. Webb (2005), S. 123.
[97] Vgl. Bachtin (1990), S. 42 ff.; Webb (2005), S. 132.
[98] Dentith (1995), S. 76.
[99] Vgl. ebd.

generiert das Lachen Kultur.[100] Nur lachend produzierte Kultur spiegelt Werden, Wandel, Grenze, Rückkehr und Nicht-Ende wider. Diese Kultur fokussiert kein Endziel der Menschen. Die offizielle Kultur (diejenige der Gegner der Lachkultur) wird von der kosmischen Angst bestimmt und ist auf ein Ende, auf eine Wahrheit, ausgerichtet, was das Ende der Ambivalenz bedeutet. Das Lachen ist charakteristisch für temporäres Ausweichen, da die Freiheit oftmals nur ein Merkmal des Feiertags ist. Ist dieser vorüber, nehmen Furcht und Ernst wieder ihren Platz ein. Das Lachen ist für Bachtin die „freie Waffe in der Hand des Volkes"[101], weil es auf äußerst fröhliche und nüchterne Weise Wahrheiten aufdeckt und zuweilen die Welt verändert.[102]

Die Profanation findet Ausdruck in Parodien und anderen Spielen mit Symbolen der Macht. Zu karnevalesken Methoden zählen u. a. der sprachliche humorvolle Humbug, wie die Zweckentfremdung von Worten (aber auch Gegenständen), Parodien, Verunglimpfungen, Verwünschungen, Flüche sowie Obszönitäten. Innerhalb des Karnevals wird der Alltag negiert, in Form von Umstülpungen oder Metamorphosen. Diese Negation erfolgt jedoch nicht als absolute Abgrenzung davon, sondern um die Welt mit ihren geltenden Normen zu erneuern, erneut zu bestätigen. Dementsprechend sind verbotene Handlungen während der karnevalesken Praxis erlaubt, gar gefordert. Karneval zelebriert den Wechsel, nicht dessen Resultat. Im Karneval findet keine Verallgemeinerung, sondern eine Relativierung von allem statt.[103]

„Die Maske ist verknüpft mit der Freude an Wechsel und Umgestaltung, mit der heiteren Relativität, auch mit heiterer Verneinung von Konformität, Eindeutigkeit und der stumpfsinnigen Identität mit sich selbst"[104]. Sie verkörpert Übergänge, Verwandlungen und Transgressionen gegen natürliche Grenzen. Parodien, Karikaturen u. ä. haben ihren Ursprung in der Maske und zeigen ebenso deutlich wie diese selbst das Wesen des Grotesken. Das Groteske zeigt, dass eine andere Welt mit anderer Ordnung und Lebensweise möglich ist. Die Opposition von Formalität und Maskerade zeichnet den Karneval aus, wobei beide auch im jeweils anderen enden können. Eine formale Hochzeitsfeier kann zur Maskerade werden; ebenso vice versa eine karnevaleske Handlung, die immer mehr auf Formalitäten achtet.[105]

Das Karnevalslachen nimmt einen hohen Stellenwert ein. Es ist ein Festtagslachen, bei dem das gesamte Volk mit lacht. Das Lachen ist universalistisch,

---

[100] Vgl. Lachmann (1987), S. 23 f.
[101] Bachtin (1990), S. 39.
[102] Vgl. ebd.; Lachmann (1987), S. 24.
[103] Vgl. Bachtin (1990), S. 51, ders. (1987), S. 457 ff.
[104] Ebd., S. 90.
[105] Vgl. ebd., S. 90 ff.; Lachmann (1987), S. 23.

wirkt befreiend und erneuernd und wird in festlicher Atmosphäre mit besonderen Speisen und Getränken begangen.[106] Der universalistische Aspekt zeigt sich im Lachen aller über alles. Das Karnevalslachen steht dem satirischen Lachen gegenüber, bei dem der Spottende außerhalb der Komik der Welt steht und durch seine rein negierende Art die Einheit der kosmischen Welt zerstört. Das Karnevalslachen zeigt sich ambivalent: Es erheitert und spottet, es negiert und bestätigt zugleich, zerstört und belebt wieder neu.[107] Das Lachen stellt eine Verbindung zur nicht-offiziellen Wahrheit des Volkes dar, d.h. es siegt über Furcht (moralische Furcht, Furcht vor Obrigkeit o.ä.), indem es die Symbole alles Bedrohlichen ins Komische verkehrt. Dieses Groteske wirkt fröhlich und befreiend und wandelt Bedrohungen in „lächerliche Popanz". Denn das Lachen wird nicht gegen Institutionen angewandt, sondern für das utopische Potenzial und gegen die kosmische Angst.[108] Beim Lachen findet ein Prozess statt, der in der Ekstase endet. Im Rausch drückt sich die Angst und Flucht der Unterschichten aus.[109] Als ekstatisch wird hier nicht das Heraustreten der Seele aus dem Körper, sondern dasjenige des Köperinneren in die Welt verstanden, das „Sich-Ausschütten-vor-Lachen"[110]. Auch die körperliche Entblößung drückt diese Ekstase aus.[111]

Der Körper wird im Karneval zur Bühne der Exzentrik. Er verlässt seine Grenzen und treibt eigene Übertreibungen hervor: den grotesken Leib.[112] Passender erscheint die Bezeichnung grotesker Körper (vgl. Kap. 4.4). Der groteske Körper, als Gesellschaftskörper, steht dem ästhetischen Körper, der Bürokratie, gegenüber. Der ästhetische Körper gilt als perfekt und soll nicht weiter verändert werden, da dies nur eine Verschlechterung zur Folge hätte. Der groteske Körper hingegen wird stets unvollkommen bleiben, sich aber auch stetig verändern. Das Groteske steht für Unkontrolliertheit und Unordnung, das Ästhetische für Ordnung und Disziplin.[113] Das Groteske verbindet Unterschiedliches, auch Gegensätzliches und „verhilft zur Loslösung vom herrschenden Weltbild, von Konventionen und Binsenweisheiten, überhaupt von allem Alltäglichen, Gewohnten, als wahr Unterstelltem."[114] Die groteske Weltsicht, d.h. die karnevaleske Praxis des „alles-auf-den-Kopf-Stellens"[115], ermöglicht eine andere – anders als die natürliche – Grenzziehung zwischen Körper und Welt. Es findet eine Entgrenzung

---

[106] Vgl. Bachtin (1990), S. 33 ff.; ders. (1987), S. 60 ff.
[107] Vgl. Bachtin (1987), S. 60 f., 132 f.; Hecken (2007), S. 138.
[108] Vgl. Bachtin (1990), S. 35 f.; ders. (1987), S. 98.
[109] Vgl. Lachmann (1987), S. 20 ff.
[110] Ebd., S. 40.
[111] Vgl. ebd., S. 39.
[112] Vgl. Lachmann (1987), S. 35.
[113] Vgl. Fiske (2001), S. 216; Bachtin (1987), S. 85.
[114] Bachtin (1987), S. 85.
[115] Lachmann (1987), S. 35.

der Körper statt, in der der Mensch die Welt sinnlich erfährt, indem er sie in sich aufnimmt, sie verschlingt. Karneval ist also vor allem eine Sache des Körpers, nicht individuell gesehen, sondern des Lebens als Materie, was als Basis für Individualität, Spiritualität, Ideologie und Gesellschaft gilt.[116]

Die somatische Semiotik, das konkret materielle Zeichenmaterial, beschreibt nicht nur eine veränderte Grenze von Körper und Welt, sondern auch von innen und außen, Subjekt und Gemeinschaft.[117] Die materielle Dimension der kulturellen Praxis ist folglich sehr bedeutungsvoll, da sie die Kultur an „Produkten des ideologischen Schaffens"[118] konkretisiert. Werte und Bedeutungen werden erst dann zu einer ideologischen, also kulturellen, Wirklichkeit, wenn sie sich in Zeichenmaterial (Kleidung, Verhalten, Organisationsformen usw.) realisieren.[119] Die semiotische Inszenierung der Materie zeigt sich im sichtbar-tastbar machen bzw. im Körper-Zeichen. Diese Einheit von somatischer Semiotik kann nicht getrennt werden, d. h. die Bedeutung, die Menschen den Dingen beimessen, kann nur mittels der Einheit erklärt werden. Jede „Materie-Zeichen-Koalition"[120] verfügt über eine eigene Sprache, so auch der Karneval, dessen Sprache vom Lachprinzip bestimmt wird. Die Sprache des Karnevals umfasst ein System von Zeichen, die durch Kombination nach bestimmten Regeln kulturellen Sinn produzieren. Dieses Zeichensystem verfügt über spezifische Paradigmen, die alle vom Lachprinzip bestimmt werden. Diese sind: fröhliche Relativität, Instabilität, Offenheit und Unabgeschlossenheit, Metamorphose, Ambivalenz, Exzentrik, Materialität-Leiblichkeit, Überfluss, Austausch der Wertpositionen wie oben/unten und Gefühl der Universalität des Seins. Die Paradigmen bestimmen die semantischen Eigenschaften und die Gestaltung aller Fakten der Lachkultur, aber auch Elemente, die in die Lachsphäre eindringen.[121]

„Das materiell-leibliche Prinzip hat etwas von einem Fest, Gelage, Triumph, von einem ‚Gastmahl für die ganze Welt'"[122]. Das Festmahl ist wesentlicher Bestandteil des Karnevals. Denn die Tischgespräche beim Festmahl sind scherzhaft und zwanglos, da „Brot und Wein [...] die Angst [verjagen] und [...] das Wort [befreien]"[123]. Sie mischen Profanes und Heiliges, äußern Lob und Spott in einer gelockerten Atmosphäre, was durch den Überfluss an Speisen und Getränken verstärkt wird. Der Sieg über die Welt wird mit dem Essen sinnlich erfahrbar, da die

---

[116] Vgl. ebd., S. 35 f.
[117] Vgl. ebd., S. 39.
[118] Ebd., S. 25.
[119] Vgl. ebd.
[120] Ebd.
[121] Vgl. ebd., S. 25 f.
[122] Bachtin (1987), S. 69.
[123] Ebd., S. 327.

Welt regelrecht verschlungen wird.[124] „Der siegreiche Körper nimmt die besiegte Welt in sich auf und erneuert sich."[125] Das Festmahl unterscheidet sich vom häuslichen, alltäglichen Essen, z. B. in der Familie. Das Festmahl ist ein volkstümliches Mahl, d. h. für alle, was durch den Aspekt des Überflusses noch ergänzt wird.[126] Der karnevalistische Überfluss bedeutet vor allem auch Fließen über die Körpergrenzen hinweg, jedoch keine Überschreitung des einzelnen Individuums, sondern ausschließlich der Gruppe. Das Körperliche äußert sich hier maßlos und übertrieben für das ganze teilnehmende Volk und hat dadurch einen besonders fröhlichen, festlichen, aber auch bestätigenden Charakter.[127] Fiske betrachtet den profanen Körper als synekdochische soziale Ordnung inklusive sozialer Differenzen. Bachtin sieht nur den karnevalesken Körper als politisch an, sprich wenn er sich expressiv über bestehende Ordnungen erhebt und diese zeitweise im Karneval außer Kraft setzt oder umformt.[128] Popularkultur ist eher korporal und sinnlich fokussiert, anstatt geistreich und vernünftig, da korporale Freuden karnevaleske, ephemere sowie befreiende Praktiken bieten, die ein wichtiges positives Potential bergen, um sich gegen die kapitalistisch-rationalistischen Hegemonien zur Wehr zu setzen. Das bedeutet jedwede körperliche Darstellung (oder auch Nicht-Darstellung), jegliche Kontrollen – vom Individuum oder Anderen – mittels Medikamenten, Sport, Diäten usw. sind höchst politisch. Sauberkeit heißt z. B. soziale, semiotische wie auch moralische Ordnung; Schmutz hingegen bedrohliche, undisziplinierte Unordnung. Popularkultur kann sich außerdem in zahlreichen Wortspielen äußern, die die geltenden Normen parodieren, umkehren oder gänzlich zerstören. Sie stellt sich offensichtlich und oberflächlich dar und verwehrt die Produktion tiefer, komplexer Texte, die ihre Leser auf wenige soziale Bedeutungen einschränkt. Sie ist bewusst geschmacklos und vulgär, da der Geschmack Teil der sozialen Kontrolle der Obrigkeit ist. Sie beinhaltet zahlreiche Widersprüche, um den Leser zur Produktion seiner eigenen Sinnzuschreibung aufzufordern.[129]

Zusammenfassend lässt sich konstatieren, dass im Karneval eine Thematisierung des Alltags stattfindet. Welche Aspekte des alltäglichen Lebens in der Außeralltäglichkeit verarbeitet werden sollen, umreißt die folgende Darstellung (Abb. 3):

---

[124] Vgl. ebd., S. 326 ff.
[125] Ebd., S. 325.
[126] Vgl. ebd., S. 320.
[127] Vgl. ebd. (1987), S. 69 ff.; Hecken (2007), S. 139.
[128] Vgl. Fiske (2001), S. 155.
[129] Vgl. Bachtin (1987), S. 419 ff.; Fiske (2000), S. 19; ders. (1989), S. 75 ff.; Hecken (2007), S. 138 ff.

Abbildung 3   Thematisierung des Alltags im Karneval.

Merkmal des Karnevals	Aspekt des Alltags
Mesalliance	Machtverhältnisse
Familiarisierung	Entfremdung
Degradierung	Ordnung
Profanation	Vernunft/Ernsthaftigkeit

Dass bestimmten Dingen und Handlungen Bedeutungen beigemessen werden, zeigt sich in den Profanationen. Denn nur die relevanten Dinge und Handlungen des Alltags finden hierbei Berücksichtigung. Welche das sind, kann nur empirisch am konkreten Untersuchungsphänomen Fusion Festival herausgefunden werden. Dementsprechend muss die Analyse der karnevalesken Aspekte die Semiotik in Verbindung mit der Materie berücksichtigen, um das Fallbeispiel zu verstehen.

2.2.2 Macht als Organisationsprinzip

Macht ist ein Organisationsprinzip von Beziehungen und Kräfteverhältnissen, bei dem alle mitwirken und das deshalb permanent bestätigt oder verändert wird. Es existiert weder ein Zentrum der Macht, noch ein alleiniger Herrscher. Macht wird stattdessen von unten produziert, und zwar durch Kräfteverhältnisse und Beziehungen wie Familie, Institutionen, Gemeinschaften etc., und steigt dann nach oben, d.h. weitet sich aus. Individuen haben in diesem System zwar eine Position, aber sie können es selbst nicht steuern.[130] Macht lässt sich charakterisieren durch:

- Omnipräsenz
- Netzwerkstruktur
- Produktivität.

Macht ist omnipräsent, d.h. in jeder Beziehung sind Machtbeziehungen immanent. Machtbeziehungen intendieren zahlreiche Absichten und Zielsetzungen, jedoch nicht diejenigen eines einzelnen Subjekts, da Macht als Netzwerk zwischen den Menschen besteht. Macht ist also nicht personalisiert.[131] Sie ist kein stabiles Netzwerk der Privilegierten, sondern umfasst und durchdringt alle Beteiligten,

---

[130] Vgl. Foucault (1986), S. 114 ff.
[131] Vgl. ebd., S. 114 ff.

die Privilegierten wie die Unterdrückten. Diese sind niemals völlig machtlos, sondern bestätigen Machtverhältnisse oder widerstreben diesen. Es existieren in der sozialen Praxis keine machtfreien Zonen. Jegliche interpersonale Kommunikation stellt eine Machtbeziehung dar, da Menschen aufeinander einwirken, ihr Denken und Handeln gegenseitig beeinflussen. Jede soziale Praxis bedeutet deshalb immer auch Machtkampf. Demzufolge ist Macht auf der lokalen Ebene gekennzeichnet von Instabilität, denn Machtverhältnisse müssen stetig erkämpft bzw. im Kampf bestätigt werden.[132] Macht zeigt sich „als Technologie, die sich im Laufe der Zeit fortschreibt, sich verwandelt und neu organisiert."[133]

Wie bereits in Kap. 1.3 erläutert, wird Wirklichkeit durch die soziale Praxis konstituiert. Anhand der vermeintlich objektiven Wirklichkeit entsteht Wissen darüber, was wahr oder falsch ist. Als Resultat eines überwachenden Wissenssystems existieren Normen. Sie sind eine der unmittelbarsten Auswirkungen der Macht. Ohne Norm kann Wissen nicht bewertet werden und auch nicht zur Belohnung oder Bestrafung des individuierten Körpers herangezogen werden. Macht und Wissen sind eng miteinander verbunden, jedoch nicht identisch. Macht fördert, wendet Wissen an und nutzt es aus, aber produziert auch Wissen. Macht ist eine Voraussetzung für Wissen, welches wiederum auch Macht konstituiert.[134] „Das Normale ist ein Produkt der Macht."[135] Denn über Machtkämpfe werden Normen konstituiert, anhand denen Individuen geprüft werden. Je mehr Prüfungen ein Individuum besteht, desto normaler ist es und umso höher kann es hierarchisch aufsteigen. Im Alltag werden Individuen von oben diszipliniert. Um diese Disziplin aufrechtzuerhalten, werden sie stets kontrolliert.[136] Der Hartz IV-Empfänger wird vom Jobcenter hinsichtlich seines Engagements für einen neuen Job geprüft. Am Arbeitsplatz wird die Produktivität geprüft, beim Arzt die Gesundheit, in Assessment-Centern die Qualifikation usw.

Am Körper zeigt sich die Produktivität der Macht, denn an ihm wird die Befolgung medizinischer, gesetzlicher und anderer Normen kontrolliert und bei Abweichung korrigiert, d. h. „geheilt" oder auch bestraft. Der Körper ist somit Machtwerkzeug und -träger. Soziale Normen manifestieren sich demnach korporal in Zeit und Raum, weswegen der Körper als Substitut für das Subjekt die Basis der sozialen Ordnung darstellt. Das System kann nur funktionieren, wenn eine Person (Körper) zu einer bestimmten Zeit an einem bestimmten Ort ist, z. B. am Arbeitsplatz oder im Hörsaal. Diese Orte müssen individualisiert sein, damit der nonkonforme Körper augenblicklich erkannt und bestraft werden kann, sobald er

---

[132] Vgl. Lemke (2001), S. 118.
[133] Seier (2001), S. 98.
[134] Vgl. Fiske (2001), S. 237; Foucault (1976), S. 84 ff., ders. (1981), S. 39.
[135] Fiske (2001), S. 237.
[136] Vgl. ebd., S. 238 f.

gegen die vor Ort geltenden Normen verstößt, sprich den Ort nicht richtig besetzt. Die gegenwärtige Gesellschaft weist ein sehr umfangreiches System der Überwachung auf, das ganze Lebensläufe inklusive Verhaltensweisen eines jeden Körpers in zahlreichen Registern (Schul- und Arbeitszeugnisse, SCHUFA-Einträge, Vorstrafen, Fahrtenbuch etc.) erfasst und evaluiert. Jene Individualität im Sinne von Individuierung wird „von oben" produziert, indem Menschen anhand von Registern mit ihren persönlichen Eigenschaften bzw. Leistungen bezeichnet werden, wie „gut in Mathematik, befriedigend in Englisch" etc. Die Differenzierung der Individuen erfolgt also anhand der systemischen Anforderungen (Leistungen in der Schule, Kreditwürdigkeit etc.), was auch zum Disziplinarmechanismus wird. Individualität im Sinne von Identität entsteht „von unten": Die Zugehörigkeit zu einer bestimmten Gemeinschaft z. B. stiftet Identität. Infolge des Machtkampfes zwischen individualisierter Identität und Individuierung wird zwar die Identität „von unten" produziert, aber über den Kampf gegen „oben" definiert. Die Individuierung bestimmt folglich das Individuum, produziert aber keine Identität. Diese wiederum bekämpft permanent die (oktroyierte) Individuierung. Foucault betrachtet die soziale Ordnung als abhängig von der Kontrolle über die Körper und ihre Verhaltensweisen; Subjektivitäten haben dabei keinerlei Bedeutung. Die abstrakte Macht materialisiert sich am Körper: Hier werden die Machtkämpfe „von oben" und „von unten" ausgetragen, hier zeigt sich wie erfolgreich oder erfolglos das System ist. Je mehr das Individuum sich in seiner Individualität anhand der vorgegebenen Klassifizierungen definiert, desto erfolgreicher ist das System. Je mehr es sich über Gemeinschaftszugehörigkeiten (wie die Festivalgemeinschaft) definiert, desto erfolgloser agiert das System. Differenzierung erfolgt also nicht anhand vorhergehender persönlicher Unterschiede, sondern aktiv im Rahmen der Wirkungsweise ihrer Macht. In der Alltagskultur werden anhand konkreter Praktiken Differenzen konkretisiert und vollzogen: Der Kampf zwischen bewerteten Individuierungen, d. h. sozialer Kontrolle, und popular erzeugten Differenzen wird hier ausgetragen. Der Prozess der Differenzierung konstituiert somit keine totale Macht einer bestimmten Klasse über eine andere völlig machtlose. Es existieren zwar privilegierte Klassen, die sich durchsetzen können und an Macht gewinnen, dennoch verlieren Unterprivilegierte niemals vollständig an Macht. Das Individuum wird demnach nicht durch Macht beherrscht, aber die Individualität ist ein Produkt von Machtkämpfen.[137]

---

[137] Vgl. Foucault (1981), S. 43, ders. (1976), S. 114 ff.; Fiske (2001), S. 154 ff.

2.2.2.1 Widerstand als Form von Macht

Foucault beschreibt Macht und Widerstand in der gleichen Sphäre, und letzteren zudem als Kobedingung der Macht. Ohne Widerstand kann sich Macht nicht abgrenzen. Foucault bezeichnet Macht jedoch als „von oben", Widerstand als „von unten". Foucault widerspricht sich hierbei selbst, da genau genommen Widerstand ebenso eine Form von Macht ist. Dennoch verwendet er diese Bezeichnung zur begrifflichen Abgrenzung der Macht der Unterdrückten gegenüber der Macht der Hegemonialkräfte. Beide streben nach Kontrolle, jedoch auf unterschiedliche Weise. Macht ist in diesem Zusammenhang imperialistisch, universalistisch und monopolistisch, stets um Ausweitung des Terrains und Sicherung der bestehenden Grenzen bemüht; die widerständige Macht hingegen ist defensiv, lokalistisch und tolerant, solange andere Formen von Macht nicht in ihre begrenzte Lokalität eindringen. Widerstand kämpft jedoch nicht gegen Macht, da Macht aufgrund der Allgegenwärtigkeit nicht abgeschafft werden kann. Widerstand ist „das nicht wegzudenkende Gegenüber"[138] von Macht. Aufgrund der Omnipräsenz von Macht ist auch Widerstand überall. Vielmehr noch gewährleistet die gleichzeitige Präsenz einer Opposition eine bestimmte Dynamik der sozialen Verhältnisse. Widerstand beschreibt das abweichende Verhalten der Unterworfenen, das Legitimität für sich beansprucht. Macht legt die Norm fest. Und anhand der Norm kann Abweichung festgestellt werden.[139]

Semiotischer Widerstand gründet auf dem Wunsch der Entmachteten – aber nicht völlig Machtlosen – die Bedeutungen in ihrem eigenen Leben zu kontrollieren, was ihnen zumeist in materiellen sozialen Bedingungen verweigert wird. Ohne dieses Maß an Kontrolle des Selbst kann keine Eigenermächtigung vollzogen werden, welche wiederum Zuversicht gibt, die für gesellschaftliches Handeln unverzichtbar ist. Politische Siege in „den Kleinigkeiten des Alltags"[140], wie die temporäre Befreiung von Fremdkontrolle, aber auch von Selbstkontrolle, gelten als eher progressiv denn radikal. Denn sie sind Taktiken, um mit dem entmachtenden System zurechtzukommen (progressiv), ohne sich direkt dagegen zu stellen (radikal). Semiotischer Widerstand zielt nicht auf die Veränderung des Systems ab, sondern auf die Verbesserung der Situation der Unterdrückten (Widerständigkeit statt Widerstand).[141]

Mittels Subversion leistet Popularkultur semiotischen Widerstand. Deshalb zeigt sie sich exzessiv und offensichtlich, damit das entmachtende System paro-

---

[138] Foucault (1986), S. 117.
[139] Vgl. Fiske (2001), S. 242 f.; Klass (2008), S. 157 ff.; Hechler (2008), S. 7.
[140] Fiske (2000), S. 24.
[141] Vgl. Hecken (2007), S. 142, Warneken (2006), S. 314 f., Fiske (2000), S. 23 f.

diert und leichter ertragen werden kann. Durch ihre Widersprüchlichkeit entzieht sie sich zudem jeglicher Kontrolle. Herrschaft sieht in ihren Texten nur eine mögliche Lesart vor. Die Texte sind in sich geschlossen. Popularität hingegen produziert offene Texte, d. h. mit zahlreichen möglichen Lesarten. Populare Texte befinden sich deshalb im permanenten Spannungsfeld von Abschließung (Herrschaft) und Offenheit (Popularität).[142]

Foucault bezeichnet die Macht der Unterdrückten als Widerstand, DeCerteau bezeichnet sie als Taktik. Da die Macht der Unterdrückten auf nichts Eigenes zurückgreifen kann, muss sie berechnend handeln, um im entscheidenden Moment (taktisch) kämpfen zu können. Da die Taktik am Ort des Anderen agiert und keine Rückzugsmöglichkeit besitzt, befindet sie sich trotz ihrer Lokalitäten immer unter der Kontrolle des „Feindes". Die Taktik muss demnach stets wachsam sein, um potentielle Lücken für sich zu nutzen, d. h. einen Raum für sich zu beanspruchen.[143]

Die Schwachen kämpfen taktisch in „Guerillakriegen" gegen die Starken, was DeCerteau als „faire de la perruque" (frz.: eine Perücke tragen) bezeichnet: Individuen haben damit eine Überlebenstaktik entwickelt, in der sie Identitäten verschleiern bzw. vortäuschen. Dadurch produzieren sie ihren eigenen Raum am Ort der anderen, d. h. sie schaffen sich Lokalitäten anstelle von oktroyierten Stationen, d. h. sie handeln verdeckt. Ein derartiger Guerillaanschlag kann eine private Fahrt mit dem Dienstwagen sein, d. h. der Schwache unterläuft die Mikrophysik der Macht und nutzt den Starken aus. Die Lokalitäten eines Individuums geben demzufolge objektiv Auskunft über seine geführten Machtkämpfe, über Gewinne und Verluste an Macht, über dessen Erfahrungen und Wissen.[144]

Populärkulturelle Taktiken sind höchst politisch, da hiermit der Schwache Nutzen aus dem Starken ziehen kann. Die populärkulturellen Widerstände wirken, neben ihrer ausweichenden oder semiotischen Dimension, auch gesellschaftlich auf dem Mikroniveau (kleine soziale Einheiten wie Familie), indem sie beständig das Makroniveau (gesamte Gesellschaft) schwächen und damit zugänglicher für Veränderungen auf der strukturellen Ebene machen.[145] So lösten in den ersten Jahren der Loveparade die schrillen Kostüme und die laute hämmernde Musik noch Entsetzen bei den Unbeteiligten aus. Mittlerweile werden Musik und Verkleidungen in einem bestimmten Kontext fast schon als Normalität wahrgenommen.

Die Hegemonialkräfte, als vertikale Macht, trennen die Körper von ihren sozialen (horizontalen) Beziehungen, um eine kollektive Verbindung der Unter-

---

[142] Vgl. Fiske (2000), S. 18, ders. (1989), S. 114 ff.
[143] Vgl. DeCerteau (1988), S. 89.
[144] Vgl. ebd., S. 59 ff.; Fiske (2001), S. 229 ff.; Bernard-Donals (1998), S. 124.
[145] Vgl. DeCerteau (1988), S. 20 f.; Fiske (2000), S. 25.

schicht zu verhindern, da dies ein Machtgewinn der Unterdrückten bedeutete. Das kann die Unterschicht jedoch überwinden, indem sie soziale Beziehungen, d. h. Communitas, eingeht. Als wichtigsten Zweck der Communitas erachtet Fiske die Schaffung von Identitäten und sozialen Beziehungen, die nur der Kontrolle der Mitglieder unterliegen. Aufgrund dessen entzieht sie sich der hegemonialen Reichweite und stellt eine potentielle, zuweilen auch eine tatsächliche, Bedrohung dar. Communitas stellt die soziale Erweiterung der Lokalität dar und zeigt sich widerständig gegen die Individuierung. Obgleich Fiske sein Verständnis von Communitas auf demjenigen von Turner aufbaut, so differenziert er doch in der weiteren Betrachtung. Turner betrachtet Kultur aus zwei Dimensionen bestehend: die vertikale Struktur und die horizontale Communitas. Letztere besteht aus persönlichen – nicht sozialen – Beziehungen, die mehr Gleichheit oder Ähnlichkeit fördert als die Hierarchie. Fiske sieht in der Communitas eine Möglichkeit Identitäten und Relationen zu konstituieren, die der strukturellen Individuierung widersprechen oder sich ihr entziehen. Communitas und Struktur betrachtet er als oppositionelle Machtdomänen.[146]

Der oben stehende Abriss von Widerstand erweckt vielleicht den Eindruck von stabilen Schichten von Entmachtenden und Unterdrückten. Dies trifft keineswegs zu. Denn unterschiedliche Interessen der Unterdrückten verursachen zusätzlich potentielle Machtkämpfe konkurrierender unterschichtlicher Gruppen. Machtkämpfe werden also mit verschiedenen Gegnern ausgetragen.[147]

2.2.2.2 Strafe als Instrument von Macht

Wird das Machtverhältnis gestört, muss die Macht wiederhergestellt werden: durch Strafen. Die Macht wird gefestigt, wenn die entsprechende Bestrafung öffentlich erfolgt, um zu konstatieren, dass Nonkonformität nicht geduldet wird. Strafen sollten möglichst nicht willkürlich sein, damit das Ursache-Wirkung-Prinzip nachvollziehbar ist. Sie sollten darüber hinaus den Reiz am Verbrechen mindern, da weniger die Aussicht auf Bestrafung von einem Verbrechen abhält, als die potentielle Belohnung, wofür es begangen wird. Die Bestrafung sollte begrenzt sein. Andernfalls wäre es Marter. Die physische Schreckenswirkung sollte nicht im Vordergrund stehen, sondern die moralische Lehre. Der unterhaltsame Aspekt sollte folglich völlig in den Hintergrund treten. Die Bestrafung dient der Abschreckung für Andere und sollte deshalb am besten öffentlich stattfin-

---

[146] Vgl. Fiske (2001), S. 229 ff.
[147] Vgl. ders. (2000), S. 21; Warneken (2006), S. 324 f.

den. „Eine geheime Strafe wäre beinahe verlorene Mühe."[148] Die Strafe dient der Wiederherstellung der Codes bzw. Codexe (auch Gesetze) des Rechtssubjektes. Verbrecher dürfen dabei nicht heroisiert werden. All diese Aspekte verweisen auf die Straf-Bürgerschaft. Der Gesellschaftskörper übernimmt hierbei die Erteilung der öffentlichen Strafe. Dabei herrscht keine Zwangs-Institution als kompakte Strafgewalt über Raum und Zeit des Verbrecherkörpers. Die Straf-Bürgerschaft wie auch die Zwangs-Institution intendieren eine korrektive Wirkung in Bezug auf den Verbrecher sowie eine präventive bezüglich des Volkes. „Strafmechanismen [sind jedoch] nicht einfach ,negative' Mechanismen […], die einschränken, verhindern, ausschließen, unterdrücken"[149], sondern auch positive Effekte hervorbringen sollen.[150]

---

[148] Foucault (1981), S. 143.
[149] Ebd., S. 35.
[150] Vgl. ebd., S. 35 ff.; Fiske (2000), S. 21; Warneken (2006), S. 324 f.

3 Psychische Existenzbewältigung mittels Festivalbesuch

Aus einem Festivalbesuch können unterschichtliche Personen und Gruppen eine kreative Kraft entfalten, die ihre Identitätsbildung positiv beeinflusst. Wie dies konkret während des Fusion Festivals geschieht, wird an ausgewählten Beispielen analysiert. Zur Bestimmung der kulturellen Festivalpraxis soll zunächst die beobachtete soziale Praxis analysiert werden, um herauszufinden welchen Dingen und Handlungen die Besucher Bedeutung beimessen. Konkret sollen Verhaltensregeln herausgefunden werden, wer diese festlegt, wer sie in welcher Weise kontrolliert und welche Rolle den Veranstaltern des Festivals zukommt.

3.1 Bedeutung der Ästhetik

Das Fusion Festival ist nicht Teil der elitären Kultur, vielmehr gehört es aufgrund der niedrigen sozialen Reputation der Unterschicht an. „In den Köpfen ist es [das Festival] [...] doch eher negativ behaftet. Es wird immer gesagt: diese Party- oder Spaßgeneration [...] Die nehmen doch da alle Drogen"[151]. Techno (als dominantes Phänomen des Festivals) wird als ästhetische Gemeinschaft bezeichnet, da die Ästhetik von Kleidung, Musik und Tanz als verbindendes Element gilt.[152] Der Körper ist damit die unmittelbare Referenzgröße für individuelle und kollektive Identität.[153] Das Centre for Contemporary Cultural Studies konzentriert sich in den Forschungen vorrangig auf ästhetische Aspekte von Subkulturen.[154] Laut dem CCCS reflektieren subkulturelle Abweichungen von der Norm Klassenunterschiede.[155] Welche Bedeutung hinter dieser oberflächlichen Gemeinsamkeit steht, soll in diesem Kapitel anhand konkreter Beispiele analysiert werden. Jedoch wird im Folgenden von Popularkultur gesprochen und nicht von Subkultur. Da letztere vorranging Phänomene beschreibt, bei denen die Mitglieder deviantes Verhalten im Vergleich zur dominanten Kultur aufweisen, das bis hin zu kriminellen Handlungen reicht.

---

[151] Tom im Interview 07. Juli 2009.
[152] Vgl. Seifert (2004), S. 236.
[153] Vgl. Hitzler (1998), S. 87.
[154] Vgl. Clarke (1990) in Calmbach (2007), S. 54.
[155] Vgl. Pfadenhauer (2005), S. 3.

3.1.1 Symbolische Arbeit

Seit jeher manipulieren Menschen ihre Körpererscheinung, um verschiedene Anlässe, Situationen, Zwecke, Zugehörigkeiten zu spezifischen Berufs- oder Altersgruppen zu demonstrieren.[156] Genauso wenig wie der leibliche Ausdruck oder die sprachlichen Äußerungen eines Menschen als abstraktes Zeichen gedeutet werden können, müssen auch Symbole, Embleme und Rituale stets in ihrem Zusammenhang gedeutet werden. Denn Zeichen (Signifikanten) verweisen immer über sich selbst hinaus auf spezifische Ideen, Gefühlszustände, Sachverhalte usw. Zeichen dienen deshalb der Informationsübermittlung in der verbalen wie auch nonverbalen Kommunikation. Damit sich die Gesprächspartner verstehen, müssen sie im Besitz eines gemeinsamen Kodes sein, der mittels Regelsystem den Zeichen spezifische Bedeutungen zuordnet. Signifikant, Signifikat und Referent bilden beim Kommunikationsprozess eine Einheit. Die Idee bzw. die Bedeutung hinter dem Zeichen stellt das Signifikat dar, das nur entschlüsselt werden kann, wenn das Gegenüber den Kode kennt. Der Referent ist derjenige Gegenstand, von dem sich die Deutung (Signifikat) des Zeichens (Signifikant) herleiten lässt.[157]

Die Elemente (wie Symbol, Emblem, Ritual) eines kulturellen Zeichensystems besitzen eine immanente Grammatik, d.h. sie tragen ihren eigenen Kontext mit sich. Zum Verständnis über die dahinter stehenden Bedeutungen kann nur derjenige gelangen, der über symbolische Sprachkenntnis verfügt. Diese wird in Sozialisationsprozessen vermittelt bzw. erlernt.[158] Die spezifischen Zeichen des Festivals werden dementsprechend nur von denjenigen richtig verstanden, die durch das Fusion Festival sozialisiert wurden. Dies gilt für die Festivalbesucher wie auch Forscher. Die erstmaligen Festivalbesucher werden in der großen Gemeinschaft der Fusionisten sozialisiert und durch kleine Gemeinschaften wie der eigene Freundeskreis, mit dem die Fusion besucht wird.

Das in den Zeichen Repräsentierte und Appräsentierte, d.h. das nun wieder vergegenwärtigte Nichtvorhandene, ist in spezifischen Erfahrungssituationen entstanden. Deren Verwendung ruft ebendiese Erfahrungen und Traditionen wieder wach. Zeichen übertragen soziale und sozialisierte Erfahrungen aus der Vergangenheit in die Gegenwart. Sie sind überindividuell und „repräsentieren und formen Ordnungsschemata und Deutungen. Sie prägen auch den, der sie prägt"[159]. Da Zeichen Vorwissen, Wissen und Deutungsvorhaben repräsentieren, strukturieren sie Ausdruck und Wirklichkeitskonstruktionen von Gesellschaften und Intersubjektivitäten in ihrem jeweiligen Zusammenhang. Intersubjektivität entsteht durch

---
[156] Vgl. Soeffner (2004), S. 192.
[157] Vgl. Eco (1977), S. 26f.
[158] Vgl. Soeffner (2004), S. 182.
[159] Ebd., S. 183.

zeichenhafte Interaktion, denn Zeichen dienen der Typisierung von allem und jedem, das/der zum Wahrnehmungs- und Handlungsgegenstand wird. Sie helfen Grenzen zu überschreiten, aber auch Grenzen zu anderen Menschen zu ziehen.[160] Menschen ordnen bzw. typisieren, indem sie mittels symbolischer Formen wie Sprache, Bilder, Musik, Frisuren, Kleidung typisieren und für sich selbst diejenigen Formen wählen, mit denen sie sich identifizieren wollen.

Durch die Setzung der Zeichentypen ‚Symbol' und ‚Emblem' geht der Nutzer eine bewusste und bindende Beziehung ein „zwischen (1) zeichenhaftem Ausdruck, (2) zeichenhaft repräsentierten ‚Gegenständen' und (3) Zeichenbenutzern"[161]. Das Symbol ist kein bloßes Zeichen für etwas, sondern wird selbst zur Realität oder zumindest ein Teil der Realität. Symbole repräsentieren Bedeutsamkeiten. Der Körper ist das wichtigste Symbol jedes Menschen, das er unentwegt zeigt.[162] Grundsätzlich kann aber alles zum Symbol oder Teil des symbolischen Handelns werden, sofern der Handelnde dies in der Kommunikation als solches ausweist. Symbole „rahmen" eine Handlung.[163] So verfestigen die Fusionisten ihre Erlebnisse der Außeralltäglichkeit am eigenen Körper z. B. mittels Maskierung. Durch die symbolische Verfestigung von Erfahrungen werden diese als bedeutsam für den Moment wie auch die spätere Erinnerung hervorgehoben.[164]

Im Gegensatz zu Symbolen können Embleme nicht einfach von jedem gelesen werden. Um sie zu verstehen, bedarf es Wissen über den Verwendungszusammenhang. „Geschlossene emblematische Systeme reklamieren eine bestimmte Ordnung, erinnern an das verbindende Auslegungsmuster und dienen als Grenzmarkierungen einer Gemeinschaft nach innen – Zugehörigkeit – und nach außen – Ausschluß"[165].

Die Verwendung und Interpretation von Zeichen und Symbolen zur Produktion von Bedeutungen bezeichnet Willis als symbolische Arbeit. Diese ist notwendig, da Menschen stets mittels Zeichen und Symbolen kommunizieren. Die Grundelemente notwendiger symbolischer Arbeit sind:

- Die Sprache
- Der handelnde Körper
- Das Drama
- Die symbolische Kreativität.[166]

---

[160] Vgl. ebd., S. 183 f.
[161] Soeffner (2004), S. 184.
[162] Vgl. Gebauer (1998), S. 276.
[163] Vgl. Goffman (1980), S. 274.
[164] Vgl. Soeffner (2004), S. 186.
[165] Ebd., S. 190.
[166] Vgl. Willis (1991), S. 22 ff.

Die Sprache, der handelnde Körper und das Drama sind Rohmaterial und Werkzeuge zugleich. Die Sprache dient als vorrangiges Kommunikationswerkzeug. Im eigenen Körper hat das Individuum außerdem einen Vorrat an zahlreichen Zeichen und Symbolen. Als Ursprung der produktiven und kommunikativen Aktivität bezeichnet, symbolisiert und fühlt der Körper. Im Drama finden sich zahlreiche Rollen, Inszenierungen und Rituale, bei denen in Koproduktion mit Anderen kommuniziert wird. Nonverbale Kommunikation, sinnliche Praxen und gemeinschaftliche Solidaritäten wie tanzen, singen usw. sind Bestandteile des Dramas, das auch verschiedene Szenen und Rollen umfasst. Die symbolische Kreativität ist die eigentliche Praxis, da sie die anderen Grundelemente zur Produktion von neuen – wenn auch nur geringfügig verschiedenen – Bedeutungen antreibt, die wiederum den Produzenten innerlich berühren. Die symbolische Kreativität ist deshalb die Ästhetik der lebendigen Künste.[167]

Sie „kann individuell und/oder kollektiv sein. Sie transformiert, was ihr zur Verfügung steht, und trägt zur Produktion bestimmter Formen von menschlicher Identität und Fähigkeit mit bei. Das menschliche Leben – das Menschliche leben – bedeutet, kreativ zu sein in dem Sinne, daß wir die Welt für uns zurechtmachen, so wie wir unseren eigenen Ort und unsere Identität herstellen und finden"[168].

Obwohl Willis die symbolische Kreativität eingangs als ein Grundelement der symbolischen Arbeit klassifiziert hat, setzt er beide später gleich, da die Kreativität in der Arbeit inhärent sein muss, damit diese symbolisch wird. Die Funktionen symbolischer Arbeit und symbolischer Kreativität sind folgende. (a) Beide produzieren und reproduzieren Identität mittels Kommunikation. Diese ist stets intersubjektiv und stellt damit einen Kampf um Bedeutungen dar, wodurch das Erkennen von anderen Menschen möglich wird. Daraus kann das Individuum sich auch selbst erkennen. (b) Die Identitäten werden mittels Arbeit und Kreativität in „größere Ganzheiten" eingeordnet, indem sie referentiell auf Zeit, Ort und Umstände verweisen. In der Kollektivität finden sich die Individuen inklusive ihrer Differenzen wieder. Die Struktur der Kollektivität entsteht durch die Realisierung der Materialität des Kontextes und der je spezifischen Symbolik des Individuums. Umstände und Situationen sind deshalb nicht nur Determinationen, sondern auch Beziehungen und Ressourcen, die analysiert werden müssen, um den Gesamtzusammenhang zu verstehen. (c) Durch symbolische Arbeit und Kreativität entwickeln Menschen einen aktiven Sinn für ihre eigenen Fähigkeiten und die Anwendungsmöglichkeiten auf die kulturelle Welt. Das Handeln und die

---

[167] Vgl. ebd., S. 22 ff.
[168] Ebd., S. 24.

Identität werden dadurch transitiv und menschlich. Durch diese Dynamik stiften symbolische Arbeit und Kreativität stets einen Teil der Identität.[169]
Der Begriff elementare Ästhetiken verweist auf den konkreten Bezug der symbolischen Kreativität auf die emotional und kognitiv kreative Verknüpfung von Symbolen und Praxen mit Bedeutungen. Es existieren ebenso viele Ästhetiken wie kreative Elemente, in denen sie wirksam werden können. Die elementaren Ästhetiken begründen die Dynamik der gemeinsamen Kultur. Ästhetik verweist hierbei auf die Schönheitsprinzipien der gemeinsamen, nicht auf die der gehobenen Kultur. Mittels elementarer Ästhetik lesen Menschen nicht nur Texte, vielmehr schreiben sie diese auch fort, indem sie z.b. ihren Körper als Ausdrucksmedium nutzen. Obwohl elementare Ästhetiken nicht dinglich sind, können sie zur Produktion von situationsangemessenen Bedeutungen und Erklärungen für das Individuum wie auch für die Gesellschaft dienen.[170]
Kreative Praxen sind bereits in der gemeinsamen Kultur vorhanden und entwickeln sich in ihr weiter zu eigenen elementaren Ästhetiken (z.B. des Fusion Festivals), auf die die elitäre Kultur keinen Einfluss mehr hat. Die elementaren Ästhetiken stehen nicht bloß der formalen Ästhetik antagonistisch gegenüber, vielmehr verändern sie Kultur und damit Identitäten. Die Analyse der elementaren Ästhetiken muss sich auf die Vermittlung von Bedeutungen konzentrieren, die über die verwendeten Dinge hinausreicht. Denn eine Bestimmung menschlicher Handlungen anhand der bloßen Ästhetik der Dinge riefe eine Stagnation der Bedeutungsproduktion und Kreativität hervor.[171] Der spezifische und für die Forschung äußerst nützliche Sozialisationsprozess begann mit dem ersten privaten Fusionbesuch im Jahr 2008. Die zunehmende Einbindung während des Besuches wie auch die Vorbereitungen für den nächsten Besuch in 2009, das Mitfühlen der Vorfreude und das Miterleben eines gesamten Festivalverlaufs (von Mittwoch bis Montag) ermöglichten das Verstehen der sozialen Festivalpraxis durch die Deutung der Zeichen in ihrem konkreten Verwendungszusammenhang.

Im Zusammenhang mit dem Fusion Festival finden Embleme hauptsächlich Anwendung, um damit Überzeugung, Zugehörigkeit, moralische Appelle und Parolen auszudrücken. Embleme als Überzeugungssignale sind auf dem Festival z.B. durch den überall lesbaren Begriff des Ferienkommunismus, die Fusionrakete und den Fusionkosmonauten beobachtbar. Zugehörigkeitssignale sind auch noch nach dem Festival sichtbar: das Fusionbändchen mit der Aufschrift Фузион (Fusion mit kyrillischen Buchstaben) und wiederum Rakete und Kosmonaut. Die starke Kodierung des Festivalnamens spiegelt den Wunsch der Zugehörigen wider,

---

[169] Vgl. ebd., S. 25.
[170] Vgl. ebd., S. 38.
[171] Vgl. ebd., S. 38 ff.

die Unwissenden derart auszugrenzen[172], sodass diese nicht einmal den Namen des besuchten Festivals lesen können. Dass Festivalbändchen am Handgelenk auf den Besuch verweisen, ist mittlerweile auch Nicht-Festivalbesuchern bekannt. Bei den meisten Rock- und Reggaefestivals können jedoch auch Unwissende zumindest den Namen lesen, wenngleich sie nicht wissen, welche Festivalpraxis sich dahinter verbirgt.[173] Aufgrund der steigenden Popularität des Fusion Festivals bringt die Kodierung jedoch kaum mehr den erwünschten geheimnisvollen Effekt. Spezifische Embleme verweisen während des Festivals aber auch auf eine enge Gemeinschaft von jahrelangen Freunden, indem sie ähnliche Maskierungen wählen oder die Flagge für das eigene Lager z. T. auf die Herkunft verweist. Moralische Appelle und Parolen sind vor allem von der Fusioncrew an jeder denkbaren Stelle angebracht worden. So steht z. B. auf den Absperrbändern auf dem Zeltplatz: „Make capitalism history. Another world is possible. Take back your life". Ebenso bildet die Website diverse Parolen ab.

„Weil es aber keinen Ort nirgends gibt, wo die Menschen frei sind, ist es gerade die Vereinigung der FusionistInnen aller Länder und der Ferienkommunismus, der uns spüren lässt, dass wir mehr wollen, als das, was uns in diesem Leben geboten wird. Nämlich alles und zwar sofort!"[174]

3.1.2 Funktionen des Stils

Ähnlich wie die Hippies haben auch die Mitglieder der Techno-Kultur ihren eigenen subversiven Stil entwickelt, indem sie die Produkte der dominanten Kultur auf ihre eigene Weise nutzen. Denn sie „besitzen [...] die lebenswichtige, seltene, respektlose Gabe des Profanen – Kreativität"[175]. Die Verwendung von Zeichen, Symbolen und Emblemen nach bestimmten Regeln kennzeichnet einen spezifischen Stil. „Stil ist immer ein Allgemeines, das die Inhalte des persönlichen Lebens und Schaffens in eine mit vielen geteilte und für viele zugängliche Form bringt"[176]. Stil bedeutet Zugehörigkeit zu einer bestimmten Gruppe oder Gemeinschaft und verweist auf ein spezifisches Auftreten und eine Lebensform, der sich die jeweiligen Mitglieder verpflichtet fühlen.[177] Goffman bezeichnet Stil als „die

---

[172] Vgl. Breyvogel (2005), S. 184.
[173] In Deutschland ist das Wacken Open Air das einzige große Rockfestival, dass ebenfalls eine emblematische Darstellung des Namens aufweist: W:O:A.
[174] Kulturkosmos (2009 g).
[175] Willis (1981), S. 213 f.
[176] Simmel (2009 c), S. 140.
[177] Vgl. Soeffner (1992), S. 78 f.

Aufrechterhaltung expressiver Identifizierbarkeit"[178]. Obwohl der Terminus ‚Stil' von den Künsten stammt, findet er nicht nur dort statt, sondern in allen Bereichen menschlichen Handelns, sofern die Bedeutung über den eigentlichen Zweck der Handlung hinausgeht, sprich eher expressiv als instrumentell ist. Stil beschreibt die Form einer Handlung oder dessen Resultat, die nicht rein zweckgebunden ist. Erst durch Kontrasterfahrungen wird deutlich, welche Handlungsweisen stilistisch und welche ‚technisch' sind.[179]

Stilbildungsprozesse sind in einer „ästhetischen Sphäre" angesiedelt und haben damit zwar auch Auswirkungen auf den Alltag, folgen aber keiner Pragmatik, sondern ihrer eigenen „Lebenslogik", nämlich der Inszenierung einer außeralltäglichen und funktionslosen Ästhetik.[180] Dadurch verleiht Stil auch alltäglichen Handlungen und Gegenständen einen ästhetisierenden, außeralltäglichen Akzent. Stil verheißt jedoch kein absolutes Ablegen von sozialen Zwängen, zumal er selbst durch den Druck sich erkennen zu geben soziale Macht auf das Individuum ausübt. Das Individuum diszipliniert und beobachtet den eigenen Stil selbst mit den Augen des internalisierten Fremdbeobachters – „einem durch Sozialisation erworbenen, inneren sozialen Schiedsrichter und damit [...] einer Art ästhetischem Gewissen"[181]. In Abwesenheit Anderer kontrolliert sich der Stilist selbst, da soziale Interaktion immer auf Beobachtung beruht und sich hierbei die Stilbemühungen bewähren müssen. Um sich mittels Stil Anerkennung zu verschaffen, müssen die einzelnen Elemente auf eine einheitliche Präsentation abzielen, sodass der Beobachter anhand der Zeichen einen Text lesen und interpretieren kann, der idealerweise einen „inneren Zustand"[182] des Stilträgers wirklich mitteilt. Demnach verursacht die Diskreditierung des Äußeren eines Menschen auch diejenige seines Inneren.[183]

Aufgrund konkurrierender Gruppen und Ordnungen in pluralistischen westlichen Gesellschaften entstehen Stilkonkurrenzen. Um nicht als stillos zu erscheinen, hat das Individuum die Verantwortung sich mittels Stil einer für ihn passenden Gruppe zuzuordnen. Aufgrund des schmerzlichen Verlustes der Subjektivität (infolge der Anonymität und Stilkonkurrenzen) achtet das Individuum penibel auf seinen Stil, der dank der übernommenen Gruppeneigenschaften vom permanenten Darstellungsdruck entlastet, indem er verhüllt.[184] „Die Herausbildung und Aufrechterhaltung von Stilen des Lebens stehen für die Schaffung einer

---
[178] Goffman (1980), S. 318 ff.
[179] Vgl. Hahn (1986), S. 603 f.
[180] Vgl. Simmel in Soeffner (2001), S. 83.
[181] Soeffner (2001), S. 84.
[182] Goffman (1986), S. 25.
[183] Vgl. Soeffner (2001), S. 83 ff.
[184] Vgl. ebd.

gesellschaftlichen (Teil-) Ordnung"[185], da dank der ermöglichten Typisierung über Stile eine einigermaßen klar konturierte Ordnung der stilistischen Vielfalt der gegenwärtigen Gesellschaft vorgenommen werden kann. Ein Stil dient somit der sozialen Orientierung, da er als Teil eines umfangreichen Systems von Zeichen, Symbolen und Verweisungen der sozialen Orientierung für Andere lesbar ist. Mit Stil kann der jeweilige Träger seine soziale Orientierung ausdrücken, ihn als Instrument nutzen und damit gleichzeitig das Ergebnis sozialer Interaktion zeigen. Der Stil trifft somit eine für Andere lesbare Aussage über den Träger und die entsprechende Situation des Trägers und des Lesers, der je nach eigener Situation den Stil unterschiedlich liest. Stil stellt auch dar, was jemand oder etwas sein will bzw. soll. Stil verweist auf soziale Interaktionen, vielmehr noch ist er in der Interaktion, da er für Andere eine Beobachtungsleistung und -kategorie darstellt. Stil (das Styling, die Stilisierung) produziert das Individuum nicht ausschließlich für sich, sondern auch für Andere, um von ihnen beobachtet zu werden oder besser: um typisiert zu werden. Stilisierung hilft dabei, da sie eine Einheit von beobachtbaren Handlungen darstellt.[186]

„Im Gegensatz zu alltäglicher Typenbildung enthält jeder Stil zusätzlich eine ästhetische Komponente – eine ästhetisierende Überhöhung – des Alltäglichen [...] ‚Stil zu haben' – in diesem Sinne – bedeutet, fähig zu sein, bewußt für andere und auch für das eigene Selbstbild eine einheitliche Interpretation anzubieten und zu inszenieren"[187].

Beobachtbare isomorphe Strukturen eines Individuums oder einer Gruppe lassen sich als stilistische Komponenten bezeichnen. Die Transformationsregeln zur Produktion der Isomorphien stellen das generative Prinzip des Stils dar. Auch wenn der Stilträger selbst diese Isomorphien womöglich leugnet, beweist die Beobachtung doch die Existenz von spezifischen Stilen, unter der Bedingung, dass nicht allein der Interpret diese entdeckt. Die Ex-Post-Beobachtung eines Stils bedeutet jedoch nicht, dass die eigentliche Handlung bereits dem generativen Prinzip unterlag. Für den Träger eines Stil ist es wichtig die signifikanten stilistischen Mittel zu kennen und richtig einzusetzen, nicht aber unbedingt den expliziten Begriff oder explizite Vorschriften des Stils.[188]

Stil ist eine „für ein Publikum inszenierte Interpretationsanleitung: als Präsentation von etwas und Ausdruck für etwas"[189]. Stil ist „ein Produkt sozialer

---

[185] Ebd., S. 90.
[186] Vgl. ders. (1992), S. 78 f.
[187] Ebd., S. 79.
[188] Vgl. Hahn (1986), S. 605 f.
[189] Soeffner (1992), S. 80.

Interaktion, Beobachtung und Interpretation"[190], auch weil dieser durch bestätigende oder ergänzende Interpretationen der Beobachter koproduziert wird. Mittels Stil wird demnach bewusst Inklusion und Exklusion kommuniziert.[191] Soziale Interaktion produziert und reproduziert Stil, weshalb der darzustellende Sinn „strukturell (relativ) geschlossen und gleichzeitig material (fast unbegrenzt) offen sein"[192] muss. Die substantielle Offenheit ermöglicht die Einarbeitung neuer Materialien in die jeweilige Sinnstruktur.[193]

Die Fusionisten präsentieren mit ihren Maskierungen keinen Lebensstil, da sie spezifische Symbole, Embleme und Verweisungen auf die soziale Orientierung Festivalbesucher ausschließlich während des Festivals verwenden. Als „Existenzbastler"[194] realisieren sie während des Festivals einen Teil ihrer Identität. Manche können als „Teilzeitnachahmer" ihrer festlichen Vorbilder bezeichnet werden, die ein Stilmosaik bildhaft darstellen, d. h. eine „Überschneidung unterschiedlicher sozialer Kreise im Individuum"[195]. Allerdings ist nicht jeder Besucher ein Nachahmer. Während des Festivals lassen sich derart zahlreiche Stile beobachten, dass nur schwerlich beurteilt werden kann, wer Nachahmer ist und wer den Stil intuitiv lebt. Soeffner unterscheidet hierbei zwischen Personen, die selbst ihr eigener Stil sind, d. h. den Stil intuitiv entwickeln, und denjenigen, die Stil haben, indem sie ihn von Idolen kopieren. Die lustvolle und kreative Maskierung ist die Handlungs- (und damit auch Kleidungs-) Prämisse des Festivals. Ob jemand Stilnachahmer oder Entwickler ist, rückt in der stilistischen Vielfalt in den Hintergrund.

Die unterschiedlichen Masken der Festivalbesucher sagen nicht nur etwas über die Fusion-Treue aus, sondern auch über Zugehörigkeiten zu verschiedenen Gemeinschaften innerhalb der Fusionisten, da sich spezifische generative Prinzipien erkennen lassen. Die Maske kann Aussagen darüber treffen, wovon und wie treu ein Individuum Fan von einem bestimmten musikalischen Subgenre ist. Die Zugehörigkeit basiert jedoch nicht ausschließlich auf musikalischen, sondern auch auf sozialen Aspekten. Einerseits müssen hierbei die Dresscodes der Subgenres von Techno berücksichtigt werden und andererseits das soziale Umfeld der jeweiligen Maskenträger.[196] Freunde kleiden sich bewusst ähnlich oder bereiten sogar im Voraus ihre Maskierungen gemeinsam vor. Mit diesen Zugehörigkeitssignalen verweisen sie automatisch auf ihre exklusive Gemeinschaft, d. h. sie machen sich

---

[190] Soeffner (1992), S. 81.
[191] Vgl. ebd.
[192] Ders. (2001), S. 87.
[193] Vgl. Soeffner (2001), S. 87 f.
[194] Vgl. Hitzler (1999), S. 241 ff.
[195] Simmel in Soeffner (2001), S. 86.
[196] Vgl. Seifert (2004), S. 248 f.; Soeffner (2004), S. 192 ff.

selbst zu Zeichen von Inklusion und Exklusion zugleich. Denn einerseits wollen sie mit ihrem Stil diejenigen nachahmen, denen sie sich verbunden fühlen und andererseits alljene ausschließen, die sich ästhetisch von ihnen unterscheiden.[197]

Wenngleich eine veränderte Kleidung während des Fusion Festivals feststellbar ist, so lässt sich keineswegs von einem typischen Stil sprechen. Deshalb muss Willis' Auffassung verneint werden, dass anhand der Kleidung abgelesen werden kann[198], welche Musik das Individuum präferiert. Die Fusionisten zeigen eine vielfältige Maskerade in der Festivalzeit, keinen einheitlichen Stil. Nichtsdestotrotz lassen sich spezifische festliche Stile beobachten, die auf eigentümliche Weise Inklusion und Exklusion kommunizieren. Viele Festivalbesucher tragen bewusst den gleichen Stil wie ihre Freunde, weisen gleiche Parodien auf oder nehmen Bezug aufeinander. Sie nutzen somit ihren eigenen Körper als Distinktionsmedium, als relativ freies Handlungsfeld, in dem sie sich mittels Kleidung, Tanz (als Handlung und Stil), Figur, Frisur etc. ausdrücken können.[199] Tanzen z. B. ist Ausdruck des musikalischen Genusses und damit auch ein Zeichen für Andere, da Musikpräferenzen nun offensichtlich werden.[200] Die Stilisierungen geschehen offensichtlich, um sich in der großen Gemeinschaft der Fusionisten abzugrenzen und die eigene kleine Gemeinschaft zu festigen, d. h. sich dieser zu vergewissern. Denn Gemeinschaft bietet immer auch Schutz und Geborgenheit. Mit den Gleichgesinnten können die Festivalbesucher die zahlreichen Eindrücke aufnehmen und verarbeiten. Sie können trotz der absoluten Unordnung immer noch einen Raum der Sicherheit für sich finden: das eigene Lager, aber auch die Freunde, mit denen zusammen ein Raum der Geborgenheit konstituiert wird.

Im spezifischen Stil der kleinen Gemeinschaften werden auch die Regeln der Festivalfreiheit angewandt. Parodie, Inversion, Subversion, Transgression und Maskierung sind zum einen wichtig, um Teil des lustvollen Festivals zu werden und andererseits, um die kleine Gemeinschaft durch neue gemeinsame außeralltägliche Erlebnisse zu stärken. Von entscheidender Bedeutung ist bei jedwedem Stil die Präsentation für Andere. Denn Menschen ziehen sich füreinander an. Sie wollen gefallen, schmücken sich füreinander und stellen dadurch eine sinnliche Wechselwirkung zueinander her.[201] Die einzelnen Träger genießen vor allem die Aufmerksamkeit des Publikums, die eventuell daraus entstehende Interaktion mit Nicht-Mitgliedern der eigenen kleinen Gemeinschaft, aber auch der Interpretation durch Andere. Jene Interpretationen fallen zumeist – aufgrund des Lachprinzips –

---

[197] Vgl. Simmel (2009 a), S. 49 f.
[198] Vgl. Willis (1991), S. 112.
[199] Vgl. Seifert (2004), S. 248.
[200] Vgl. Willis (1991), S. 87.
[201] Vgl. Simmel (2009 b), S. 115 ff.

positiv aus, was wiederum die Darsteller in ihrer Rolle bestärkt und die positive Stimmung erhält.

Der Stil der Fusionisten zeichnet sich durch „Event-Gebundenheit"[202] aus, da sie damit keine dauerhafte Zugehörigkeit zu einer Gemeinschaft darstellen wollen. Aufgrund des gesellschaftlichen Zwangs nach Individualität ist der dargestellte Stil keineswegs einheitlich und so entsteht ein „kollektiver Individualismus". Anlässlich des besonderen Ereignisses aktivieren sie bewusst diesen Teil ihrer Identität, d. h. Musikpräferenzen und Maskierung, im Alltag je nach Rolle (Angestellter, Vater, Fußballfan etc.) wiederum einen anderen Teil. Dementsprechend verdeutlichen sich die „Schnittlinien" der verschiedenen sozialen Kreise, die im Individuum existieren, direkt am Individuum durch spezifische Stile. Die unterschiedlichen sozialen Kreise sind durchaus identitätsstiftend, jedoch nur für einen Teil der Identität, woraus sich Patchwork-Identitäten ergeben.

Soeffners Aussage, dass Technofans keine Mitglieder einer Gemeinschaft seien, sondern nur Teilnehmer eines Events kann widerlegt werden. Hierbei muss jedoch der verwendete Gemeinschaftsbegriff näher betrachtet werden, da während des Festivals insbesondere temporäre Gemeinschaften produziert werden. Die ausdrückliche Betonung der Ästhetik und damit temporären Verdrängung der Pragmatik während des Festivals verweist auf den „Selbstgenuss" des eigenen Stils. Wenngleich im Alltag dieser positive Nebeneffekt des ästhetischen Überschusses eines Stils auch existiert, so doch aber weniger ausgeprägt, da vor allem dem Zwang nach stilistischer (und damit pragmatischer) Auskunft über soziale Zugehörigkeit entsprochen werden muss.[203]

3.2 Ferienkommunismus

Die alltägliche Entfremdung wird durch den intim-familiären Umgang der Teilnehmer untereinander sowie seitens der Veranstalter aufgehoben, worauf z. B. Umgangssprache und Wortkreationen hinweisen. Die karnevalistische Mesalliance lässt sich während der Fusion in mehrfacher Hinsicht beobachten. Denn die Unterschicht bildet keine homogene Einheit, auch hier existieren vertikale und horizontale Unterschiede. Zudem kann keine absolut zuverlässige Aussage über die jeweilige Hierarchiestufe im Alltag erfolgen, da mit dem Eintritt alle Besucher auf eine Stufe degradiert werden. „Was sie verbindet, ist die Freiheit, sein zu können, wie sie wollen: Zwanglos und unkontrolliert"[204]. Die soziale Praxis des

---

[202] Soeffner (2001), S. 104.
[203] Vgl. ebd., S. 104 ff.
[204] Kulturkosmos (2009 g).

Festivals ermöglicht dabei die Mesalliance, denn die Kontakte zu unbekannten Menschen werden zwanglos und schnell geschlossen und ebenso schnell wieder gelöst. Selten verabschiedet man sich und falls doch, wünscht man sich noch viel Spaß. „Mit den meisten geht man mal ne halbe Stunde lang zusammen irgendwohin [zu verschiedenen Bühnen], aber man tauscht da ja nicht gleich Adressen aus"[205]. Die Gespräche fokussieren selten Tiefgründigkeit oder den Aufbau von ernsthaften Freundschaften. Oftmals werden keine Personenmerkmale[206] wie Alter, Beruf oder Kontaktdaten ausgetauscht, sogar selten der Vorname. Gesprächsthemen sind Erfahrungen mit Drogen, Musik und anderen Menschen. Alltägliche Hierarchien sind weder relevant, noch sichtbar. Das Verhalten im Hier und Jetzt ist das einzige, was zählt.

Es findet nicht nur eine Annäherung der Besucher untereinander, sondern auch zwischen Veranstalter und Besucher statt. Die Koproduktion des Festivals macht die Festivalbesucher zu Teilnehmern. Denn sie müssen sich in die Dienstleistung Festival integrieren: In der Potentialphase (vor Beginn des Festivals) stellt die Fusioncrew ein Gelände mit zahlreichen karnevalistischen Details bereit, die zum Verweilen einladen sollen. Die tangiblen Faktoren werden dann in der Prozessphase mit den intangiblen Faktoren verbunden, indem der externe Faktor Fusionist integriert wird. Er wird folglich zum Prosumer (Producer and Consumer).[207] In der Ergebnisphase stellt sich das Festival als eine Koproduktion von Veranstalter und Festivalbesucher dar, die sich nicht nur bei Dienstleistungen integrieren, sondern auch die konkrete bauliche Substanz mitgestalten, umformen, überformen und auch subversiv nutzen.

Zusätzlich können die Teilnehmer als Anbieter an dem Festival mitarbeiten. Für die freiwillige Mitarbeit können sich Interessierte bereits im Vorfeld oder vor Ort beim Arbeitsamt[208] anmelden und eine Arbeitsschicht von sechs Stunden übernehmen, die mit 30,– EUR entlohnt wird. Damit soll einerseits denjenigen die Teilnahme ermöglicht werden, die andernfalls nicht die nötigen monetären Mittel hätten. Andererseits zeigt sich hierbei, dass die Bachtinsche Utopievorstellung von Gleichheit auch zwischen Besucher und Veranstalter realisiert wird. Die egalitäre Gesellschaft der Fusionisten lebt den Ferienkommunismus[209], der spezifische Charakteristika des Marxschen Kommunismus anstrebt: Gleichheit, Abschaffung von Entfremdung, Abschaffung der kapitalistischen Arbeitsdisziplin.[210] Die Rea-

---

[205] Konrad im Interview 27. Juni 2009.
[206] Vgl. Werner (2001), S. 31.
[207] Vgl. Corsten (1990), S. 177.
[208] Das Arbeitsamt ist eine Einrichtung, die Jobs auf dem Festivalgelände vermittelt, wie z. B. Bändchen am Einlass verteilen. Siehe Anhang.
[209] Der Kulturkosmos bezeichnet das Festivalleben als Ferienkommunismus.
[210] Vgl. Rülcker (2007), S. 347.

lisierung der kommunistischen (lat. commūnis ‚gemeinsam, gemeinschaftlich, allgemein')[211] Gleichheit im Sinne der karnevalistischen Mesalliance wurde bereits erläutert. Die festliche Gleichheit umfasst auch die geschlechtliche Gleichstellung. Nirgends auf dem Gelände findet eine Trennung in männlich/weiblich statt, auch nicht bei den Duschen oder den Toiletten. Die Gleichstellung reicht sogar bis zum Urinal, das die Frauen mittels Fusionella[212] ebenfalls nutzen können (siehe Anhang). Es lässt sich eine weitgehende Entsexualisierung feststellen,[213] die jedoch nur relativ und nicht absolut im Vergleich zu Rockfestivals stattfindet. Obgleich die Gleichstellung von Mann und Frau während der Fusion konsequent umgesetzt wird, so lassen sich dennoch Szenerien beobachten, die darauf abzielen einen (Sexual-)Partner zu finden. Allerdings wird diese Suche weniger obsessiv als bei vergleichbaren Rockfestivals praktiziert.

Die Degradierung während des Festivals erfasst außerdem die Musiker, die sich häufig auf einer Ebene, manchmal sogar inmitten des Publikums befinden. Die Fusionisten fokussieren selten die vermeintlichen Musikstars. Ganz im Gegenteil steht hier „das Publikum im Mittelpunkt, das der DJ umsorgt"[214], indem er auf die Bestätigung (pfeifen, johlen, Hände nach oben) bzw. Ablehnung (nicht tanzen) musikalisch reagiert.[215] Durch die optimale Interaktion entsteht für alle Beteiligten ein „sehr gutes" Liveset.[216] Die freie Entwicklung von allen setzt die freie Entwicklung jedes Einzelnen voraus,[217] im Kommunismus wie während des Festivals. Die Freiheit, „zwanglos und unkontrolliert"[218] das Festival zu erleben, zeichnet die Fusion aus. Die Abschaffung der kapitalistischen Arbeitsdisziplin wird im Ferienkommunismus durch Beschränkung der Arbeitszeit (sechs Stunden Schicht) auf die minimale Notwendigkeit (zur Finanzierung des Festivaltickets) umgesetzt. Der Anhäufung von Kapital wird damit entgegen gewirkt. Der Kulturkosmos als gemeinnütziger Verein strebt zudem lediglich die Bildung von Rücklagen an sowie die Unterstützung von verschiedenen anderen Projekten.[219]

Der utopische Kommunismus (lat. commūne ‚gemeinschaftlicher Besitz, gemeinschaftliches Vermögen')[220], bei dem kein privates Eigentum mehr existiert, sondern ausschließliche Gütergemeinschaft, wird weder propagiert, noch explizit gelebt. Die Teilnehmer geben zwar großzügig von ihren Genussmitteln

---

[211] Vgl. Pfeifer (1993 a), S. 697.
[212] Fusionella ist ein Trichter aus Pappe, der es Frauen ermöglicht ebenfalls das Urinal zu benutzen.
[213] Vgl. Henkel (1996), S. 25; Böpple (1996), S. 163 ff.; Herma (2001), S. 151 ff.
[214] Henkel (1996), S. 40.
[215] Vgl. ebd., S. 24 ff.
[216] Vgl. Pfadenhauer (2009), S. 9 ff.
[217] Vgl. Rülcker (2007), S. 347.
[218] Kulturkosmos (2009 g).
[219] Vgl. ders. (2009 l).
[220] Vgl. Pfeifer (1993 a), S. 697.

ab, nichtsdestotrotz wird das private Eigentum respektiert. Jener Respekt wird auch kontrolliert und bei Nichtachtung sanktioniert, worauf auch die Zeltplatzpatrouillen verweisen.[221]

Die Festivalteilnehmer streben mit ihrem Besuch ein Ausweichen aus der permanenten Kontrolle an. Der voreilige Schluss, Techno sei bloßer Eskapismus und damit unpolitisch, erfasst das Phänomen allerdings nicht korrekt.[222] Die ernsthafte Verwendung von Bezeichnungen der Technopartys und -festivals als „Ravólution" oder „Party statt Partei"[223] und deren Besucher als „Partysanen" zeigen das Unverständnis des parodistischen Hintergrundes und bezeichnen dementsprechend die Teilnehmer als rein hedonistisch und politiklos; die Musik als frei von jeglichen Botschaften[224], was die Außensicht der jeweiligen Autoren verdeutlicht. Von außen lässt sich die Kultur jedoch kaum verstehen.[225]

Die Teilnahme am Festival ist durchaus ein politischer Akt, auch wenn keine Protesthaltung angestrebt wird.[226] Techno ist „praktizierter Pazifismus durch Freude am gemeinsamen Tanzrausch, das ist die Ravólution"[227]. Mit dieser Handlung können die Beteiligten gleichzeitig der Trennung der Individuen und der monotonen Alltäglichkeit entfliehen.[228] Das Festival wirkt befreiend, da der Spaß-Existenzialismus als oberstes Prinzip gilt, was durch die Transgression sozialer Praktiken hervorgerufen wird.[229] Insbesondere die gesellschaftliche Vorstellung von Sittsamkeit und Ordnung wird in jeglicher Hinsicht invertiert und korporal geäußert. Der Körper und dessen organische Funktionen werden während des Festivals intensiv fokussiert.[230]

Die Benennung der Wege auf dem Zeltplatz nach unterschichtlichen Widerstandskämpfern und die Verwendung von historisch geprägten Begriffen und Symbolen aus der Zeit der DDR (Kosmonaut, Ährenkranz, kyrillische Schrift, Rakete) verweist auf politische Intentionen (siehe Anhang). Da allerdings das gesamte Festival dem Lachprinzip unterliegt, werden die politischen Äußerungen von den Besuchern nicht im Sinne eines Widerstandskampfes wahrgenommen, sondern belustigend aufgefasst und kreativ in das Erlebnis eingebunden. Diese nutzen lieber die politischen Parolen im Rahmen der karnevalesken Praxis, um

---

[221] Vgl. Kulturkosmos (2009 f).
[222] Vgl. Henkel (1996), S. 167.
[223] Party statt Partei war der Name einer Radiosendung des Ost-Berliner Senders 4U. Henkel (1996), S. 58.
[224] Vgl. Lau (1996), S. 256.
[225] Vgl. Vogelgesang (2001), S. 265.
[226] Vgl. Herma (2001), S. 150f.
[227] Henkel (1996), S. 103.
[228] Vgl. Volkwein (2003), S. 58; Tuan (1998), S. 93.
[229] Vgl. Böpple (1996), S. 96ff.; Langman (2008), S. 660.
[230] Vgl. Herma (2001), S. 155.

die „Parallelgesellschaft", die von der „Sehnsucht nach einer besseren Welt"[231] erfüllt ist, zu (er)leben. Auch die linkspolitischen Intentionen an der Organisation mitwirkender Gruppen treten in der Festivalzeit in den Hintergrund.[232] Hierbei zeigt sich die Verarbeitung des Alltags bzw. der Geschichte in der Festivalzeit. Die frühere russische Besatzungsmacht wird dabei ebenso lustvoll und kreativ verarbeitet wie der oktroyierte Sozialismus. Die Festivalpraxis besticht nicht, wie z. B. bei Reggae-Festivals üblich, durch explizite politische Äußerungen, sondern durch die Umsetzung der obersten Prämisse: Toleranz bis hin zum Pazifismus. Und so setzen die Fusionisten interaktiv das um, wovon der Kulturkosmos spricht.

3.2.1 Außeralltägliche Freiheit

Der Alltag wird während des Festivals negiert, und zwar nur in dieser Zeit. Die Negation des Alltags findet statt, damit dieser wiederum erneuert wird. Ein politischer Widerstand wird nicht angestrebt, sondern Widerständigkeit im Sinne von Momenten der Freiheit. Die Negation der alltäglich geforderten Leistungsbereitschaft zeigt sich im mitunter stundenlangen Aufenthalt im Chill Out-Bereich, um zu entspannen. Die Reduzierung der körperlichen, aber auch geistigen Aktivitäten wird hier neben der Musik auch häufig durch Drogenkonsum verstärkt. Popularkulturelle Musikfestivals können somit helfen, die Tyrannei des eigenen Subjekts zu überwinden und sich selbst physisch und psychisch anders zu empfinden, gar temporär zu befreien.[233] Die bedrohliche Unordnung zeigt sich unter anderem im Vernachlässigen der Körperhygiene. „Sich gehen lassen, nicht so viel Wert auf Hygiene legen, morgens um 10 [Uhr] schon das erste Bier in der Hand und sich die Birne zuballern"[234], das sind Aspekte, die Teilnehmer am Festivalleben schätzen. Die Eigenermächtigung erhält zentrale Bedeutung. Zeitautonomie und Verweigerung der stetigen Leistungsbereitschaft stehen stellvertretend für die Momente der Freiheit. Hohe Leistungen werden idealerweise durch Einhaltung von zeitlichen und inhaltlichen Vorgaben und permanenter Erreichbarkeit optimiert. Deswegen wird „die Ziellosigkeit, die Ungeplantheit, keine festen Vorgaben für den Tag zu haben"[235] als befreiend empfunden. Die Fusion wird mit „Freiheit, ungezwungenem Feiern"[236] verbunden, d. h. keine sozialen Zwänge, nur Spaß. „Es ist die

---

[231] Kulturkosmos (2009 g).
[232] Vgl. ders. (2009 l).
[233] Vgl. Fiske (1989), S. 83; Warneken (2006), S. 311 ff.
[234] Tom im Interview 07. Juli 2009.
[235] Sabine im Interview 07. Juli 2009.
[236] Tom im Interview 07. Juli 2009.

Auszeit im Jahr, die man sich nimmt. Mal ein Wochenende komplett raus, den Alltag hinter sich lassen, sich komplett gehen lassen"[237]. Der telefonische Kontakt mit Freunden auf dem Festival wird meist aus mehreren Gründen schnell aufgegeben. Der schlechte Empfang macht das Telefonieren nur selten möglich. Verabredungen mit Freunden können somit nur per SMS erfolgen. Da aber aufgrund der Zeitautonomie und verändertem Zeitempfinden schnell mal die vereinbarte Uhrzeit vergeht und der Wartende nicht seine Zeit vergeuden möchte, findet der Kontakt zu Freunden ebenso zufällig und unverbindlich statt wie zu Fremden. „Aber man bleibt unter sich, mit denen man zeltet. Das ist auf der Fusion so"[238]. Die Ablehnung jeglicher Verpflichtungen, auch zu Freunden betont das große Freiheitsbedürfnis und lässt auch Rückschlüsse auf den Alltag der Teilnehmer zu. Treffen mit Freunden in der Freizeit gelten demnach zunehmend als Obligation, weniger als freiwillig. Hierin zeigt sich das paradoxe Verhalten der Fusionisten, denn einerseits wird die Gemeinschaft mit Freunden bewusst aufgesucht, andererseits aber nicht um den Preis der eigenen Freiheit.

Der musikalische Aspekt ist für die Teilnehmer zwar wichtig, steht aber nicht im Vordergrund. Gute, d. h. mehrheitlich als gut befundene, Musik, die 24 Stunden am Tag präsent ist, gilt zwar als Besonderheit im Vergleich zu Rock- und Reggaefestivals, aber der Starfokus tritt hier eher hinter das lustvolle Erleben der zahlreichen Eindrücke. Das Veranstaltungsprogramm wird zwar gelesen, aber die Tagesplanung richtet sich nur selten danach, da insbesondere die musikalische Vielfalt geschätzt wird. Selten wird bewusst eine Bühne aufgesucht, um zu der Musik eines bestimmten DJs zu tanzen. „Der DJ hat für mich die Bedeutung, dass er seinen Zweck erfüllt, dass er Musik macht für den Mob, der dazu tanzen will. Den DJ will ich auch nicht unbedingt sehen. Da passiert auch nicht viel, wenn er auflegt"[239]. Der Mob oder auch die „Feiermasse"[240] verdeutlicht, dass die Tanzenden als eine Einheit gesehen werden. Keiner sticht heraus, da alle exzentrisch sind und alle eines wollen: Spaß haben. Deswegen lässt man sich meist treiben und bleibt dort, wo es optisch und akustisch interessant erscheint.

Die Musik während des Festivals wird geschätzt, weil bekannte und weniger bekannte Künstler auftreten. Es gibt somit immer wieder etwas Neues zu entdecken. Durch diese Abwechslung kommt auch bei den langjährigen Wiederholern keine Langeweile auf. Ebendiese Vielfalt schätzen sie am Fusion Festival. Musikalische und andere künstlerische Darbietungen sowie die zahlreichen dekorativen Details auf dem gesamten Gelände kommen dem Erlebnishunger der

---

[237] Thomas im Interview 10. Juli 2009.
[238] Ders.
[239] Hans im Interview 10. Juli 2009.
[240] Thomas im Interview 10. Juli 2009.

Teilnehmer entgegen. Denn vermeintlich gute Musik bieten auch zahlreiche andere Festivals in Deutschland, nicht jedoch in vergleichbarer Vielfalt, in vergleichbarem Umfang und mit derartig detaillierten Dekorationen. „Partys gibt es das ganze Jahr über. Die sind aber zeitlich und örtlich sehr beschränkt. In einem Club ist man vielleicht fünf Stunden feiern und dann geht man wieder nach Hause"[241].

„Der Kopf ist komplett frei. Nichts stört oder nervt. Man ist keinerlei staatlichen Zwängen untergeordnet. Ich könnte auch im rosa Schweinchenkostüm rumrennen und keinen würd's interessieren [...] Man macht halt Sachen, die man sonst nicht machen würde. Das macht man nur einmal im Jahr auf der Fusion"[242].

Diese Aussage umfasst die Befreiung von gesetzlichen und sozialen Zwängen. Die empfundene Unterdrückung verweist auf Verbote z. B. hinsichtlich des Konsums von Betäubungsmitteln. Zudem fühlen sich die Teilnehmer in der alltäglichen sozialen Praxis unterdrückt und zu konformem Verhalten gezwungen, um nicht ihre soziale Reputation zu verschlechtern. Sie haben sich mit dieser Verschleierung ihrer Identität arrangiert, benötigen aber zuweilen einen temporären Ausbruch, der sich bei den Wiederholern mittlerweile institutionalisiert hat. Der jährliche Fusionbesuch wirkt befreiend und erneuernd, da „man sich so geben kann, wie man ist"[243]. „Das ist alles, was ich gerade [im Alltag] nicht ausleben kann"[244].

3.2.2 Sampling als Verarbeitungsmethode

Der Materialität-Leiblichkeit kommt in der Festivalpraxis zentrale Bedeutung zu, da hierdurch abstrakte Sinnzuschreibungen konkret werden. Der Alltag wird materiell und leiblich verarbeitet. Durch den Konsum z. B. wird das Festival mit allen Sinnen erfahren. Die Bedeutung der materiellen Dimension zeigt sich unter anderem in der subversiven Nutzung von Produkten der dominanten Kultur. Profanationen lassen sich in verschiedenen Formen beobachten. Vor allem Symbole der Macht, die die soziale Ordnung und Einhaltung der Pflichten verkörpern, werden parodiert. Fliegenklatschen oder Staubwedel dienen als Armverlängerung, um beim Tanzen auf sich aufmerksam zu machen. Kleine Besen werden auf der sandigen Tanzfläche genutzt, um vermeintliche Ordnung und Sauberkeit zu schaffen. Die im Alltag stets geforderte Ordnung wird parodiert, indem auf die paradoxe

---

[241] Hans im Interview 10. Juli 2009.
[242] Thomas im Interview 10. Juli 2009.
[243] Steffi im Interview 07. Juli 2009.
[244] Lara im Interview 20. Juli 2009.

Absicht hingewiesen wird z. B. eine Sandfläche besenrein machen zu wollen. Das Groteske zeigt sich hier in der Zweckentfremdung von Haushaltsgegenständen, die im gewöhnlichen Gebrauch Symbole für alltägliche Pflichten darstellen. Erst im Kontext der festlichen lustvollen Verwendung wird den eigentlichen Arbeitsgeräten ein anderer, nämlich befreiender Wert beigemessen. Pillendosen, die normalerweise zur regelmäßigen Medikamenteneinnahme bei kranken Menschen dienen, werden hier subversiv für andere – zumeist illegale – leistungssteigernde Pillen genutzt. Krankheit bedeutet Abweichung von der Norm, die mittels Medikation geheilt werden soll. Die körperliche (oder geistige) Leistung soll gesteigert werden, um besser, d. h. im Sinne der Norm, zu funktionieren. Während des Festivals sollen ebenfalls die Körperfunktionen verbessert werden, aber im Sinne der populären Lust, um maximalen Spaß in der begrenzten Festivalzeit zu empfinden.

Die musikalische Bricolage, häufig auch als Eklektizismus oder in der Musikwissenschaft als Sampling[245] bezeichnet, ist eines der Hauptmerkmale von Techno-Musik. Klänge aus verschiedenen Epochen, Musikstilen, Flora, Fauna, Alltagsgeräuschen u. a. werden kreativ zu „Klangcollagen"[246] vermischt. Der Bruch mit tradierten Formen und Regeln hat seinen Ursprung in der Musikproduktion und weitete sich schnell auf die Kleidung aus.[247] Dadurch wirkt die Techno-Musik zuweilen auf Nicht-Fans äußerst grotesk und befremdlich.[248] Die Parodie stellt hierbei einen bedeutungsvollen Aspekt dar, was sich neben den eklektischen Klängen auch in den Namen von Tracks[249] zeigt: „Altes Kamuffel" und „Der Alpenstrandläufer von Spiekeroog" stehen hierfür beispielhaft.[250] Techno birgt stets provokatives Potential: die Musik wie auch die Festivals sind sarkastisch, ironisch, parodistisch und repräsentieren semiotisches Sampling.[251] Jene musikalischen Umstülpungen und Verkehrungen von Natur/Technik verdeutlichen den Eklektizismus, den das Phänomen Techno auszeichnet. Die Musik soll vor allem unterhalten und Spaß machen. Dennoch existiert auch ein ernsthafter musikalisch-künstlerischer Aspekt dabei, weshalb eine Unterscheidung von U- und E-Musik unangebracht wäre.[252]

Die Liberalität wird auch am Körper der Teilnehmer konkret und zwar in nicht-alltäglicher Kleidung. Menschen erleben ekstatische Momente im Ablegen alltäglicher Normen, was beim Ablegen von Kleidung konkret wird. Bei den

---

[245] Vgl. Henkel (1996), S. 8.
[246] Vgl. Ferchhoff (2007), S. 208.
[247] Vgl. Vogelgesang (2001), S. 269; Seifert (2004), S. 249.
[248] Vgl. Volkwein (2003), S. 69.
[249] Ein Track ist ein Musikstück. Vgl. Coers (2000), S. 39.
[250] „Altes Kamuffel" stammt von Paul Kalkbrenner, „Der Alpenstrandläufer von Spiekeroog" von Dominik Eulberg.
[251] Vgl. Lothwesen (2000), S. 81, 87.
[252] Vgl. Cossart (1996), S. 46 f.

Teilnehmern ist weniger eine komplette Entblößung, sondern vielmehr eine Verwandlung feststellbar. Sie nutzen das Festival, um sich in verschiedenen Rollen auszuprobieren. Die Bricolage (oder Sampling) stellt dabei eine weitere Möglichkeit der popularen Lesart dar,[253] die auch als „Kreativität des Notbehelfs" oder als „Kunstfertigkeit" der Konsumtion bezeichnet wird.[254] Insbesondere die Materialbricolage lässt sich bei den Teilnehmern erkennen. Es handelt sich hierbei nicht um eine wahllose Bastelei, sondern die bewusste Umnutzung von alten Produkten und infolgedessen eine Neuproduktion aus bzw. mithilfe von alten Produkten oder Materialien. Der Bricoleur versucht so mit den begrenzten Möglichkeiten etwas Neues zu produzieren. Oftmals werden dabei Produkte oder Materialien aus ihrem ursprünglichen Kontext herausgelöst und in einen neuen eingebettet. Jene konsumtive Kreativität lässt sich im Umgang mit Kleidung, Musik, im Tanzstil wie auch in der Sprache feststellen.[255] Nicht nur die Interviewpartner kreierten eigene Worte wie „gedrogt", „Techno-Atzen", „Heimfeeling", „Sinneshaushalt", „peacig" usw., sondern auch das Gelände weist zahlreiche Bricolagen auf, um gemeinsam die Popularkultur des Fusion Festivals zu (re)produzieren. So lassen sich z. B. vielerorts Spielgeräte finden, die im Alltag für Kinder gedacht sind, aber hier größer dimensioniert, um Erwachsenen die spielerische Auseinandersetzung mit dem alltäglichen Ernst und der alltäglichen Ordnung zu ermöglichen. Somit lassen sich nicht nur populare Lesarten erkennen, sondern auch stetige Fortschreibungen der popularen Texte.

Textile Metamorphosen als Kind, Tier, Comicfigur, Fabelwesen, Menschmaschine[256] etc. bilden die festliche Regel ab. Auch Umstülpungen von innen/außen werden textil geäußert z. B. im Tragen von Unterwäsche auf der normalen Kleidung. Besonders ausgefallene Kostümierungen werden von den anderen Teilnehmern mit Aufmerksamkeit oder kurzen Gesprächen honoriert. Zahlreiche Maskierungen zeigen, dass sie keineswegs spontan entstanden sein können, sondern einige Zeit im Voraus geplant worden sind. Anhand der Maske lässt sich dementsprechend erkennen, dass der Einzelne bereits mehrmals am Festival teilgenommen hat. Auch Erstteilnehmer können diese offensichtliche Differenzierung sehr schnell nachvollziehen. Je alltagsfremder die Maske, desto häufiger war ein Teilnehmer auf diesem Festival. Vice versa lässt sich diese Aussage jedoch nicht treffen. Nicht jeder, der vermeintliche Alltagskleidung trägt, ist zum ersten Mal dabei, denn es herrscht kein Maskenzwang. Die Mindestbestandteile einer Maske sind jedoch bei vielen erkennbar: Gummistiefel und Sonnenbrille. Beide

---

[253] Vgl. Seifert (2004), S. 349 f.
[254] Vgl. Lévi-Strauss (1973), S. 29 ff.; Warneken (2006), S. 109 ff.; DeCerteau (1988), S. 17.
[255] Vgl. Warneken (2006), S. 184 ff.; Lévi-Strauss (1973), S. 30 ff.
[256] In Anlehnung an die deutschen Erfinder des Techno: „Kraftwerk".

werden aus praktischen wie auch ästhetischen Gründen getragen, und das zu jeder Zeit, bei jedem Wetter. Die Sonnenbrille stellt den geringsten Aufwand für eine effektive Maske dar. In den Augen eines Menschen lassen sich zahlreiche Informationen lesen. Ist jedoch der Augenkontakt durch eine Sonnenbrille unterbrochen, kann zwar der Träger seinem Gegenüber aus den Augen lesen (sofern dieser keine Sonnenbrille trägt), jedoch nicht umgekehrt. Die Gummistiefel lassen sich als Möglichkeit interpretieren, in die „Fußstapfen eines anderen Menschen zu treten". Kaum jemand trägt im Alltag Gummistiefel und demzufolge lassen sich auch keine Rückschlüsse auf die soziale Position oder andere persönliche Informationen ziehen. Die Maske dient folglich als Möglichkeit den eigenen körperlichen Ausdruck zu steuern.[257]

Die Maske (mimicry) ist laut Caillois eine Kategorie des Spiels. „Das Spiel ist eine Gelegenheit zu reiner Vergeudung von Zeit, Energie, Erfindungsgabe, Geschicklichkeit und oft auch von Geld"[258]. Das Spiel ist

- eine freie, d.h. zwanglose, Beschäftigung,
- räumlich und zeitlich begrenzt,
- im Voraus ungewiss in Ablauf und Ergebnis,
- unproduktiv,
- durch bestimmte Gesetze geregelt und
- fiktiv, im Gegensatz zum Alltag.[259]

Mimesis beschreibt die Anpassungs- bzw. Wandlungsfähigkeit von Insekten. Der Spieler der Mimikry wird zu einer illusionären Figur, indem er sich maskiert und anders verhält. Das Vergnügen besteht hierin, dass der Spieler eine andere Rolle spielt oder für eine andere Person gehalten wird. Mit den Maskierungen wird die Möglichkeit genutzt, die eigene soziale Stellung zu verbergen. Die Mimikry weist alle Charakteristika des Spiels auf, außer der Unterwerfung unter bestimmte Regeln. Die einzige Regel ist diejenige, die Illusion möglichst fehlerfrei dem Zuschauer zu präsentieren, der wiederum bereit sein muss, sich der Illusion hinzugeben. Die Spielregel des Fusion Festivals ist das Lachprinzip. Im Lachen wird eine Übereinkunft über den Ausnahmezustand getroffen. Das Verhalten legitimieren die Besucher durch zustimmendes oder anerkennendes Lachen. Die Freude am bewussten Übertreiben bezieht die Zuschauer ebenso mit ein wie die eigentlichen Darsteller. Entscheidend ist, dass der Alltag nicht als etwas Negatives thematisiert

---

[257] Vgl. Breyvogel (2005), S. 191; Seifert (2004), S. 250f.
[258] Caillois (1982), S. 12.
[259] Vgl. ebd., S. 12ff.

wird, dem die Teilnehmer dauerhaft entfliehen wollen, weswegen auch das Lachen dem Ernst nicht oppositionell gegenüber steht.[260]

Eine weitere Spielkategorie ist der Rausch (ilinx), dessen „Reiz darin besteht, die Stabilität der Wahrnehmung zu stören und dem klaren Bewußtsein eine Art wollüstiger Panik einzuflößen"[261]. Caillois geht davon aus, dass der Rausch meist seiner selbst willen aufgesucht wird. Etymologisch lässt sich Ilinx mit dem griechischen ‚ilingos' ‚Wasserstrudel' erklären, welches auf weitere – wenn auch nicht explizite – Funktionen des Rausches bei Caillois deutet, nämlich die Bewusstseinsänderung, Grenzerfahrung sowie veränderte Körperwahrnehmung. Den drogeninduzierten Rausch erachtet Caillois jedoch als gefährlich und pathologisch, da er ihn mit Alkoholismus gleichsetzt.[262]

Gründe für sämtliche Spielarten sieht er in Kompensation und Eskapismus. Die meisten Spiele setzen Gesellschaft – oder anders: Mitspieler – voraus. Meistens muss die Anzahl beschränkt werden auf eine kleine Gruppe von Eingeweihten („aficionados"), die sich dafür in einen abgegrenzten Raum begeben. Bei Mimikry und Ilinx hingegen stimulieren die Zuschauer ebenso das Spiel wie die Aficionados. Es können also beliebig viele Mitspieler und Zuschauer daran teilnehmen bzw. teilhaben. Die Regellosigkeit gilt als Voraussetzung für Mimikry und Ilinx, damit der Spieler seine Fantasie und Inspiration nutzen kann. Im Gegensatz zu Mimikry, die vom Spieler Bewusstsein fordert, um sich auf die Täuschung zu konzentrieren, erfordert Ilinx „jedwedes Bewußtsein [sic] auszuschalten"[263]. Treffender erscheint die Forderung, dass der Spieler die Kontrolle über sich selbst wie auch soziale Konventionen ablegen sollte. Wie bereits ausführlich beschrieben, können Drogen hierbei helfen, der „Tyrannei des Subjektes" zu entfliehen.

Da das Tragen einer Maske Rausch und Befreiung zugleich hervorrufen kann, bezeichnet Caillois die Kombination von Maske und Rausch als bedenklich, da sie Exzesse mit Halluzinationen verursachen kann. Diese Warnung erscheint übertrieben. Wenngleich die Fusionisten diese Kombination offensichtlich suchen, sodann lediglich für die Festivalzeit. Vor diesem Hintergrund überrascht es nicht, dass Caillois der Maskierung pädagogischen und ästhetischen Wert beimisst, da sie „Kulturformen erschaffen [kann]"[264]; den Rausch hingegen als zumeist unproduktiv bezeichnet.[265] Hierbei deutet sich eine kulturfremde Sichtweise an. Denn ebendieser Rausch ist eine wichtige Komponente der kulturellen Festivalpraxis.

---

[260] Vgl. Bachtin (1990), S. 40.
[261] Caillois (1982), S. 32.
[262] Vgl. ebd., S. 16 ff.
[263] Ebd., S. 85.
[264] Ebd., S. 86.
[265] Vgl. ebd., S. 50 ff.

Im Gegensatz zu Caillois erachtet Huizinga das Spiel als eine durchaus sinnvolle Beschäftigung. Das Spiel unterbricht den alltäglichen Ernst. „Das Spiel bindet und löst. Es fesselt. Es bannt, das heißt: es bezaubert"[266]. Es geht über die Befriedigung der Grundbedürfnisse (Nahrung, Schutz, Fortpflanzung) hinaus und gibt der Lebensbetätigung einen weiteren Sinn.[267] Dieser Sinn besteht einerseits in den bereits erwähnten kompensatorischen, hedonistischen und gemeinschaftlichen Funktionen und andererseits darin, „dass Kultur in ihren ursprünglichen Phasen [...] gespielt [wird]. Sie entspringt nicht aus Spiel, [...] sie entfaltet sich in Spiel und als Spiel"[268]. Die Welt wird also spielend verarbeitet. Wertschätzungen und Bedeutungszuschreibungen drücken sich im Spiel aus und/oder werden als Spiel entwickelt, bestätigt und verändert. Auch Wortspiele gehören hier zur Kategorie des Spiels.[269]

„Die Fusion ist ein riesengroßer Spielplatz"[270]. Die Festivalbesucher begeben sich bewusst in den abgegrenzten Raum des Fusiongeländes, da nur hier die Regellosigkeit „herrscht", die als wichtige Voraussetzung für Mimikry und Ilinx gelten. Nur hier können sie ihre Fantasie frei nutzen und sich von den Anderen und dem Gelände selbst inspirieren lassen. Nur hier können sie sich in einem geschützten Raum dem Strudel des Rausches hingeben. Als Eingeweihte lassen sich alle Fusionisten bezeichnen, da sie – wenn sie auch selbst weder Mimikry noch Ilinx bewusst spielen – so doch aber Elemente des riesengroßen Spielplatzes sind. Sie sind keine bloßen Zuschauer, sie nehmen ebenso am Spiel teil und honorieren oder lehnen bestimmte Verhaltensweisen ab. Der abgegrenzte Raum ist jedoch von besonderer Bedeutung, da sich hierher nur Freiwillige, sprich Spieler und Mitspieler, begeben. Hier sind alle eingeweiht. Und deswegen können die Fusionisten hier zwanglos spielen. Sie erleben die Außeralltäglichkeit intensiv und exzessiv. Sie verwandeln sich in andere Personen bzw. Wesen, um nicht nur den Alltag für die Festivalzeit zu unterbrechen, sondern auch um ihn zu verarbeiten. Die Bedeutungszuschreibungen der vorherrschenden Kultur greifen sie bewusst auf, um diese nach den Regeln der Festivalfreiheit (Inversion, Subversion, Transgression, Toleranz, Rücksichtnahme, Lachprinzip) zu verarbeiten. Die Festivalzeit ist folglich keine Vergeudung, sondern durchaus sinnvoll, da sie letztendlich zur Veränderung und Bestärkung der Kultur dient.

In der obigen Erläuterung der Spieltheorien werden Gemeinsamkeiten mit dem Festmodell deutlich. Diese sind:

---

[266] Huizinga (1987), S. 19.
[267] Vgl. ebd., S. 9 ff.
[268] Ebd., S. 189.
[269] Vgl. ebd., S. 13.
[270] Lara im Interview 20. Juli 2009.

- Außeralltäglichkeit
- zumeist – wenn auch nicht notwendiger – fröhlicher Ton der Handlung
- zeitliche und räumliche Begrenztheit
- Verbindung von strenger Bestimmtheit und Freiheit.[271]

3.3 Festlicher Überfluss

Ein Aspekt des karnevalistischen Überflusses lässt sich auf dem Festival nicht feststellen, denn die Fleischwegnahme ist hier bereits im Vorfeld geschehen. Es werden ausschließlich vegetarische oder vegane Speisen angeboten. Wenn man Fleisch essen möchte, muss man sich selbst etwas mitbringen. Aber auch ohne Fleisch sind die Teilnehmer von dem Speisenangebot begeistert und genießen den festlichen Nahrungsüberfluss. Obwohl Bachtin den Aspekt des Überflusses auf die Nahrung bezieht, kann dieser hier zusätzlich auf Drogen ausgeweitet werden. Und der festliche Tisch ist reich gedeckt: Speisen, Getränke und jegliche Substanzen zur physischen und psychischen Erlebnisintensivierung werden angeboten. Als entscheidender Unterschied zum Alltag wird hierbei der „erhöhte Drogenkonsum, stark erhöhte Drogenkonsum, übermäßige Drogenkonsum"[272] aufgefasst. Das Festmahl stellt deshalb auch hier den Rahmen für das weise Wort und die heitere Wahrheit dar. Der gemeinsame Konsum zu einem besonderen Anlass, wie dem Festival, ist den Teilnehmern wichtig. Die scherzhaften und zwanglosen karnevalistischen Tischgespräche finden also nicht nur während der Nahrungsaufnahme statt, sondern auch – und zwar insbesondere – während des Drogenkonsums. Da überall konsumiert wird, finden auch die Tischgespräche überall auf dem Gelände statt. Der gemeinsame Konsum ist ein Festmahl für die (am Festival teilnehmende) Welt. Es ist nicht gleichzusetzen mit dem familiären Mahl. Der Sieg über die Welt wird im Festmahl ähnlich wie beim mittelalterlichen Karneval gefeiert. Die Teilnehmer nehmen somit nicht nur am Festival teil, sondern nehmen es auch mit allen Sinnen in sich auf. Aufgrund des zeitlich und quantitativ exzessiven Konsums bietet der Bühnenbereich zahlreiche Gelegenheiten für jene Tischgespräche über sinnliche Erfahrungen. Deutlich wird hierbei, dass die Teilnehmer auch die individuelle drogen- oder musikinduzierte Transzendenz mit Anderen spätestens hernach teilen, d.h. gemeinsam erleben wollen. Die Gespräche sind grundsätzlich sehr offen und fokussieren Themen, die im Alltag nur heimlich angesprochen werden. Die Freiheit wird also auch in der Kommunikation empfunden und ausgelebt.

---

[271] Vgl. Huizinga (1987), S. 31.
[272] Lara im Interview 20. Juli 2009.

3.3.1 Funktionen des festlichen Drogenkonsums

„‚Schreib bloß nichts über Drogen, dann denken alle, es gehe bei Techno nur um ‚druff, druff, druff'.' [...] Es ist aber auch so"[273], sagt Rapp in seinem Buch über die Berliner Technoszene und greift damit sehr treffend die Ambivalenz der Technofans auf, die einerseits den Konsum genießen und andererseits ihre Erlebnisse im Alltag verheimlichen.

> Thomas: „Drogen haben für mich eine große Bedeutung [...] Ich hab mir schon vorher mal mit Freunden vorgenommen, da probieren wir das mal aus. Die Fusion verbindet man ja auch mit Drogen. Die sind überall präsent. Drogen haben generell für die Fusion und für mich eine große Bedeutung. Wenn andere Drogen nehmen, dann ist das für mich in Ordnung. Das gehört dazu. Und was die nehmen und das Ausmaß, ist mir egal. Die haben dadurch gute Laune. Und das tut sowieso fast jeder. Solange die sich nicht und andere beeinflussen, ist das okay".

Der Drogenrausch wird von der WHO (Weltgesundheitsorganisation) negativ konnotiert, denn er gilt als „Störung" und psychopathologische Erscheinungsform. Er wird als Intoxikation bezeichnet, als Ausdruck einer Störung von Verhalten und Psyche. Der akute Rausch klingt zwar ab, aber trotzdem wird dieses Drogenkonsumverhalten in Richtung psychische Krankheit gedeutet. Der Rausch ist laut der WHO ein „Motor der Sucht", weil wenn er erst einmal positiv erlebt wird, will der Konsumierende eventuell mehr (in Häufigkeit und Menge).[274]

Rausch gilt in der westlichen Industriegesellschaft des Spätkapitalismus als „riskantes Konsumverhalten", der auch bei legalen Substanzen generell verhindert werden soll. Die westliche Kultur begründet ihre Rauschfeindlichkeit im Rationalismus und der „Technischen Zivilisation" und erkennt dem Rausch keine positiven Aspekte an.[275] Lediglich die temporäre Überwindung von Affekthemmungen durch Alkohol wird akzeptiert.[276] Nichtsdestotrotz schwebt hier permanent die Forderung nach Selbstkontrolle und -disziplin mit.[277] Die von Korte beschriebene generelle Rauschfeindlichkeit muss angesichts des selbstverständlichen Alkoholkonsums angezweifelt werden. Die permanente Forderung nach Selbstkontrolle und -disziplin schwebt zwar stets beim Konsum mit, aber Alkohol gilt in der westlichen Kultur derart geselligkeitsfördernd, dass die Verweigerung sogar zu sozialer Ausgrenzung führen kann. Auch ein temporärer Exzess wird geduldet,

---

[273] Rapp (2009), S. 205 f.
[274] Vgl. Korte (2007), S. 33 ff.
[275] Vgl. ebd., S. 107.
[276] Vgl. Gelpke (1995) in Korte (2007), S. 108.
[277] Vgl. Legnaro (1996) in Korte (2007), S. 108.

ja erwartet bei diversen Initiationsritualen wie der Konfirmation. Alkohol darf bei einer Feierlichkeit nie fehlen, sonst droht verhaltene Stimmung. Dieser selbstverständliche Umgang mit Alkohol bedeutet, dass er von den Imperialmächten akzeptiert wird. Die Bedeutung der Alkoholindustrie und deren Einfluss auf die Politik sollen hier nicht weiter ausgeführt werden, jedoch einen Erklärungsansatz dafür geben, warum manche Substanzen akzeptiert werden und andere nicht.

Der Drogenrausch wird in der Anthropologie hingegen als Grundbedürfnis oder „vierter Trieb" bezeichnet. Demnach existiert ein menschliches Bedürfnis nach Rausch und Ekstase.[278] Der „vierte Trieb" ist nicht angeboren, aber genauso einflussreich wie die anderen.[279] Ungeachtet der allgemeinen Inakzeptanz gegenüber Betäubungsmitteln (Definition laut BtMG[280] Anlage 1 zu § 1 Art.1 über nicht verkehrsfähige Betäubungsmittel) soll im Folgenden die Wirkung von diversen Drogen auf das Festivalerlebnis untersucht werden. Unter Drogen zählen hierbei auch die alltäglich konsumierten und gesellschaftlich akzeptierten Substanzen wie Nikotin, Koffein und Alkohol.[281]

Es gibt grundsätzlich keine „guten" oder „bösen" Drogen, sondern die entsprechende kulturelle und subjektive Handhabung entscheidet über die Einschätzung der Drogen. „Und ebenso wie jede Droge, ihre Bewertung, Bedeutung und Funktion von Kultur zu Kultur differiert und der Umgang mit ihr ein Resultat aus Konstrukten darstellt, so sind auch die Vorstellungen und Bewertungen von durch Drogen induzierten Rauschzuständen gesellschaftliche Konstruktionen"[282]. Anhand des Konstruktivismus lassen sich die gesellschaftlichen Konstruktionen erklären. In der sozialen Interaktion finden Einigungs- und Ausgleichsprozesse statt, die „intersubjektive Wirklichkeiten" konstruieren.[283] Da den Dingen keine ontische Wirklichkeit gegeben ist, nähern sich sämtliche Theorien der Wahrheit lediglich an. Die dominante Wirklichkeitskonstruktion in Deutschland hinsichtlich der Einstufung von legalen und illegalen Drogen spiegelt auch das aktuelle Machtverhältnis innerhalb der Gesellschaft wider.[284] Macht ist hierbei als ein Geflecht zu sehen von Alkohol- und Tabakindustrie, Politik und deren Exekutive (z. B. Polizei) sowie der Bevölkerung. „Vor allem aber vermittelt uns diese Drogen-Kultur ein Eigenbild mit korrespondierenden Fremdstereotypen. Sie erklärt mit dem Bundesverfassungsgericht die eine Droge als ‚kultureigen', die anderen dagegen als ‚kulturfremd'. Sie teilt unscharf die Unsrigen von den ‚Anderen' –

---

[278] Vgl. Legnaro (1996) in Korte (2007), S. 37.
[279] Vgl. Siegel (1995) in Korte (2007), S. 38 f.
[280] Betäubungsmittelgesetz.
[281] Zu verschiedenen Drogen und ihrer Rauschwirkung siehe Korte S. 150–164.
[282] Korte (2007), S. 13.
[283] Vgl. Berger (2003).
[284] Vgl. Korte (2007), S. 18 ff.

und zwar in vielfältiger beliebiger Weise, doch immer so, dass wir als Träger der Kultur-Droge auf die anderen, die Barbaren hinabsehen können"[285], wie z.B. auf die „Generation XTC"[286]. Die dominante Kultur schreibt den kulturfremden Drogen, d.h. hier alles außer Alkohol, Nikotin und Koffein, und den dadurch induzierten Räuschen generell negative Bedeutungen und Bewertungen zu.[287]

Häufig wird im wissenschaftlichen Diskurs der Drogenkonsum mit ausschließlich zwei Funktionen begründet: Kompensation und Hedonismus. Jedoch lassen sich weitaus mehr Funktionen für den Drogengebrauch identifizieren. Unbestritten messen die Konsumenten dem Hedonismus und Lustgewinn, d.h. Wohlgefühl, angenehmes lustvolles Erleben und Genuss, große Bedeutung bei. Der Rausch wird um seiner selbst Willen bewusst aufgesucht und geschätzt. „Alle feiern und haben Spaß"[288]. Kompensation und Selbstheilung sind ebenfalls wichtig, da negative Emotionen wie Stress, Frust, Angst, Trauer und Aggression hiermit kompensiert werden können, vielmehr noch findet ein Ausgleich als therapeutische Selbstheilung statt: Das Individuum schaltet vom Alltag ab[289], macht „Urlaub vom Leben"[290], ist „fröhlich, lebendig"[291]. Zusätzlich dienen Drogen der Entspannung und Erholung „Der Kopf ist komplett frei. Nichts stört oder nervt"[292]. „Das ist eine willkommene Gelegenheit, den Alltag hinter sich zu lassen, den Kopf abzuschalten und in einer kleinen Parallelwelt frei zu drehen"[293]. Im „Urlaub vom Leben"[294] „komplett abschalten, relaxen vom Alltag"[295] und „sich treiben lassen"[296].

Ebenso werden Drogen zur Bewusstseinserweiterung und zum Erkenntnisgewinn zur eigenen Sinnfindung, zur Selbsterkenntnis konsumiert. Die Bewusstseinsänderung durch Rausch wird in der Transpersonalen Psychologie in Abgrenzung zum „alltäglichen Wachzustand" nicht negativ konnotiert, sondern wird als veränderter Zustand verstanden, der ebenso gleichberechtigt und „wirklich" ist. Häufig wird die Bewusstseinsänderung als Transzendenz beschrieben, als eine mystische Erfahrung von Aufhebung der Grenzen und Unterschiede, sprich ein Kontrast zum Alltag.[297] Der Rausch wird hier als positiv, funktional,

---

[285] Quensel (1996), S. 9.
[286] Böpple (1996).
[287] Vgl. Korte (2007), S. 285.
[288] Hans im Interview 10. Juli 2009.
[289] Vgl. Korte (2007), S. 184 ff.
[290] Sabine im Interview 07. Juli 2009.
[291] Albert im Interview 25. Juni 2009.
[292] Thomas im Interview 10. Juli 2009.
[293] Hans im Interview 10. Juli 2009.
[294] Sabine im Interview 07. Juli 2009.
[295] Thomas im Interview 10. Juli 2009.
[296] Albert im Interview 25. Juni 2009.
[297] Vgl. Bruns (2002) in Korte (2007), S. 37.

sinnstiftend und z. T. auch sakral betrachtet.[298] Charakteristika eines veränderten Bewusstseinszustands (mit verschiedener Intensität und Ausprägung) sind: Veränderungen im Denken, im Zeitgefühl, im Empfinden, im Körpergefühl, in der sensorischen Wahrnehmung, den Bedeutungszuschreibungen und der Wichtigkeit, Gefühl der Verjüngung, Sinn für das Unbeschreibliche, aber auch extreme Beeinflussbarkeit und Kontrollverlust.[299]

Eine besonders bedeutsame Funktion stellt die soziale Komponente dar. Der Rausch fördert die Geselligkeit, weil durch das ritualisierte kollektive Erlebnis die Zugehörigkeit zur Gruppe verstärkt wird. Kommunikation und Interaktion sind im Rausch leichter innerhalb der Gemeinschaft, wie auch zu Fremden. Es entsteht eine gemeinsame Stimmung („fröhliche Feieratmosphäre"[300]), die aber auch einen „Gruppenzwang" zum Konsum hervorrufen kann.[301] Wenn jemand nicht die Toleranz und den Konsum der anderen Fusionisten teilt, ruft das Ärger und Frust hervor, wobei die Intoleranten automatisch exkludiert werden.

Zudem zeigt sich eine sakrale Funktion, da mit dem Wissen Anderen geholfen werden kann, indem neue Lösungen für bestehende Probleme gefunden werden. Die „Vereinigung der FusionistInnen aller Länder und der Ferienkommunismus"[302] wollen eine „Parallelgesellschaft"[303], eine „bessere Gesellschaft"[304] „fernab des Alltags"[305] leben. Drogen sind ein Hilfsmittel zur Kontaktaufnahme und Interaktion. Die Erkenntnisse werden weniger durch den Rausch, vielmehr durch die soziale Interaktion gewonnen.[306]

Ebenso kann mittels Drogen eine individuelle Befreiung erlebt werden. Der Konsument fühlt sich enthemmt, empfindet persönliche Freiheit, weil er aus sich heraus gehen kann. Er verspürt eine „Freiheit"[307], die in verbesserter Selbstakzeptanz und erleichterter Kommunikation gründet. Das Individuum fühlt sich aus gesellschaftlichen Konventionen befreit und kann dadurch „vollkommen zwanglos"[308] sozialen Kontakt aufnehmen und „zusammen [mit den Anderen] einfach nur eine riesengroße geile Party feiern".[309] Diese Funktion ist eng mit der bereits erwähnten Selbstfindung verknüpft.

---

[298] Vgl. Legnaro (1996) in Korte (2007), S. 37.
[299] Vgl. Ludwig (1972), S. 15 ff.
[300] Hans im Interview 10. Juli 2009.
[301] Vgl. Korte (2007), S. 179 ff.
[302] Kulturkosmos (2009 g).
[303] Ebd.
[304] Sabine im Interview 07. Juli 2009.
[305] Kulturkosmos (2009 g).
[306] Vgl. Korte (2007), S. 171 ff.
[307] Steffi im Interview 07. Juli 2009.
[308] Sabine im Interview 07. Juli 2009.
[309] Albert im Interview 25. Juni 2009.

Außerdem lassen sich Grenzerfahrung, Peak-Experience und Alltagstranszendenz erleben, da der Alltag überwunden wird. Es entsteht ein Gegenbild zum „grauen Alltag".[310] Der Begriff der Peak-Experience ist geprägt durch die Transpersonale Psychologie und insbesondere durch Maslow, der die Auflösung der Subjekt-Objekt-Grenzen, die Zeitlosigkeit und das Ganzheitsgefühl beschreibt.[311] „Wir sind 18 Stunden über das Gelände geschwebt in unserer Seifenblase"[312]. Diese Aussage steht exemplarisch für die Peak-Experience. Die kreative Inspiration und erhöhte Produktivität, die durch Drogen hervorgerufen werden kann, darf nicht außer Acht gelassen werden. Erhöhte Emotionalität und Fantasie verursachen hierbei eine Art „kreative Konzentration".[313]

Anhand eines historischen Rückblicks wird ersichtlich, dass sich die dominante Rauschkonstruktion verändert hat. Die Funktionen der Bewusstseinserweiterung, Grenzerfahrung und Kreativität lassen sich bis in die Antike zurückverfolgen. Der Rausch wurde damals ganz selbstverständlich als „Sorgenbrecher" bzw. „Sorgenlöser"[314] genutzt (Kompensation). Erst seit der Neuzeit existieren moralische Bedenken bei diesem Umgang, was nun nicht mehr als therapeutisch, sondern pathologisch gilt. Die Erholungsfunktion begründet ihren Ursprung in der Romantik und stellt immer noch eine Hauptmotivation in der Neuzeit dar. Die Suche des Dichters nach Transzendenz in Traum und Rausch stammt ebenfalls aus der Romantik. Der kollektive Drogenkonsum als Ritual fand in fast jeder Kultur zu jeder Epoche Anwendung und verweist damit auf die bedeutende soziale Funktion des Rausches. Die individuelle Befreiung fand auch in der Psychedelischen Bewegung der Hippies statt.[315]

3.3.2 Bedeutung von Drug, Set und Setting

Beim Drogenkonsum bestimmt die Trias von Drug-Set-Setting das Rauscherleben. Drug bezeichnet die chemische Zusammensetzung und die daraus folgende potentielle pharmakologische Wirkung. Das Set umfasst intrinsische Faktoren wie individuelle physiologische und psychologische Eigenschaften des Konsumenten (Persönlichkeit, subjektive Erwartungen, Gefühlslage usw.).[316] Das Setting beschreibt extrinsische Faktoren wie Atmosphäre, räumlich-zeitliches und soziales

---

[310] Vgl. Korte (2007), S. 182 ff.; Hans im Interview 10. Juli 2009.
[311] Vgl. Korte (2007), S. 259.
[312] Lara im Interview 20. Juli 2009.
[313] Vgl. Korte (2007), S. 187 f.
[314] Vgl. Horaz und Ovid in Korte (2007), S. 264 f.
[315] Vgl. Korte (2007), S. 257 ff.
[316] Vgl. ebd., S. 27 ff.

Umfeld des Konsums, wie auch den soziokulturellen Kontext, der so stark sein kann, dass er bis in das Set des Konsumierenden einwirkt. „[S]owohl Drogenerlebnis als auch -wirkung [sind] kulturell geprägt [...], denn herrschende Glaubenssysteme und Werte beeinflussen die Haltungen zu Drogen, ihre Entkulturation und damit nicht zuletzt die Erwartungen, die an die Substanz gebunden sind"[317]. Rausch- und Drogenwissen sind kulturelle Produkte, „welche der einzelne internalisiert und mit der eigenen subjektiven Erfahrung in Einklang bringt. Aus diesen Wissenskomplexen und dem daraus resultierenden interaktiven Handeln wird schließlich Wirklichkeit konstruiert, die wiederum die Wissenskomplexe bestätigt bzw. beeinflusst"[318]. Was für die „Drogen-Realität" gilt, gilt auch für die „Rausch-Realität".[319]

Menschen verzichten meist auf den Drogenkonsum, wenn ihnen das Setting nicht gefällt. Das bevorzugte Setting wird als nachts auf besonderen Partys bzw. Festivals beschrieben, je nach Droge mit oder ohne Musik und gern auch in der freien Natur. Der gesellige Gruppenkontext ist ein weiterer Aspekt eines angenehmen Settings, da die meisten Räusche bevorzugt als kollektives Erlebnis erfahren werden. Ein soziales Umfeld, das den Konsum und den Konsumenten akzeptiert und schützt, ist eine derart entscheidende Voraussetzung für einen positiven Rausch, dass dieses oftmals als Vorbedingung für den Drogenkonsum gilt. Das gemeinsame Erleben mit Freunden vermittelt Sicherheit und Schutz und bewahrt vor negativen Rauscherlebnissen oder mildert diese zumindest ab. Das kollektive Rauscherlebnis kann im privaten oder öffentlichen Kontext stattfinden. Die Gelegenheit für den kollektiven Rausch während des Festivals erscheint besonders reizvoll. Denn der verstärkte Konsum während der Fusion verweist somit auf ein angenehmes Setting. „Also viele Leute gehen schon wegen der Drogen auf die Fusion. Klar, in einem Club kann man auch Drogen nehmen, aber dann kommt man später raus und die Realität hat einen sofort wieder"[320].

Bewusstseinserweiternde Substanzen werden konsumiert, um die zahlreichen karnevalistischen Details noch eindrucksvoller zu erfahren. Hierbei ist die Kombination von Fusion Festival plus Betäubungsmittel wichtig. Die besondere Situation des Festivals (Nicht-Alltag, abgegrenzter und geschützter Raum, karnevalistische Ausschmückung des Geländes und der Besucher) wird als Rahmen des Konsums genutzt. Leistungssteigernde Substanzen finden zusätzlich Anwendung, um Müdigkeitserscheinungen zu verzögern. Denn die zahlreichen sinnlichen Eindrücke, die ungewohnte körperliche Belastung sowie die kurzen Ruhephasen sind über-

---

[317] Ebd., S. 27.
[318] Ebd., S. 28.
[319] Vgl. ebd.
[320] Hans im Interview 10. Juli 2009.

wältigend, wie auch kräftezehrend. Da das Festival lediglich vier Tage dauert, versuchen zahlreiche Teilnehmer möglichst wenig Zeit mit schlafen zu „vergeuden".

Da für die Besucher die Trias von Drug-Set-Setting während des Fusion Festivals optimal ist, bezeichnen sie das gesamte Festival als „ein berauschendes Erlebnis"[321]. Der Rausch stellt sich zuweilen völlig ohne Stimulanzien ein. „Sobald man das Gelände betritt, ist man in einer anderen Welt [...] alle freuen sich, dass Fusion ist. Überall gute Laune. Es ist ein kollektiver großer Batzen gute Laune"[322]. Die Stimmung wird dabei einstimmig beschrieben als „friedlich, freundlich, fröhlich"[323]. Sehr viele Besucher betonen, dass das Festival auch völlig ohne Drogenkonsum ein ganz besonderes Erlebnis ist. Manche verzichten in dieser Zeit sogar bewusst auf jegliche Substanzen. Nicht einmal Alkohol wollen sie konsumieren, um das sinnliche Erlebnis voll und ganz erfahren zu können und möglichst kein Detail des Festivals zu verpassen, den Fusion-Rausch nicht zu verfälschen. Ähnlich wie beim gemeinsamen Drogenkonsum entsteht beim gemeinsamen Fusionbesuch ein kollektives Erlebnis, das ebenfalls Gruppenzwang verursachen kann. Alle Interviewpartner berichteten, dass sie über Freunde vom Festival erfahren haben und deswegen nun auch begeisterte Fusionisten sind. „Es war eine Art Gruppenzwang. Man denkt halt, man verpasst was. Es ist ja auch so"[324].

„Diese Erlebnisse sind mit dem Alltag unvereinbar"[325], weswegen das Festival durchaus als Fastnacht bezeichnen werden kann. Denn danach erfolgt eine meist eigenmächtige Wegnahme der Drogen, die aber auch sozial gefordert und mittels Gesetzen (z. B. Betäubungsmittelgesetz und Straßenverkehrsordnung) durchgesetzt wird. Gewisse Rauschregeln sind bei allen Interviewpartnern erkennbar, um negative Folgen weitgehend zu vermeiden: „Das macht man nur einmal im Jahr auf der Fusion"[326]. Das Festival-Setting dient somit dem kontrollierten Konsum (und Rausch), da mehrheitlich eine strikte Trennung von Rausch (Freizeit bzw. ausschließlich Festival) und Arbeit festgestellt werden konnte.

Die Rauschkontrolle findet bei den Fusionisten Anwendung als Garantie für ein positives Rauscherleben und zur Vermeidung negativer Folgen. Sie konsumieren während des Festivals zwar nicht maßvoll, aber bewusst und genussvoll. Negative Folgen wie gesundheitliche Probleme, d. h. physische aufgrund der Substanz, psychische und soziale Folgen bei hoch frequentiertem Konsum und Überdosis (auch Realitätsverlust), Sucht und Abhängigkeit sollen damit vermieden werden.[327]

---

[321] Thomas im Interview 10. Juli 2009.
[322] Hans im Interview 10. Juli 2009.
[323] Steffi im Interview 07. Juli 2009.
[324] Lara im Interview 20. Juli 2009.
[325] Hans im Interview 10. Juli 2009.
[326] Thomas im Interview 10. Juli 2009.
[327] Vgl. Korte (2007), S. 205 ff.

Die „Hegemonie in den Köpfen"[328] ist bei den Fusionbesuchern deutlich. Die gesellschaftliche Rauschfeindlichkeit tragen die Festivalbesucher mit sich und versuchen dies mit der festlichen Rauschfreundlichkeit zu vereinbaren. Sobald das Festival endet, passen sie sich wieder der dominanten Rauschfeindlichkeit an und leugnen diesen Teil ihrer Identität bzw. verschleiern ihn. Viele Besucher organisieren Fahrgemeinschaften oder reisen per Bahn und Bus an bzw. ab, um für sich und andere keine Gefahr im Straßenverkehr darzustellen und weil die vermehrten Polizeikontrollen an den Autobahnzubringern bei den wiederholten Festivalbesuchern bereits bekannt sind. Der Konsum wird deshalb während der karnevalesken (kontrollfreien) Tage exzessiv betrieben und auch bei Anderen als Selbstverständlichkeit oder zumindest Toleranz den Konsumierenden gegenüber erwartet. Da das Verbot von Betäubungsmitteln alltägliche Fremdkontrolle darstellt, wird die fehlende Überwachung zur Einhaltung jener Gesetze besonders lustvoll während des Festivals genutzt.

3.4 Flucht aus der Kontrolle in die Kontrolle

Die meisten Teilnehmer können im Alltag kaum soziale Macht gewinnen, weshalb der Kampf um semiotische Macht umso bedeutungsvoller wird. Anhand der somatischen Semiotik der Teilnehmer wird erkennbar, welchen Teil ihrer Identität sie verschleiern und aus welchen Kontrollen sie fliehen wollen. Die Maske und die Ablehnung von ernsthaften Gesprächen verdeutlicht das angestrebte Ausweichen. Die Freude an der subversiven Nutzung von Symbolen der Macht zeigt die Flucht aus der Ernsthaftigkeit des Alltags, der permanenten Leistungskontrolle, den stetigen Obligationen. Der Eskapismus aus dem Alltag bedeutet aber auch in das Festivalleben, das gekennzeichnet ist durch gegenseitige Zuneigung der Teilnehmer, weil sie als Fusionisten alle während der Fusion zusammen gehören.[329] Die Fusionisten treffen eine klare Aussage, wovor und wohin sie fliehen, nämlich aus der Entfremdung in die Gemeinschaft. Wie die Festivalbesucher fliehen, wurde bereits anhand ihrer subversiven Lesart dargestellt. Die Imagination hat bedeutenden Einfluss darauf, dass sie ihren Festivalbesuch als Befreiung betrachten.[330]

Insbesondere während der Festivalzeit findet eine Ästhetisierung des Körpers statt, d.h. die Besucher nutzen ihren eigenen Körper als Inszenierungs-, Ausdrucks- und Kommunikationsmedium[331], da dieser ein relativ freies Hand-

---

[328] Vgl. Gramsci (1991) in Korte (2007), S. 277.
[329] Vgl. Goulding (2002), S. 276.
[330] Vgl. Tuan (1998), S. 113 ff.
[331] Vgl. Willems (1998), S. 43 ff.

lungsfeld darstellt.[332] Dennoch ist der eigene Körper kein völlig freies Handlungsfeld des Individuums, da auch hier die Festivalfreiheit und diverse Machtkämpfe den Körper produzieren. Ihre Flucht ist kein absoluter Ausbruch aus Disziplinierungen, sondern ein freiwilliger Schritt in andere Disziplinierungen. Trotz aller Disziplinarmechanismen empfinden die Teilnehmer das Festival als absolute Freiheit. Da selbst die Verbote und Gebote scheinbar dem Lachprinzip unterliegen, nehmen die Teilnehmer weder Einschränkungen, noch Kontrollen wahr. Sie vergleichen die Fusion mit anderen Festivals, meist aus dem Genre der Rockmusik, oder mit ihren alltäglichen Erfahrungen. In diesem Vergleich finden hier tatsächlich sehr wenige Kontrollen statt: Keine Drogen- oder Alkoholkontrollen, keine Beschränkungen der mitgebrachten Getränke wie bei zahlreichen anderen Festivals üblich; aber auch keine Leistungskontrollen wie im Alltag. Erstbesucher, die mögliche Gebote und Verbote von verschiedenen Rockfestivals kennen, reagieren deshalb auf diese Freiheit besonders positiv überrascht. Dennoch ist die Flucht aus jeglichen Machtkämpfen, d. h. Kontrolle und Unterdrückung, nicht möglich. Sie begeben sich in andere Kontrollen. Hier sind sie jedoch davon überzeugt, dass sie diese Kontrollen bestehen werden, um im Sinne des Festivals als normal anerkannt zu werden.

Darüber hinaus folgen aus dem Festivalverhalten und dem Bestehen oder Nichtbestehen der Kontrollen keine langfristigen Konsequenzen, da Jeder anonym bleiben kann. Das ermöglicht ein unbeschwertes Vergnügen. Wie wichtig die Folgenlosigkeit ist, zeigt die Reaktion auf bestimmte Interviewfragen oder sogar auf generelle Interviewanfragen. Insbesondere bei Fragen zum Thema Drogen hingen die Reaktionen sehr davon ab, inwieweit vorher Vertrauen aufgebaut werden konnte, sodass die Befragten nicht befürchten mussten, ihre Antworten könnten Auswirkungen auf den Alltag haben. Die Interviewpartner fühlten sich in ihrer Freiheit eingeschränkt, da die Äußerungen nun nicht mehr auf dem Lachprinzip basierten, sondern zu ernsthaften Zwecken verwendet werden sollten.

3.4.1 Dominante Machtposition des Kulturkosmos

Die Fusionbesucher fliehen aus dem Alltag in die verheißungsvolle Freiheit des Festivals. In der Außeralltäglichkeit finden jedoch ebenso Machtkämpfe statt, wenngleich diese anders ausgetragen werden. Die Fusionisten können sich aus der Position der Unterdrückten nicht gänzlich befreien. Denn auch hier können sie zumeist nur semiotische Macht gewinnen. Der Kulturkosmos legt als Veranstalter des Festivals die Rahmenbedingungen fest. Er ist der Träger der mehrheitlichen

---

[332] Vgl. Stauber (2004), S. 22, 34 ff.; Langman (2008), S. 673.

Macht, indem er vor allem für Ordnung auf dem Festivalgelände sorgt. Die dominante Machtposition des Kulturkosmos zeigt sich in:

- Der zeitlichen Strukturierung,
- Der räumlichen Strukturierung,
- Dem Ausschluss von Besuchern.

Die offizielle Website des Fusion Festivals dient als Gesetzbuch. Hier werden alle vom Kulturkosmos aufgestellten Regeln sowie die potentiellen Strafen mit genau definiertem Strafmaß bei Regelverstoß aufgeführt. Bestrafungen sollen also – wenn überhaupt erforderlich – dann keineswegs willkürlich erfolgen. Gegenüber den Festivalteilnehmern gewinnt der Kulturkosmos zunehmend an Macht, da das Festival immer beliebter wird und Ausschluss dementsprechend eine hohe Strafe bedeutet. So kann mittels der Eintrittskarten und Überwachung der physischen Grenzen kontrolliert werden, wer Zugang zum Gelände erhält. Der Kulturkosmos legt hier die Normen fest, wer dazu gehören darf und wer ausgeschlossen wird. Die Teilnehmer bestätigen dies wiederum, indem sie durch ihren Festivalbesuch dem Kulturkosmos Autorität verleihen.

Die zeitliche Zuweisung erfolgt z.B. mit dem Einlass, der erst ab Mittwoch 12:00 Uhr frei gegeben wird oder auch mit dem Veranstaltungsprogramm, das erläutert, wann auf welcher Bühne welcher Künstler zu sehen bzw. zu hören sein wird.[333]

Der Kauf des Festivalgeländes im Jahr 2003 zeigt das Aushandeln der Macht zwischen Kommunalpolitikern und dem Kulturkosmos.[334] Der Verein verfügt trotz Geländekauf nicht über uneingeschränkte Kontrolle über den erworbenen Besitz, was Baugesetz und potentielle polizeiliche Überwachung beweisen. In der Beziehung vom Kulturkosmos zur Kommunalpolitik hat der Verein derzeit tendenziell weniger Macht, da der Verein auch öffentliche und somit zweckgebundene Fördergelder erhält.[335] Die Kommunalpolitik unterhält damit Mitspracherechte. Um jedoch weitere Machtkämpfe und damit potentielle Verluste möglichst gering zu halten, verweigert der Kulturkosmos Sponsoren, was bei anderen großen Festivals durchaus üblich ist.[336]

Zur Regelung des Festivallebens dient außerdem die Individuierung des Geländes: Zeltplätze mit Auto sind deutlich von den Plätzen Backpacker Autofrei, der No Go Area und dem Bühnenbereich getrennt. Den Individuen werden Orte

---

[333] Vgl. Kulturkosmos (2009 d).
[334] Vgl. ders. (2009 a).
[335] Vgl. ders. (2009 b).
[336] Vgl. ders. (2009 h).

zugewiesen, die sie richtig besetzen sollen. Die klare Strukturierung des Campingplatzes repräsentiert den Wunsch nach Ordnung zur besseren Überwachung der Besucher.[337] Auch die Benennung der Wege deutet darauf hin, dass jeder Punkt möglichst genau verortet werden soll. In der Bühnenarea[338] existiert kein solch starres Wegesystem, auch keine Namen. Diese offensichtlichen Unterschiede können auf die permanente Präsenz vom Kulturkosmosteam und zusätzlichen Sicherheitsleuten im Bühnenbereich zurückgeführt werden. Hier fällt das Überwachen „von oben" leichter als auf dem Zeltplatz.

Die im Jahr 2009 erstmalig eingeführten Zeltplatzpatrouillen sollen Diebstahl und Sachbeschädigung verhindern wie auch die Kontrolle der Einhaltung der Ruhe im Campingbereich ermöglichen.[339] Jegliche Verstöße können somit schnell erkannt und sanktioniert werden. Werden im Alltag beispielsweise Verbotstafeln um einen parodistischen Spruch ergänzt, folgt oftmals eine Strafe, zumindest aber die unverzügliche Entfernung der nicht autorisierten Ergänzungen. Nicht so auf der Fusion. Profanationen lassen sich überall beobachten und machen auch nicht vor Verbotstafeln halt. Die Teilnehmer nutzen die vom Kulturkosmos vorgegebenen Dekorationselemente und Verbotstafeln eigensinnig und z. T. auch subversiv. Das erweckt den Anschein, dass selten Bestrafungen auf abweichendes Verhalten folgen. Es sind jedoch nicht die Strafen seltener, sondern die Definition der Regeln und damit auch des abweichenden Verhaltens sind anders als im Alltag. Da die Koproduktion des Festivals nicht nur die immaterielle Dienstleistung betrifft, sondern auch die materiellen Bestandteile des Festivals. Potentielle Abweichungen sind die Missachtung der Graffiti- und Tagfreien[340] Zonen im Bühnenbereich, Missachtung des Verbotes von lauter Musik oder Beschädigung fremden Eigentums auf dem Zeltplatz. Mögliche Strafen sind Bußgelder oder sogar der Platzverweis vom Festivalgelände[341], was die absolute Höchststrafe im Sinne der Teilnehmer wäre. Graffiti- und Tagfreie Zonen werden vom Kulturkosmos explizit ausgewiesen und verdeutlichen, dass bestimmte Bereiche nicht subversiv markiert, also in Besitz genommen werden dürfen. Der Kulturkosmos will hierbei seine dominante Machtposition behaupten und falls nötig auch durch Strafen wiederherstellen.

Auch die in 2009 eingeführte Automaut zur Reduktion des Straßenverkehrs auf dem Gelände soll der Ordnung dienen. Das Parken auf der Landebahn, die sich außerhalb des Zeltbereiches befindet, soll belohnt werden und bleibt deshalb

---

[337] Vgl. Fiske (2001), S. 242.
[338] Offizielle Bezeichnung des Bühnengeländes.
[339] Vgl. Kulturkosmos (2009 f).
[340] Englisch ‚tag' stammt aus der Graffitiszene und stellt die Unterschrift eines Künstlers unter seinem Bild, aber auch die Reviermarkierung dar.
[341] Kulturkosmos (2009 c).

weiterhin kostenfrei. Da die Mauteinführung bereits im Voraus auf der Website bekannt gegeben wurde, haben sich einige Teilnehmer entsprechend darauf vorbereitet. Sie brachten ihre Mopeds mit, um sich weiterhin schnell auf dem Gelände fortbewegen zu können. Da die Maut jedoch für alle motorisierten Fahrzeuge gilt, fanden die Teilnehmer wiederum eine Lücke im Zaun des Geländes, um der Disziplinierung zu entkommen, wenn sie das Gelände zwischenzeitlich verlassen wollten. Sie konnten mit diesem Akt der faire de la perruque die Mikrophysik der Macht unterlaufen.

Grundsätzlich kann jeder am Festival teilnehmen. Dennoch behält sich der Kulturkosmos eine Einschränkung in bestimmten Fällen vor. Bereits im Vorfeld wird auf der Website darauf hingewiesen, dass Journalisten nur willkommen sind, sofern sie ihre Freizeit dort verbringen möchten. Da die Öffentlichkeit (d. h. Nicht-Fusionisten) über so wenig Wissen wie möglich verfügen soll, werden keine Presseakkreditierungen erlaubt.[342] Dies soll auch dem eigenen Schutz und dem Schutz der Teilnehmer dienen, um äußere Einflüsse wie auch Konsequenzen im Alltag minimal zu halten. Darüber hinaus weist der Verein mit Nachdruck darauf hin, dass „das Tragen von neonazistischen Klamotten, die noch so peinlich codiert völkischen oder deutschnationalen Lifestyle transportieren, absolut unerwünscht [ist]!"[343] Diese Aussage zeigt, dass nicht die Personen unerwünscht sind, sondern nur die Kleidung, die politische, nämlich rechtsradikale, Aussagen trifft. Dass diese Kleidung als „peinlich codiert" bezeichnet wird, verstärkt die auf der Website besonders deutliche Haltung für Interkulturalität und Toleranz. Derart politische Aussagen wie auch eine professionelle Fotoausrüstung, die die Geschehnisse des Festivals in den Alltag exportiert, setzen eines der wichtigsten Gebote des Festivals außer Kraft: das Lachprinzip.

Der Machtkampf zwischen Veranstalter und Besuchern verdeutlicht sich einmal mehr in dem Entschluss im Jahr 2010 die Teilnehmerzahl erstmals zu begrenzen.[344] „Die Website wird auf ein Minimum reduziert, ohne bunte Bilder, Social Network Klimbim und Forum. Alle Informationen zum Festival werden, soweit in unserer Macht, auf das unverzichtbar Wesentliche reduziert"[345]. Der Kulturkosmos weitet nun seine dominante Position aus. Diese Entscheidung reduziert die Möglichkeit außerhalb der Festivalzeit horizontale Verbindungen mit anderen potentiellen oder ehemaligen Teilnehmern einzugehen. Der Verein gewinnt folglich wiederum an sozialer Macht. Er kann nun das Festival stärker selbst kontrollieren. Das Fusion Festival war bisher sehr liberal und offen für alle, was die Teilnehmer

---

[342] Vgl. ebd.
[343] Ders. (2009 c).
[344] Vgl. ders. (2009 i).
[345] Vgl. ebd.

begeisterte und auch dessen Erfolg mitbegründet hat. Da diese Liberalität mit steigender Besucherzahl eingeschränkt werden muss, um ein positives Gesamterlebnis für die Teilnehmenden zu gewährleisten, hat sich jetzt der Kulturkosmos entgegen seiner liberalen Einstellung entschieden, „damit das Festival nicht [...] letzten Endes an seinem eigenen Erfolg scheitert".[346]

Die befragten langjährigen Wiederholer haben sich einstimmig verärgert über die steigende Teilnehmerzahl geäußert. Dies wurde auch beim standardisierten Feedback im Fusionforum thematisiert. Hierin zeigt sich, dass die Nachfrager des Festivals den Anbieter autorisiert haben, die Teilnehmerzahl zu begrenzen. Das bedeutet, dass die langjährigen Teilnehmer auf einen Teil ihrer Freiheit bewusst verzichten, um das Fusionerlebnis wie bisher zu bewahren. Da sie das Festival fest in jedem Jahr einplanten und bisher spätestens im Januar, d. h. fünf Monate im Voraus, ihre Eintrittskarte im Vorverkauf bestellten, bedeutet die Begrenzung der Tickets eine akzeptable Einschränkung ihrer Freiheit.

Die Verknappung der Tickets für 2010 hat sogar die Nachfrage gesteigert, sodass das gesamte Kontingent von 53.000 Tickets (ab 01. Dezember 2009) innerhalb von sechs Wochen verkauft wurde.[347] Der Kulturkosmos gewinnt dadurch wiederum an Macht. Diese Position nutzt er umgehend zur Aufstellung weiterer Regeln. Der Verkauf erfolgt nun exklusiv über die eigene Website und nicht mehr zusätzlich über weitere Vorverkaufsstellen. Darüber hinaus legt der Kulturkosmos nun noch entschiedener fest, wer das Festival besuchen darf, sprich wer dazu gehören darf. Bisher hat nur der Ticketpreis über Inklusion/Exklusion entschieden. Nun wird explizit über den Newsletter kommuniziert, wer willkommen ist, nämlich die treuen Fans, die zudem den Newsletter abonniert haben. Wer nicht willkommen ist, wird ebenfalls explizit geäußert: „die, die sich zwischen Fusion und Fussball WM nicht so richtig entscheiden können, [sollten] mal zuhause bleiben und schön mit Gleichgesinnten Public Viewing genießen"[348]. Bereits in den vorangegangenen Jahren hat sich der Kulturkosmos dagegen verwehrt, Leinwände aufzubauen, um sportliche Großevents während des Festivals verfolgen zu können. Die Einflüsse von außen sollen minimal gehalten werden.

Zusätzlich sollten diejenigen, „denen es bereits im vergangenen Jahr zu voll war zurücktreten"[349]. Eine spontane Entscheidung, das Festival zu besuchen, wird außerdem unmöglich sein, was wiederum die Freiheit jedes Einzelnen einschränkt. Da die Festivaltickets jedoch nach sehr kurzer Zeit verkauft wurden, wird der Kulturkosmos in seiner Machtposition gestärkt und weiß dies umgehend

---

[346] Ebd.
[347] Vgl. Kulturkosmos (2010). Für das Jahr 2011 wurde die gleiche Anzahl Tickets sogar innerhalb von weniger als 48 Stunden verkauft.
[348] Ders. (2009 m).
[349] Ebd.

zu nutzen: „Und bitte, postet diesen Newsletter nicht gleich wieder in x-Foren. Auch schlechte Nachrichten sind Werbung, die wir alle nicht wollen"[350]. Der Kulturkosmos will damit die Exklusivität des Festivals erhöhen.

3.4.2 Festliche Selbstorganisation

Da die Anzahl der Helfer derart groß ist, kann nicht eindeutig festgestellt werden, wer sich hinter dem Kulturkosmos verbirgt, d. h. die privilegierte Position hat. Weder Unterscheidungsmerkmale zwischen Helfer und eigentlichen Organisatoren, noch eine offizielle Eröffnung lassen erkennen, wer das Festival organisiert. Durch die Anonymität wird der Blick ausschließlich auf die Teilnehmer gerichtet, die sich weitgehend selbst kontrollieren und sanktionieren sollen.[351]

Trotz Negation zahlreicher alltäglicher Normen herrscht dennoch kein Chaos, sondern eine festliche Selbstorganisation der Besucher. Das nicht-alltägliche Verhalten der Teilnehmer inklusive Umgang mit Drogen wird toleriert, solange niemand in seiner eigenen Freiheit eingeschränkt wird. „Die Leute sind alle relaxed. Alle wollen Spaß haben [...] Hier achtet Jeder auf seinen Nebenmann, dass der auch seinen Spaß hat"[352]. Die Hilfsbereitschaft und gegenseitige Rücksichtnahme mündet jedoch zuweilen in der Forderung, dass Jeder seinen Spaß haben soll. Negative Stimmungen, auch Stress, sind absolut unerwünscht. „Das Wichtigste ist, dass alle entspannt sind und dass selbst die Techno-Atzen das wissen und sich auch zurück halten, um die Stimmung zu bewahren"[353]. An der Bezeichnung Techno-Atzen wird deutlich, dass doch nicht alle Fusionisten gleich sind. Diese abschätzige Bezeichnung gilt Menschen, die sonst auf Partys die Stimmung negativ beeinflussen. Inversion und Transgression werden nicht nur geschätzt, sondern gefordert. Dieser Gruppenzwang stellt zuweilen eine Belastung dar: „[...] man freut sich auch, wenn man dann wieder fährt. Man hat es wieder mal überstanden. Es ist ja auch Kräfte zehrend. Und dann lässt man das alles hinter sich"[354].

Das Groteske als Teil der kollektiven Efferveszenz wird zur Regel der Festivalfreiheit.[355] Unnormales Verhalten gilt in jeder Disziplin als Abweichung vom Durchschnitt. Während der Fusion wird der Imperativ des Durchschnitts als Toleranz und gegenseitige Rücksichtnahme definiert. Stellen also die anderen Teilnehmer eine Abweichung vom Imperativ fest, so sanktionieren sie dies augen-

---

[350] Ebd.
[351] Vgl. ders. (2009 f).
[352] Tom im Interview 07. Juli 2009.
[353] Tom im Interview 07. Juli 2009.
[354] Hans im Interview 10. Juli 2009.
[355] Vgl. Langman (2009), S. 478.

blicklich, meist jedoch harmloser als im Alltag. „Es gibt natürlich immer Leute, gegen die man Antipathien hat: Leute, die vielleicht rumpöbeln [...] oder sich komisch verhalten, sich einfach asozial anderen Leuten gegenüber verhalten"[356]. Hier greift also die normierende Sanktion. Der Gesellschaftskörper der Teilnehmer bestraft die Anomalien durch Missbilligung, was jedoch selten stattfindet, da die potentielle Missgunst der Anderen äußerst abschreckend wirkt. „Keiner will destruktiv sein"[357]. Die Fusionisten prüfen sich permanent gegenseitig auf potentielle Normabweichungen. Aufgrund der permanenten Gegenseitigkeit der Kontrolle lassen sich selten Abweichungen beobachten. Das Lachprinzip dient zudem zur Belobigung von normalem Verhalten. Mit bestätigendem Lachen wird die Einhaltung der Regeln bekräftigt und dadurch Anreize geschaffen. Durch die permanente soziale Kommunikation werden die Teilnehmer in einen stetigen Machtkampf versetzt, dem sie sich – wenn überhaupt – nur in ihrem eigenen Zelt entziehen können. „Ein Mensch kann aufhören zu sprechen, er kann aber nicht aufhören, mit seinem Körper zu kommunizieren [...]"[358]. Da keine Kommunikation unmöglich ist, finden auch im eigenen Lager Machtkämpfe statt. Hier sind Fremde unerwünscht, damit die Teilnehmer einen Raum mit vertrauten Personen haben, der einen gewissen Rückzug ermöglicht. Die Bedeutung des eigenen Lagers steigt deshalb enorm, je länger die Teilnehmer auf dem Festival verweilen. „Das [Zelt] ist ein Zufluchtsort, wenn man mal seine Ruhe braucht. Es ist einfach so, dass man sich das gemütlich macht. Und kann dahin einfach mal zurück flüchten, wenn man keinen mehr sehen möchte"[359]. Diejenigen, die nur über das Wochenende (Freitag bis Sonntag) bleiben, schreiben dem eigenen Zelt keine derart große Bedeutung zu. Es dient laut den Befragten lediglich als Schlafplatz und Unterstellmöglichkeit für das Gepäck. Sie bauen sich selten mit ihren Freunden ein eigenes Lager auf, um sich häuslich einzurichten. Nichtsdestotrotz schreiben sie ihrem Zelt unbewusst eine große Bedeutung zu, weil ausschließlich hier die persönlichen Gegenstände aufbewahrt werden und sie ausschließlich hier schlafen. In Anbetracht der großen Bedeutung des eigenen Zeltlagers lässt sich auch die – im Vergleich zu Punkrockfans – nur rudimentäre Gastfreundschaft erklären. Solange die Ruhe im eigenen Lager nicht dauerhaft gestört wird, können Gäste gern vorbei kommen. Sie sind willkommen, solange sie nach einer gewissen Zeit wieder gehen. Das bedeutet nicht, dass in anderen Bereichen des Geländes keine Schlafenden zu finden sind. Schläft man jedoch auf dem Bühnengelände, z. B.

---

[356] Albert im Interview 25. Juni 2009.
[357] Sabine im Interview 07. Juli 2009.
[358] Goffman (1971), S. 43.
[359] Albert im Interview 25. Juni 2009.

im (öffentlichen) Chill Out-Bereich, ist man sich der permanenten Sichtbarkeit bewusst. Die Machtausübung wird also durch mehrere Faktoren ökonomisiert[360]: Durch die Anonymität des Kulturkosmos ist dieser nicht angreifbar, die permanente gegenseitige Prüfung der Fusionisten reduziert die Kontrollkosten, was die Effektivität, d.h. die richtige Besetzung der oktroyierten Stationen, sowie die gemeinsame Produktion des Fusionerlebnisses optimiert. Da dies einen gewaltfreien Umgang ermöglicht, wird das Festival auch als friedlich wahrgenommen. Die Freude als oberstes Prinzip ruft den fröhlichen Eindruck hervor. Darüber hinaus erscheint die Fusion als absolute Freiheit, da der Imperativ anders als im Alltag definiert wird und damit als Befreiung aus dem Alltäglichen empfunden wird.

Das Fusion Festival bietet also Zuflucht, um der Entfremdung der Individuen und der Fremdkontrolle des Alltags zu entfliehen. Jene Flucht mündet jedoch in einem anderen Strafmechanismus (Parallelgesellschaft), denn hier gelten die Regeln der vermeintlichen Festivalfreiheit. Der Ferienkommunismus steht für die Imperative Toleranz, Lust und Transgression aller Festivalbesucher, die alle durch die Degradierung auf einer Stufe stehen (Kommunismus). Demnach werden auch alle zu Kontrollierten wie Kontrolleuren. Dennoch wird dies nicht als Unterdrückung empfunden, sondern als festliche Befreiung vom Alltag im kollektiven Ausnahmezustand. Das Festival soll lediglich ein Moment der Freiheit sein (Ferien), weil zum einen der Alltag akzeptiert wird und zum anderen die festlichen Handlungsmaxime nicht auf Dauer erfüllt werden können. Dessen sind sich die Fusionisten bewusst und begehen deshalb die Feier-Tage besonders intensiv und exzessiv.

3.5 Bedeutung der popularkulturellen Festivalpraxis

In der sozialen Praxis wird die Popularkultur des Fusion Festivals (re)produziert und verändert. Diese moderne Popularkultur weist Merkmale des traditionellen Karnevals auf, wie „kollektive Ekstase, derbe Komik, excessive Körperlichkeit, lustvolle Un- oder Umordnung"[361]. Musikfestivals als karnevaleske Praxis können „somit ein emotionales Widerstandspotenzial gegen alle Herrschaftsansprüche mobilisiere[n]"[362]. Die „ekstatische Körperlichkeit"[363] von Massenvergnügungen produziert eine populäre, vulgäre Energie, d.h. auch Macht, die stets außer Kon-

---

[360] Vgl. Foucault (1981), S. 280 f.
[361] Warneken (2006), S. 318; Bachtin (1990), S. 59 f.
[362] Albrecht in Warneken (2006), S. 316.
[363] Fiske (1989), S. 54.

trolle geraten könnte.[364] Vulgär zielt hier auf die bewusste Übertreibung bis hin zur Umkehrung der geltenden Norm von Schönheit und Anstand ab, um damit einen Lebensbereich für sich zu beanspruchen, der außerhalb der Kontrolle der Hegemonialkräfte liegt und ihnen damit eine gewisse Opposition entgegenbringt.[365]

Die für die Imperialmächte bedrohliche und undisziplinierte Unordnung zeigt sich während des Festivals vor allem korporal. So kehren sich die Besucher exzentrisch vom Alltag ab, indem sie die festliche Freiheit ausleben. Diese Freiheit bezieht sich unter anderem auf das Außerkraftsetzen von alltäglich geltenden Normen, wie z. B. Ordnung, Sauberkeit und Reglementierungen, wie das Betäubungsmittelgesetz. Ethische Grundsätze bleiben jedoch unangetastet.[366] Die Befreiung aus der Fremdkontrolle des Alltags zeigt sich bei den Interviewpartnern im Fernbleiben vom Studium ohne Abmeldung oder im vorgetäuschten Krankmachen von der Arbeit. Während des Festivals wird dies verstärkt durch eine absolute Zeitautonomie. Im „Durchfeiern bis Sonnenaufgang"[367] werden Tag und Nacht fast gänzlich umgekehrt. In diesem Ausweichen zeigt sich der Kampf der im Alltag Unterdrückten um Bedeutungen gegen die herrschende Ideologie, was sich hier auch treffend als „Resist-dance"[368] bezeichnen lässt. Die Befreiung ist in jedweder Hinsicht das wichtigste Erlebnis des Festivals. Das Fehlen von Alkohol- und Drogenkontrollen[369] auf dem Festivalgelände ermöglicht eine deutliche Eigenermächtigung im exzessiven Konsum und damit semiotischen Widerstand. Aus der kulturellen Praxis der Festivalbesucher resultiert also eine Politisierung, d.h. anstelle einer Entpolitisierung bildet sich eine Subpolitik z.B. im Umgang mit Drogen (Akzeptanz statt Abstinenz) heraus.[370] Die Handlungen der Fusionisten sind zwar nicht direkt politisch, können aber ganz ohne progressiven Kampf politische Wirkung erzielen.[371] „Techno [stellt] einen dringend benötigten Freiraum in einem von Leistungsdruck, Rationalität und Entkörperlichung der Arbeitswelt gekennzeichneten Umfeld dar"[372]. Das Festival dient einer „fantasiegeleiteten spielerischen Auseinandersetzung des Menschen mit seiner Umwelt [...] und [ermöglicht] einen freiwilligen Akt der zeitlichen Loslösung aus dem Alltagsgeschehen"[373]. Hinsichtlich des Exzesses lassen sich Parallelen zur

---

[364] Vgl. ebd.
[365] Vgl. Warneken (2006), S. 315; Fiske (1989), S. 54.
[366] Vgl. Ravenscroft (2003), S. 2.
[367] Hans im Interview 10. Juli 2009.
[368] St. John (2009), S. 14 ff.
[369] Der Einlass wird unter 18 Jährigen nur gewährt, wenn sie in Begleitung eines Erziehungsberechtigten zum Festival kommen.
[370] Vgl. Meyer (2000), S. 159 f.
[371] Vgl. Soeffner (2001), S. 112; Warneken (2006), S. 321.
[372] Rössing (2001), S. 182.
[373] Ebd.

San Fermin Fiesta in Pamplona ziehen. Die Besucher sind im Alltag stark in die soziale Ordnung eingebunden, sodass sie sich im Nicht-Alltag davon – auch mittels Drogenkonsum – exzessiv befreien wollen.[374]

Die Negation des Alltags in jeglicher Hinsicht wurde an konkreten Beispielen verdeutlicht. Das Fusion Festival als gemeinsamer Nicht-Alltag aller Beteiligten zielt nicht auf Widerstand zu Hegemonialkräften ab, vielmehr wird die Außeralltäglichkeit zur psychischen Existenzbewältigung genutzt. Mittels karnevalesker Festivalpraxis werden diejenigen Aspekte des Alltags thematisiert, die die Festivalbesucher verarbeiten wollen, sprich denen sie Sinn zuschreiben. Die Sinnzuschreibungen werden interaktiv produziert durch Kämpfe um semiotische Macht. Aus dem Festivalbesuch können damit die Fusionisten eine kreative Kraft entfalten, die ihre Identitätsbildung positiv beeinflusst. Was sie konkret verarbeiten, fasst noch einmal die folgende Abbildung (Abb. 4) zusammen.

Abbildung 4   Psychische Existenzbewältigung im Festivalleben.

Alltag	Nicht-Alltag: Festivalleben	
	Allgemein	Konkrete Beispiele
Leistungsdruck	Unproduktives Handeln	Stundenlanges Tanzen
		Stundenlanges Ausruhen
		Rausch
	Verweigerung jeglicher Verpflichtungen	Keine Verabredungen mit Freunden
		Keine ernsthaften Gespräche
		Kein Austausch von Kontaktdaten
Rationalität	Irrationalität	Spontanes emotionsgeleitetes Handeln
		Unordnung/Schmutz
Entkörperlichung	Übersteigerte Korporalität	Körper als Ausdrucksmedium mittels Maske
		Körper spüren im Tanzen und Rausch
Entfremdung	Intim-familiärer Umgang	Mesalliance
		Kontaktfreudigkeit

---

[374] Vgl. Ravenscroft (2003), S. 4 f.

4 Grenzerfahrungen

Das Fusion Festival wurde bereits anhand der äußerlichen Form und der Bedeutungszuschreibungen als Nicht-Alltag beschrieben. Inwiefern während des Festivals Grenzen erfahren bzw. überschritten werden, ist Gegenstand dieses Kapitels. Im Folgenden werden körperliche und sinnliche Prozesse des Festivals analysiert. Konkret soll verstanden werden, in welcher Weise der Körper der Besucher das Festival beeinflusst und wie sich die zahlreichen sinnlichen Eindrücke des Festivals auf die Besucher auswirken.

4.1 Festivalbesuch als liminale Phase

Die Festivalbesucher trennen sich geografisch und mental vom Alltag, um dann wiederum erneuert oder verändert zurückzukehren. Wie sich Trennung, Übergang und Wiedereingliederung vollziehen, lässt sich anhand der Ritualtheorie von Turner verstehen. Insbesondere der Festivalbesuch als Übergangsphase wird im Folgenden analysiert.

Turner entwickelte die Ritualtheorie von Van Gennep weiter, der Übergangsriten (rites de passage) bezeichnet als „Riten, die einen Orts-, Zustands-, Positions- oder Altersgruppenwechsel begleiten"[375]. Rites de passage untergliedern sich in drei Phasen: Trennungs-, Schwellen- und Angliederungsphase. In der ersten Phase löst sich das Individuum oder eine Gruppe von einem festen Punkt der Sozialstruktur, diversen kulturellen Bedingungen oder von beiden. In der zweiten Phase durchlebt der Passierende einen kulturellen Bereich, der kaum oder gar keine Merkmale der vorangegangenen oder nachfolgenden Phase aufweist. In der Angliederungs- bzw. Wiedereingliederungsphase ist der Übergang vollendet, da sich das rituelle Subjekt (Individuum oder Gruppe) nun wieder in einem relativ stabilen Zustand befindet, in dem es „anderen gegenüber klar definierte, sozialstrukturbedingte Rechte und Pflichten"[376] hat.

Die Trennungsphase umfasst die örtliche und mentale Loslösung vom Wohnort sowie die Reise zum Fusion Festival. Dabei lösen sich die Festivalbesucher teilweise von der Sozialstruktur, aber vor allem von kulturellen Bedingungen. Die Trennung hat für die Interviewpartner keine besondere Bedeutung, da sie

---
[375] Van Gennep (1909) in Turner (2000), S. 94.
[376] Turner (2000), S. 94.

angaben, sich kaum vorbereitet zu haben, lediglich Sachen gepackt haben und losgefahren sind. Obwohl die Mehrheit ihr Ticket bereits mehrere Monate im Voraus gekauft hatte, war dies für sie keine wichtige Vorbereitung. Der Ticketkauf gewinnt jedoch an Bedeutung, da – wie bereits erwähnt – die auf 53.000 Stück limitierten Tickets für das Festival im Jahr 2010 bereits innerhalb von sechs Wochen ausverkauft waren.

„Der Übergang [...] ist oft mit einem Raumwechsel, einer geographischen Ortsveränderung verbunden"[377]. Turner unterscheidet hierbei nicht zwischen dem geografischen Ort und dem konstruierten Raum. Die Fusionisten begeben sich tatsächlich an einen anderen geografischen Ort, nämlich das Festivalgelände, um dort Liminalität zu erfahren. In welcher Weise sie einen Raum konstruieren, wird später ausführlich geklärt. Im Rahmen der Ortsveränderung ist weniger die Reise, vielmehr der Aufenthalt auf dem Festivalgelände entscheidend. Liminalität beginnt demnach mit Betreten des Festivalgeländes. Denn „sobald man das Gelände betritt, ist man in einer anderen Welt"[378].

Der Festivalbesuch lässt sich aus verschiedenen Gründen als Schwellenphase (lat. limen zu Deutsch ‚Schwelle') bezeichnen. Obwohl – laut der vorherrschenden Meinung – durch die heutige Kontingenz und Ambivalenz keine festen Grenzen und damit auch keine eindeutigen Grenzübergänge mehr feststellbar sind, wird in der vorliegenden Arbeit dennoch die Schwellenphase als liminale und nicht als liminoide bezeichnet. Liminoide Phänomene zeichnen sich durch Freiwilligkeit und spielerische Aspekte aus; liminale hingegen durch Ernsthaftigkeit und obligatorische Teilnahme.[379] Wenngleich der Festivalbesuch einen freiwilligen Akt – abgesehen vom Gruppenzwang durch Freunde – darstellt, so ist doch die Teilnahme am Geschehen auf dem Gelände in gewisser Weise obligatorisch. Denn bloßes Zuschauen ist nicht möglich, jeder Fusionist gestaltet das Festival mit, ob er will oder nicht, ob er sich dessen bewusst ist oder nicht. Jeder Einzelne hat Einfluss auf die Stimmung, auf das Erlebnis für alle Anderen. Und obwohl die Festivalpraxis bereits durch karnevaleske und ludische Aspekte charakterisiert wurde, so gründet sie nichtsdestotrotz auf einer Seriosität, auf Regeln der Festivalfreiheit (Toleranz, Lachprinzip, Rücksichtnahme, Transgression), die die Fusionisten ernst nehmen und deswegen auch befolgen. Das Ludische in der liminalen Phase lässt sich allgemein als Spiel mit Symbolen, Bedeutungen, Sprache und Drama, d. h. Möglichkeiten, beschreiben.[380]

---

[377] Turner (1989), S. 36.
[378] Hans im Interview 10. Juli 2009.
[379] Vgl. Turner (1982), S. 66 f.
[380] Vgl. ders. (1989), S. 136.

Festivalbesuch als liminale Phase

Schwellenpersonen sind von Ambiguität gekennzeichnet, denn sie befinden sich in einem sozialen Zwischenstadium. Grenzgänger besitzen keinen Status, da sie Nichts besitzen, das auf einen Rang oder eine soziale Rolle verweist. Die Schwellenwesen (Fusionisten) sind anonym, da keinerlei Personenmerkmale preisgegeben werden, sogar selten der Vorname. Sie unterziehen sich bei Betreten des Festivalgeländes einer Degradierung. Keinerlei Symbole verweisen nunmehr auf einen bestimmten Rang oder eine gewisse Position im Alltag, was auch durch die Maskierung zusätzlich verstärkt wird. Im Ferienkommunismus sind alle gleich. Die Initianden verhalten sich untereinander kameradschaftlich und egalitär und konstituieren dadurch eine bestimmte Form der Gemeinschaft: Communitas.[381] „Gemeinschaft [im Sinne von Communitas] [...] ist das Nichtmehr-nebeneinander, sondern Beieinandersein einer Vielheit von Personen, die, ob sie auch mitsammen sich auf ein Ziel zu bewege, überall ein Aufeinanderzu, ein dynamisches Gegenüber, ein Fluten von Ich und Du erfährt: Gemeinschaft ist, wo Gemeinschaft geschieht"[382]. Wenngleich Turner die Definition Bubers nutzt, so betont er doch, dass Communitas erst als Antagonismus oder Vermischung mit der Sozialstruktur offensichtlich und verständlich wird.[383] Communitas umfasst den Menschen in seiner Existenz, d.h. als Ganzes in Beziehung mit anderen ganzen Menschen. Struktur hingegen nimmt den Menschen im Wesentlichen in einem Klassifikationssystem wahr, in einem Denk- und Ordnungsmodell, wodurch Kultur und Natur gedacht und geregelt werden können. „Communitas umfasst einen Aspekt der Möglichkeit; sie tritt häufig im Konjunktiv auf"[384]. Sie findet ausschließlich in der liminalen Phase statt. „Struktur wurzelt aufgrund von Sprache, Gesetz und Brauch in der Vergangenheit und reicht in die Zukunft"[385]. Communitas lässt sich nicht auf einen konkreten Ort beschränken, sondern findet immer dort statt, wo die Sozialstruktur ganz oder teilweise aufgelöst wurde. Liminalität bedingt die Produktion von Symbolen und Ritualen. Communitas verändert also Kultur, die nicht nur Denk- und Handlungsrahmen, eine Anleitung zum adäquaten Verhalten und zur Klassifikation ist, sondern vor allem Ausdruck und damit Produkt der permanenten Interaktion von Menschen, die Dingen und Handlungen bestimmte Bedeutungen beimessen.[386] Konkret produziert die Communitas der Fusionisten Populärkultur. Die populärkulturelle Praxis findet ausschließlich in der liminalen Phase „Festivalbesuch" statt (Um-, Unordnung, Inversion, Transgression, subversive Lesarten, Widerständigkeit und Flucht vor der Struktur des Alltags hin

---

[381] Vgl. Turner (2000), S. 95 ff.
[382] Buber (1984) in Turner (2000), S. 124.
[383] Vgl. Turner (2000), S. 124.
[384] Ebd., S. 124 f.
[385] Ebd., S. 111.
[386] Vgl. ebd., S. 124 ff.

zur festlichen Communitas). Das existentielle Beieinandersein, indem Jeder auf seinen „Nebenmann"[387] achtet, ist besonders wichtig. Die Besucher nehmen sich und Andere als Ganzes wahr, d. h. leibliche Kommunikation tritt an die Stelle der Klassifikation mittels Rang.

Die Sakralität der Communitas versucht Turner mit der Überschreitung und Aufhebung geltender Normen zu begründen, die von Erfahrungen der Efferveszenz begleitet sind.[388] Die Mehrheit der menschlichen Vergnügen geschieht in Gegenwart von Anderen, in einer Gruppe oder Menschenmenge. Volksfesten, Karneval oder anderen efferveszenten Momenten – wie Festivals – kommt somit eine große Bedeutung zu.[389] Durkheim bezeichnete mit effervescence (frz. Erregung, Gärung, Wallung, Steigerung) „den Zustand kollektiver Erregung, in dem das Individuum aus seinem alltäglichen Leben heraustritt und sich von einer außerordentlichen Macht hingerissen und beherrscht fühlt"[390]. Jegliche Spektakel haben folglich die Funktion der Zusammenkunft. Praktiken der Efferveszenz sind gekennzeichnet durch: gesteigerte Situationsbezogenheit („Maximierung des Jetzt"[391], Festivalgelände als andere Welt), Körperbezogenheit (Maskierung, grotesker Leib, Rausch, Festmahl, sinnliche Aspekte) und Kollektivität.[392] Innerhalb dieser Rituale können geltende Normen temporär außer Kraft gesetzt werden, um so bei der Wiedereingliederung die Basissolidarität zu stärken.[393] Ein bestimmter Teil der „Basissolidarität" wird bereits während des Festivals gestärkt, nämlich die seit Jahren bestehenden Freundschaften. „Fusion ist wie Weihnachten oder noch besser wie Silvester: Man trifft alle wieder"[394]. Communitas wird von allen Fusionisten gemeinsam hergestellt, muss jedoch noch weiter differenziert werden, da offensichtlich den Freunden eine größere Bedeutung beigemessen wird als den anderen Festivalbesuchern. Communitas ist kein Ausdruck anthropologischen Herdeninstinktes. Rituelle Subjekte suchen sie bewusst auf bzw. produzieren sie. Der Vergleich mit Weihnachten bzw. Silvester verdeutlicht die Bedeutung für die langjährigen Besucher des Festivals, das als heiliges Ereignis alljährlich eingeplant wird. In der liminalen Phase sind die Fusionisten von der Struktur befreit und erfahren Communitas, um revitalisiert erneut zur Struktur zurückzukehren.[395] Diese Dialektik ist also wichtig für die Befreiung einerseits und eine

---

[387] Tom im Interview 07. Juli 2009.
[388] Vgl. Turner (2000), S. 125.
[389] Vgl. Keller (2006 b), S. 105.
[390] Krech (2007), S. 150.
[391] Seifert (2004), S. 227.
[392] Vgl. Liell (2003), S. 125 ff.
[393] Vgl. Keller (2006 b), S. 105.
[394] Tom im Interview 07. Juli 2009.
[395] Vgl. Turner (2000), S. 125 f.

erneute Bestätigung der Struktur andererseits. Eine extrem gesteigerte Communitas würde eine ebenso gesteigerte Struktur nach sich ziehen und vice versa.[396] Der Drogenkonsum ist Teil der rituellen Festivalpraxis, d.h. nur in diesem bestimmten Setting (Liminalität) wird konsumiert, um einerseits den Rausch bzw. den Konsum zu kontrollieren, aber auch um – wie bei Hippies oder Naturvölkern – die „Rohwirkung" zu verstärken.[397] Da die Substanzen von den meisten Interviewpartnern ausschließlich – oder zumindest in dem erhöhten Ausmaß – während der liminalen Phase konsumiert werden, messen sie nicht nur der Phase eine sakrale Bedeutung bei, sondern auch den Substanzen.

Die völlige Befreiung vom Alltag fällt den Festivalbesuchern dennoch schwer und so haben sie zumindest ihr Handy immer dabei, um mit Daheimgebliebenen in Kontakt zu bleiben. Die Loslösung vom Alltag wird also hinsichtlich der sozialen Struktur nicht konsequent vollzogen. Außerdem lässt sich eine rudimentäre Hygiene beobachten, die aus dem Alltag übernommen wird, nämlich das regelmäßige Zähneputzen. Die Fusionisten trennen sich von fast allem, was sie mit dem Alltag verbinden. „Alles unterscheidet sich vom Alltag"[398]. Und somit erscheint der Ausspruch „Das ist Urlaub vom Leben"[399] besonders treffend für die Liminalität des Festivals, da nicht nur eine Trennung von alltäglichen Pflichten erfolgt, sondern eben auch von kulturellen Bedingungen und sozialen Strukturen. Diejenigen Dinge und Handlungen, die mit in die liminale Phase überführt werden, zeugen von besonderer Bedeutung für die Fusionisten.

Für die wiederholten Besucher des Festivals stellt die Fusion ein institutionalisiertes Ritual dar. Alle Teilnehmenden werden sozialisiert, indem sie in die Gemeinschaft der Fusionisten eingebunden werden. Im Ritual empfinden nun alle die positive Stimmung, die sich bis hin zur Efferveszenz steigert. Rituelles Handeln „rahmt" soziale Interaktionen, indem Rituale den syntaktischen Rahmen zur Verwendung von Zeichen stellen, den spezifischen Sinnhorizont vorgeben.[400] Sie ordnen den Zeichengebrauch und damit auch die soziale Interaktion. Sie bieten einen Orientierungsrahmen, indem neue Situationen leichter verarbeitet, da geordnet werden können.[401] Ebenso erleichtert dieser Rahmen die Interaktion in temporären Gemeinschaften, da sich die – meist anonymen – Mitglieder orientieren und gemeinsam anhand eines institutionalisierten Handlungsrahmens das Fusion Festival produzieren können. Das Ritual gibt also eine gewisse Struktur vor, in der jedoch die einzelnen Handlungen weitgehend frei erfolgen können.

---

[396] Vgl. ebd., S. 126.
[397] Vgl. Willis (1981), S. 175.
[398] Hans im Interview 10. Juli 2009.
[399] Sabine im Interview 10. Juli 2009.
[400] Vgl. Goffman (1980), S. 52 ff.
[401] Vgl. Soeffner (2004), S. 200 ff.

Communitas steht demnach der Struktur des Alltags keineswegs oppositionell gegenüber. Denn auch hier herrscht eine spezifische Ordnung, die festliche Selbstorganisation, die genau genommen keine absolute Selbstorganisation ist. Bestimmte Abläufe sind jedes Jahr auf der Fusion gleich. Die wiederholten Besucher wie auch das Servicepersonal an Verkaufsständen kennen diese Ordnung bereits und helfen mit ihren Handlungen den Erstteilnehmern sich auf dem Festival zurechtzufinden und konform zu verhalten.

Die Rückreise verdeutlicht, dass nicht wie bei Pilgern der Weg das Ziel ist. „Es ist schon merkwürdig, wie schnell das Festival sich in der Erinnerung entfernt, je mehr man sich räumlich [hier: örtlich] und zeitlich davon entfernt. Schon auf der Rückfahrt hatten wir das Gefühl und als wir zu Hause angekommen waren, dass die Fusion schon wieder seit einer Woche vorbei ist"[402].

Die Wiedereingliederung wird also nicht nur mit der realen, sondern auch mit der mentalen Rückkehr vollzogen. Hierbei werden Spuren des Festivals entfernt, und zwar mittels Reinigung von außen (duschen) und innen (schlafen, Abstinenz). Die soziale Ordnung und die kulturellen Bedingungen erfahren eine Bestärkung nach mehreren Tagen der Unordnung und des Schmutzes. Insbesondere den exzessiven Drogenkonsum möchten die Befragten nicht in den Alltag integrieren, da sie andernfalls nicht ihren Pflichten entsprechend nachkommen könnten. „Und wenn ich länger als fünf Tage auf der Fusion leben würde, das wär' nicht gut. Da würde man verblöden. Mal drei Wochen Fusion-Leben das wär' toll, aber die negativen Auswirkungen auf den Alltag wären nicht so gut"[403].

Die Fusionbesucher haben sich mit der dominanten Rauschfeindlichkeit arrangiert und verheimlichen deshalb zumeist im Alltag, dass sie während des Festivals diverse Stimulanzien konsumieren. Jeder Interviewpartner sagte, dass die eigenen Eltern nicht genau wüssten, was während des Festivals passiert bzgl. des Konsums. Alle erzählen ihren Eltern vom Festival, außer vom Drogenkonsum. Dieser Schutzmechanismus nach außen wird weiter verstärkt, indem alle Gesprächspartner ergänzten, dass die Eltern aber volles Vertrauen in ihre Kinder hätten. „Die wissen, dass ich keinen Scheiß baue"[404], war eine typische Antwort, um das eigene Verhalten zu legitimieren.

Anders als bei Punkrockfans[405], lässt sich bei Fusionfans ihre Zugehörigkeit im Alltag nicht sofort erkennen. Die Fans des Fusion Festivals verschleiern im Alltag diesen Teil ihrer Identität. Die Zugehörigkeit zum Festival lässt sich nicht erkennen, wenn überhaupt, dann nur über Embleme wie das Einlassbändchen am

---

[402] Hans im Interview 10. Juli 2009.
[403] Thomas im Interview 10. Juli 2009.
[404] Tom im Interview 07. Juli 2009.
[405] Vgl. Langman (2008), S. 666; Moore (2007), S. 440 ff.

Arm, sprich direkt am Körper, diverse Aufkleber mit der Fusionrakete oder anderen typischen Motiven am eigenen Auto oder einem Fusionposter in der Wohnung. Diese Embleme beziehen sich auf die Interpretationsgemeinschaft der Fusionisten, d. h. für Außenstehende sind diese nicht lesbar. Durch das Tragen von Zeichen, wie dem Einlassbändchen, machen sich die Festivalbesucher nicht nur zum Transporteur der Zeichen (Signifikat), sondern werden selbst zum Zeichen für die Fusion, da sie über sich selbst hinaus auf Andere bzw. Anderes verweisen, mit dem sie sich verbunden fühlen. Durch die Anheftung von Zeichen macht sich der Repräsentant bewusst zum Objekt, um durch diese soziale Spiegelung eine kollektive Persönlichkeit zu konstituieren, zu der der emblematische Selbstdarsteller gehört.[406] Da dies nicht nur ausdrückt, dass der Bändchenträger das Festival besucht hat, sondern eben auch, dass er die spezifische Kultur lebt, sprich Lachprinzip, Transgression, Inversion, Mesalliance, (Drogen-)Rausch, Technomusik usw. vertritt, könnte dies im Alltag Probleme nach sich ziehen, sobald jeder die Zeichen lesen kann. Die Besucher sehen sich mit Vorurteilen konfrontiert wie „Die nehmen doch alle Drogen [...] diese Party- oder Spaßgeneration"[407]. Darüber hinaus wollen sie sich eben nicht zum Interpretationsobjekt machen, das offensichtlich für das Fusion Festival steht. Selten lassen sich die Bändchen vom letzten Jahr noch am Arm eines Besuchers der aktuellen Fusion beobachten. Somit scheint der Wunsch auf Identifikation mit dem Festival gleichsam mit der Erinnerung an die Erlebnisse zu verblassen. Emblematische Fusionzeichen sind Überzeugungssignale[408], die am Körper oder persönlichem Besitz getragen werden, solange diese Überzeugung vorherrscht. Deshalb lassen sich unmittelbar nach dem Festival auch im Alltag noch zahlreiche Überzeugungssignale feststellen, die mit zunehmendem zeitlichem Abstand vom Festival proportional verschwinden. Je mehr sich die Besucher wieder im Alltag „eingelebt" haben, desto eher machen sie sich wieder zum Träger von anderen Zeichen, um sich selbst sicher in einer alltäglichen sozialen Gruppe zu verorten, aber auch für Andere lesbare Zeichen zu tragen.

Die Fusionisten zeigen selten subversive Lesarten im Alltag. Die Widerständigkeit findet zumeist nur während des Festivals offensichtlichen Ausdruck. Danach wollen sich die Besucher wieder in einem relativ stabilen Zustand befinden, da Liminalität auch „kräftezehrend"[409] ist. Embleme wie Einlassbändchen, Aufkleber oder Poster werden meist am eigenen Besitz bzw. Körper angebracht. Zuweilen lässt sich jedoch auch im öffentlichen Bereich eine Fusionrakete erkennen, die auf Straßenschilder oder Fassaden aufgesprüht wurde. Hierbei zeigt sich ein

---

[406] Vgl. Soeffner (2004), S. 190 f.
[407] Tom im Interview 07. Juli 2009.
[408] Vgl. Soeffner (2004), S. 198 f.
[409] Hans im Interview 10. Juli 2009.

Versuch der Vergesellschaftung von parodistischen und subversiven Aspekten, die scheinbar vom Kulturkosmos forciert wird, da während des Festivals ebendiese Sprühvorlagen gekauft werden können. Der Alltag wird von den Teilnehmern weitgehend akzeptiert und nach Beendigung des Festivals wieder „weitergelebt". Sie nehmen ihre sozialstrukturbedingten Rechte und Pflichten, wie z. B. soziale Konventionen, Arbeit, Studium, BtMG, wieder an. Obwohl Popularkultur in der liminalen Phase von den Fusionisten produziert wird, wird dennoch die Kultur bei der Wiedereingliederung neu klassifiziert, da z. B. Ordnung, Sauberkeit und Stabilität bestärkt werden. Alltäglichen Handlungen wie duschen und schlafen messen alle Interviewpartner nach dem Festival erhöhte Bedeutung bei. Trotz der zahlreichen gemeinschaftlichen Erlebnisse mit anderen Besuchern entstehen daraus kaum Freundschaften, die in den Alltag integriert werden, was wiederum auf die Bestärkung der bereits bestehenden Sozialstruktur verweist. Das Fusion Festival dient also vornehmlich dem Individuum, um sich selbst mit den bekannten Freunden anders zu erleben und das alles in einem außeralltäglichen Setting. Andere werden eher als „Rahmenprogramm", als Publikum, aufgefasst vor dem eine außeralltägliche und für den Alltag folgenlose exzentrische Aufführung präsentiert wird. Der Schwellenzustand lässt sich in diesem Kontext als Befreiung des Individuums von alltäglichen Zwängen auffassen, indem es aus den Strukturen konkret flieht und zum Festivalgelände reist. Zusätzlich überschreitet das Individuum körperliche und leibliche Grenzen, wofür Communitas wiederum eine unablässige Bedingung darstellt.

Diverse Ähnlichkeiten zum Fusion Festival weist das Burning Man Festival in Nevada, USA, auf. Hierhin kommen für eine Woche ca. 50.000 Besucher, die als „Burners" bezeichnet werden, um inmitten der Wüste „Black Rock Desert" eine Stadt für eine einzige Woche aufzubauen, die sie dann „Black Rock City" nennen. Das Burning Man Festival bezeichnet Gilmore, die über mehrere Jahre jenes Phänomen erforschte, als eklektisches jährliches Kunst- und Feuer-Festival. Denn als Höhepunkt gilt die Verbrennung einer mittlerweile 12 Meter hohen Holzfigur: der „Burning Man". Eine imaginäre – früher sogar tatsächlich – gezogene Linie dient als Grenze, deren Überschreitung den Initiationsritus bedeutet. Trotz der Außeralltäglichkeit und bewussten Negation des Alltags für die Woche des Festivalbesuches ist Black Rock City dennoch wie eine Stadt aufgebaut inklusive professioneller medizinischer Versorgung, einer Art Polizei (die „Rangers"), einem zentralen Cafe, mehreren Tageszeitungen, Radiostationen und zahlreichen interaktiven Künstlerwerkstätten und „Themencamps". Eine völlige Loslösung scheint also auch hier nicht möglich zu sein. Die Burners akzeptieren ebenso unhinterfragt die Rückkehr in den Alltag, wie dies die Fusionisten tun.[410]

---

[410] Vgl. Gilmore (2008), S. 211 ff.

4.2 Performative Konstruktion des Festivals

Die zentrierte Interaktion des Festivalbesuches stellt einen „Brennpunkt der Aufmerksamkeit"[411] und damit eine gemeinsame Definition der Situation inklusive Relevanzen und Irrelevanzen dar. Der „Arbeitskonsensus"[412] beinhaltet gegenseitige Rücksichtnahme, Sympathie und Toleranz. Der gemeinsame Fokus der Fusionisten ruft gleichzeitig gesteigerte moralische Verantwortung für das eigene Handeln hervor, was in einem „Wir-Prinzip" mündet.[413] Die bloße Anwesenheit und die Fokussierung des Festivalerlebnisses bilden demnach die Basis eines Gemeinschaftsgefühls, das mittels gemeinsamer Handlungen und des „Arbeitskonsensus" oder hier besser „Festivalkonsensus" verstärkt wird.

Das Fusion Festival ist ein Ereignis, d. h., eine bestimmte, nur bedingt beeinflussbare Konstellation von Zuschauern und Akteuren wird miteinander konfrontiert, wodurch eine je spezifische Atmosphäre entsteht. Diese handeln – allein oder in Gruppen – vor einem bestimmten Erwartungshorizont und nach bestimmten Gefühlen. Die spezifische Verwendung von Orten und die Präsentation von Körpern erzeugt eine Materialität der Aufführung sowie ihre Medialität, indem Akteure und Publikum denselben Raum nutzen, aufeinander Bezug nehmen und Beziehungen aushandeln. Für die Ereignishaftigkeit der Aufführung ist die Tatsache, dass etwas geschieht, bedeutender als das, was konkret geschieht oder die Bedeutungen, die dem Ereignis hernach zugeschrieben werden. Ebendiese Bedeutung des Augenblicks ist bei den Festivalbesuchern deutlich erkennbar. Sie wollen das Ereignis im Vollzug intensiv und exzessiv erleben. Obwohl sie hernach dem Festival Bedeutungen zuschreiben, so scheinen potentielle Auswirkungen auf den Alltag in der Weise nebensächlich, dass dieser durch das Festival zumeist unbeeinflusst bleiben soll. Das Geschehen – im Allgemeinen und konkret – wird durch alle Beteiligten verursacht, wenngleich von jedem auf differente Weise und in unterschiedlichem Ausmaß.[414] Die gemeinsame Handlung wird als gesamtes Festivalerlebnis erfahren, das sich als eine Aufführung in mehreren Akten darstellt.

4.2.1 Theatralität als soziale Praxis

Anhand der Analyse der Festivalpraxis während der Fusion wurde bereits deutlich, dass z. B. bei der subversiven Nutzung von Haushaltsgegenständen oder der

---

[411] Goffman (1971), S. 96.
[412] Ebd., S. 97.
[413] Vgl. ebd., S. 96 ff.
[414] Vgl. Fischer-Lichte (2003), S. 17 ff.

invertierten „Kleiderordnung" die Semiotik der Zeichen dominiert. Im Rahmen der Theatersemiotik beschreibt Theatralität eine dominant semiotische Art der Zeichenverwendung, die mit einem bestimmten Modus der Wahrnehmung verbunden ist. Da die Dominanz der Semiotik nicht objektiv beobachtet werden kann, ist Theatralität eine subjektive Kategorie, was eine intersubjektive Verständigung jedoch nicht ausschließt. Jedwedes Verhalten, jedwede Situation kann unter bestimmten kulturellen, historischen und individuellen Voraussetzungen von einem Individuum als Zeichen von Zeichen und somit als Theatralität wahrgenommen werden. Das semiotische Modell von Theatralität fokussiert das Phänomen einer ästhetischen Einstellung zur Wirklichkeit.[415]

Theateraufführungen weisen folgende Charakteristika auf:

- Sie sind weder fixierbar, noch tradierbar. Stattdessen sind sie ephemer und transitorisch.
- Zuschauer und Akteure finden sich für eine bestimmte Zeitspanne an einem konkreten Ort zusammen. Inszenierung und Wahrnehmung nehmen folglich direkten Bezug aufeinander.
- Körper, Gesten, Handlungen etc. stellen keine Zeichen dar, deren Sinn vorab festgelegt ist. Denn dieser wird erst im performativen Akt produziert.[416]

Die Performativität einer Aufführung zeichnet sich zusätzlich durch folgende Merkmale aus:

- Produktion und Fokussierung von Materialität durch spezifische Handlungen,
- Potentielle Aushandlung der Beziehung zwischen Akteuren und Publikum durch deren simultane leibliche Ko-Präsenz und
- Spezifische sinnliche Qualität der verwendeten Elemente sowie der Modus und der Kontext ihrer Verwendung, die prinzipiell offene und unabschließbare Prozesse bedingen.[417]

Performance (engl., frz.) übersetzt als ‚Aufführung' beschreibt das Zusammenspiel von Inszenierung, Körperlichkeit und Wahrnehmung.[418] Jenes Zusammenspiel in der Performance umfasst alle Aspekte von Theatralität, die jeweils unterschiedlich ausgeprägt sein können.[419] Die Basis sozialen Verhaltens bilden

---

[415] Vgl. Fischer-Lichte (2001), S. 282 f.
[416] Vgl. dies. (2003), S. 15 f.
[417] Vgl. dies. (2003), S. 16.
[418] Vgl. dies. (2001), S. 287.
[419] Vgl. Evreinov in Fischer-Lichte (2001), S. 297.

Blicke, Gesten, Haltungen und sprachliche Äußerungen, die Menschen permanent in die jeweilige – erwünschte oder unerwünschte – Situation einbringen.[420] Performanz ist nicht mit Performativität gleichzusetzen. Ersteres bedeutet Aufführung bzw. Ausführung und nutzt damit ex-ante gegebene Materialitäten. Performative soziale Praktiken finden ausschließlich in Ko-Präsenz von Akteur und Zuschauer statt. Allein kann ein Subjekt keine performative Handlung vollziehen, da hierbei nur in Interaktion Wirklichkeit konstituiert wird.[421] Performative Akte finden überall dort statt, wo Menschen sind, d. h. in der sozialen Welt.[422] Denn auch ein Mensch, der sich in Einsamkeit wägt, ist doch nicht allein, da er sich selbst beobachtet und sein Handeln beurteilt. Auf der Bühne der sozialen Welt ist jeder Mensch mal Akteur, mal Zuschauer. Auf Festivals wird dies besonders daran deutlich, dass jeder teilnehmen, am Spaß teilhaben möchte.[423]

Performativität bezeichnet körperliche Aufführungen, die sozial oder künstlerisch gemeint sind wie auch die Handlungsdimension von Sprache als „performativ".[424] Das lateinische ‚forma' heißt ‚Form', ‚Gestalt', ‚Beschaffenheit', ‚Charakter' oder ‚Erscheinung'. ‚Formare' bedeutet ‚gestalten', ‚bilden', ‚darstellen', ‚verfertigen'; ‚formatio' dementsprechend: ‚Gestaltung'. Die Vorsilbe ‚per' intensiviert die nachfolgenden Bedeutungen. Performativität kann somit grob gefasst als die Konstruktion sozialer Wirklichkeit bezeichnet werden, und zwar mittels körperlich-sinnlicher und situativ-szenischer Gestaltung. Die Ästhetik ist aufgrund der allgemeinen Relevanz beim sozialen Handeln entscheidend an der Wirklichkeitskonstruktion beteiligt.[425]

Austin begründete eine Methodologie, die es ermöglichte Sprache als performativ zu betrachten. Eine performative Äußerung geht über eine bloße Feststellung hinaus, da sie auf eine Handlung abzielt, wie z. B. beim Ablegen des Ehegelübdes. Sie kann nicht wie die konstativen Äußerungen als wahr oder falsch klassifiziert werden, sondern als im Vollzug geglückt oder missglückt.[426] Butler entwickelt den sprachtheoretischen Performativitätsbegriff weiter, indem sie auch körperliche Aufführungen als performativ betrachtet. „Sprechen selbst ist eine körperliche Handlung unter anderen, der Körper wiederum spricht und kann durchaus die Intentionalität eines Austinschen Sprechaktes unterlaufen"[427], da die Körpersprache weniger stark kontrolliert werden kann und somit – für den Spre-

---

[420] Goffman (1986), S. 7.
[421] Vgl. Wöhler (2010).
[422] Vgl. Goffman (2008), S. VII.
[423] Vgl. Tuan (1995), S. 241.
[424] Vgl. Schinkel (2005), S. 13.
[425] Vgl. Wulf (2001), S. 10 f.
[426] Vgl. Carlsson (2004), S. 61 ff; Schinkel (2005), S. 29 ff.
[427] Schinkel (2005), S. 41.

cher – unbewusst abweichende Aussagen treffen kann.[428] Im Rahmen von Genderstudies betrachtet Butler Gender nicht als gegebenes soziales oder kulturelles Merkmal, sondern als eine Kategorie, die durch performative Akte konstruiert wird und damit ein Produkt von Macht ist. Vorher existiert weder ein Wesen, noch eine unabänderliche soziale Bestimmung. Originalität ist somit eine Illusion, da aufgrund des unvermeidbaren Prozesses der Verdopplung nur das erkannt werden kann, was bereits vorher bekannt ist.[429]

4.2.2 Verkörperung von Kultur

Die leibliche Ko-Präsenz von Akteuren und Zuschauern ist unabdingbare Voraussetzung, damit eine Feedback-Schleife entsteht. Hierbei werden Positionen und Beziehungen und damit Machtverhältnisse zwischen Akteuren und Zuschauern ausgehandelt. Dadurch verknüpfen sich auch Ästhetisches, Soziales und Politisches untrennbar miteinander. Die Ästhetisierung der Aufführung vollzieht sich als Selbsterzeugung (Autopoiesis) durch die sich ständig verändernde, autopoietische Feedback-Schleife.[430] Die Aufführung wird zur Autopoiesis, da sie von keinem einzelnen Beteiligten vollständig vorher geplant war, kein Einzelner die Verfügungsgewalt besitzt, sondern sie durch Interaktion der Beteiligten prozessual zustande kommt. Ein Hotelaufenthalt wie auch der Festivalaufenthalt stellen Dienstleistungen dar. Die Prozess- und Ergebnisphase sind nur dann möglich, wenn Anbieter und Nachfrager zusammentreffen (Ko-Präsenz) und in performativen Prozessen gemeinsam (Feedback) die Dienstleistung produzieren.[431] Beispielhaft für autopoietische Feedback-Schleifen lässt sich ein Trommelkonzert auf großen Wassertanks anführen, das zunächst als kurzes Trommeln von ein paar wenigen Festivalbesuchern begann und letztendlich in einem Konzert von ca. 200 Personen mündete, die gemeinsam trommelten und sangen. Hierbei entstand ein ungeplantes, weithörbares Konzert für die Akteure selbst, wie auch andere Festivalbesucher, die weiter entfernt waren.

Performativität ist vor allem dynamisch, da ihre Produkte permanent durch Sanktion, Tabuisierung oder Belohnung überformt werden. Identität wird durch die körperliche Inszenierung im Interaktionsprozess hervorgebracht. Ebendiese Kopplung macht sie fragil, da performative Akte stets gelingen oder misslingen können.[432] Ebendieses Scheitern konnte auch während des Festivals beobachtet

---

[428] Vgl. Butler (1997), S. 141 f.
[429] Vgl. Carlsson (2004), S. 76 ff.
[430] Vgl. Fischer-Lichter (2004), S. 80.
[431] Vgl. Wöhler (2010).
[432] Vgl. Bausch (2001), S. 220.

werden. So beschwerte sich z. B. eine jahrelange Besucherin: „Dieses Jahr kam gar nicht so richtig Stimmung auf. Sonst konnte man immer mal einen kleinen Spaß machen [...] dieses Jahr waren alle so angespannt, Jeder für sich"[433]. Infolge ihrer missglückten performativen Handlungen, änderte sie ihr Verhalten. Die Zuschauer (andere Besucher) haben (mit ihr) ihr Verhalten per Feedback-Schleife beeinflusst.

Die Wahrnehmung ist auch ein performativer Akt, da die Zuschauer sich gegenseitig beobachten und ihre eigene Wahrnehmung vom jeweiligen Standort abhängt.[434] Der Aspekt der Wahrnehmung im Rahmen der Theatralität fokussiert die Beobachterperspektive, den Beobachtungsmodus, die -funktion sowie das Zuschauerverhalten.[435] Performativität umfasst folglich die Handelnden wie auch die Zuschauer bzw. Zuhörer, die der Aufführung eine bestimmte Bedeutung zuschreiben und damit aktiv an der Konstruktion sozialer Wirklichkeit teilnehmen. Aufgrund ihrer aktiven Beteiligung an der Produktion des Festivals sind die Besucher vielmehr als Teilnehmer zu verstehen. Ähnlich der performativen Konstruktion von Tourismusräumen konstruieren die Fusionisten den Festivalraum durch spezifische performative Akte, wozu auch das Erzählen von Erlebnissen zählt.[436] Eine Unterscheidung von Produzenten und Rezipienten erscheint damit wenig nützlich, da jeder wenigstens als „Mit-Erzeuger" bzw. Ko-Produzent im Rahmen von Interpretationszwängen, Bezug nehmend auf vorangegangene Handlungsmuster, in unterschiedlichem Ausmaß und unterschiedlicher Weise an der Gestaltung der Aufführung beteiligt ist. Inszenierung und Aufführung können nicht synonym verwendet werden, da erste geplant ist und letztere dann in Ko-Präsenz konstituiert wird. Die Inszenierung ist somit nicht als Ausdruck eines ex-ante gegebenen Sinns oder einer Intention zu verstehen.[437] Da performative Produkte sozial sind, eine Reproduktion der Gesellschaft, einschließlich gewachsener Strukturen, Normen und Werte, erfolgt keine performative Konstruktion durch ein Individuum allein.[438] Die dynamische Interaktion von Akteuren und Publikum stellt sich als Wechselwirkung von Bedeutungszuschreibungen dar, d. h. deren Bestätigung, Ablehnung, Umformung oder Hinterfragung.[439]

In der prozessualen interaktiven Produktion der Aufführung bringt diese umgekehrt zuallererst Akteure und Zuschauer hervor (wie z. B. Trommler und

---

[433] Beobachtete Festivalteilnehmerin.
[434] Vgl. Fischer-Lichte (2003), S. 19 ff.
[435] Vgl. dies. (2001), S. 286.
[436] Vgl. Dirksmeier (2010).
[437] Vgl. Fischer-Lichte (2004), S. 81.
[438] Vgl. Butler (1990), S. 272 f.; Rose (1999), S. 248.
[439] Vgl. Hoffmann (2008), S. 306 f.

Zuhörer).[440] Der Akteur lässt sich charakterisieren als eine Person A, die X repräsentiert, während S zuschaut.[441] Die Trommler sind im og. Beispiel die Akteure (A), die ein spontanes Trommelkonzert inszenieren (X), während die (am Trommelkonzert) Unbeteiligten zuhören und vielleicht auch zuschauen (S).

Aus der anthropologisch gesehen minimalen Instinktausstattung des menschlichen Körpers resultiert seine Offenheit und Plastizität. Deshalb müssen Menschen sich mittels Bewegungen, Aktivitäten und Handlungen selbst gestalten.[442] Durch Bewegung nehmen Handelnde Abdrücke von ihrer Außenwelt, formen sie und integrieren sie in ihre Innenwelt, sprich in ihr Selbst. Das Individuum wird dabei ebenso von der Umwelt erfasst und verändert. Bewegung produziert demnach die Welt in Interaktion, indem sie die Plastizität des Körpers sowie die Formbarkeit der Umwelt nutzt. In der Bewegung als Medium sind Subjekt und Welt miteinander verwoben. Mittels Bewegung nehmen Menschen am Leben anderer Menschen teil, nehmen deren Lebenswelt auf, setzen sich in Beziehung zueinander und werden somit Teil einer Gemeinschaft. Und Menschen bewegen sich permanent: Sie sprechen, setzen sich, stehen auf, gehen, tanzen, essen, umarmen sich etc. Der Körper wird zum unerlässlichen Instrument bei Handlungen, die sich auf andere Menschen oder die Umwelt beziehen. Performative Handlungen bestehen somit aus Bewegungsabfolgen.[443]

Menschen haben seit jeher ihren Körper genutzt, um Ähnlichkeiten herzustellen, z.B. mittels Tanz und Sprache.[444] Indem sie sich Anderen ähnlich machen, entlasten sie sich vom permanenten Selbstdarstellungsdruck. Wenngleich Ähnlichkeit auf vielfältige Weise erfahrbar ist, so wird sie in sinnlichen Prozessen offensichtlich. Aus der Erfahrung von Ähnlichkeit erwächst für Menschen Sinn. Denn durch Anähnlichung (Mimesis) an ihre Umwelt und andere Menschen erlernen Menschen, wie sie sich orientieren und selbst gestalten können. Mittels Zusammenleben nehmen sie am Leben Anderer teil. Durch Beteiligung an deren Lebenspraxis weiten sie ihre eigene Lebenswelt aus und bringen neue Möglichkeiten der Handlung und Erfahrung hervor. Rezeption und Aktion überlagern sich hierbei, da zum einen die umgebende Welt wahrgenommen und zum anderen sich in mimetischen Prozessen darauf bezogen wird. Individuen schaffen hier durch Verdopplung der Außenwelt eine ähnliche Innenwelt. Diese Auseinandersetzung mit der Außenwelt ermöglicht den Individuen Subjektivität. Außen- und Innenwelt gleichen sich in der permanenten Wechselbeziehung immer mehr an, da sich die Menschen der äußeren Welt annähern und sich durch die Transformation ihre

---

[440] Vgl. Fischer-Lichte (2004), S. 81.
[441] Vgl. dies. (1998), S. 16.
[442] Vgl. Gebauer (1997) in Wulf (2001), S. 265.
[443] Vgl. Wulf (2001), S. 265 ff.
[444] Vgl. ebd., S. 260 ff.

Wahrnehmung des Äußeren und des Selbst verändert. Sie machen die Welt zu einem Teil ihres Körpers und „erweitern" ihn gleichsam durch Einverleibung. Der Körper ist somit Informationsvermittler, da er sozial eingeübte und lesbare Zeichen repräsentiert, die ein Bild vermitteln, das der Sozialakteur von sich selbst, von Anderen und der gesamten sozialen Situation hat. „Körpersprache ist also konventionalisierte Unterhaltung"[445]. Diese non-verbale Kommunikation ist für Jeden verständlich, der ähnlich sozialisiert wurde, sprich für die Mitglieder einer Gesellschaft (bzw. spezifischer einer Gemeinschaft). Das bedeutet, dass nicht die bloße körperliche Anwesenheit, sondern das sozial erlernte Wissen bzgl. der körperlichen Kommunikation (performatives Wissen) die Grundlage sozialer Situationen darstellt.[446]

Für das soziale Verhalten in Inszenierungen ist performatives Wissen (d. h. körperliches) erforderlich, dass sich als mimetisches Wissen kennzeichnen lässt. Dieses entsteht in konkreten Aufführungen, indem Menschen die Art der Inszenierung und Wahrnehmung anderer Menschen erlernen. Die Schwellenwesen erlernen in der liminalen Phase außeralltägliches mimetisches Wissen. Die Prozesse sozialer Mimesis werden mithilfe der Wahrnehmung, sprich sinnlich, vollzogen. Sie lassen sich jedoch nicht auf Aisthesis begrenzen, da sie bis in die imaginäre Verbindung zwischen innen und außen vordringen und beide Welten miteinander verbinden.[447]

Mimetische Prozesse sind Ausdruck des menschlichen Begehrens nach Ähnlichkeit einerseits und Differenz andererseits.[448] Die Mimesis der Maskierungen, des Lachprinzips, der Subversion und Transgression schafft den außeralltäglichen Raum des Festivalgeländes und die Gemeinschaft aller Fusionisten wie auch kleinerer Gemeinschaften. Mimetische Prozesse sind Handlungen, die als Aufführung oder Inszenierung verstanden werden können. Unter Bezugnahme auf andere Menschen oder Situationen wiederholen sie etwas, wobei etwas Neues entsteht, das anders als der Bezugspunkt ist. Sie sind performativ.[449]

Im Ereignis der Zeichensetzung treffen Materialität und Performativität aufeinander, da Zeichen immer wieder „aufgelesen", „gesammelt", wiederholt und miteinander in Beziehung gesetzt werden müssen, um deren Gültigkeit zu bewahren. Der Prozess der Symbolisierung hat damit seinen Ursprung im Performativen.[450] Die Bedeutungszuschreibung, sprich Kulturproduktion, wird performativ produziert. Da Kultur dynamisch ist und sich als Netzwerk zwischen den Men-

---

[445] Goffman (1971), S. 42.
[446] Vgl. Plessner (1982), S.192 ff.; Bausch (2001), S. 207.
[447] Vgl. Wulf (2005), S. 10 ff.
[448] Vgl. ebd., S. 8 f.
[449] Vgl. ders. (2001), S. 257.
[450] Vgl. Mersch (2003), S. 49.

schen spannt, kommt der performativen Handlung und damit der Mimesis große Bedeutung zu. In performativ-mimetischen Prozessen messen die Fusionisten den Handlungen und Dingen bestimmte Bedeutungen bei, was Ausdruck ihrer kulturellen Festivalpraxis ist.

Anhand des Körpereinsatzes der Fusionisten lässt sich die Art und Qualität ihrer sozialen Beziehung ablesen. Über ihre Körperhaltung, Abstände zu Anderen und ihre Gesten geben sie Auskunft über ihr eigenes Lebensgefühl und die Art und Weise ihrer Weltsicht.[451] Die grundsätzliche körperliche Nähe der Fusionisten zueinander spricht für ein friedliches Beisammensein und gegen Aggressivität. Im Vergleich zu anderen Musikfestivals wird das noch deutlicher. Während z. B. bei Metal- oder Punkrockkonzerten eine aggressive Körperhaltung besonders beim spezifischen Tanzstil der Wall of Death[452], des Moshpits[453] oder des Slamdance[454] für permanente Konfrontation spricht, so zeichnet sich der fast berührungsfreie Tanz zu Technomusik durch seine Friedlichkeit aus.

Die Körperhaltung der Festivalbesucher zeigt außerdem, dass sie sich ihrer Inszenierung bewusst sind und bewusst von den Anderen gesehen werden wollen. „Der tanzende Narziss"[455] will gesehen werden. Die bereits beschriebene extrovertierte Maske verrät ebenso mittels Körperhaltung und Gestik, dass sie ihre Rolle mit Freude und Spaß spielen. Die meisten sind zwar Selbstdarsteller, aber letztendlich konstituieren sie im „Tanzkollektiv"[456] eine Gemeinschaft von Nonkonformisten.

Mimetische Prozesse sind nicht reproduktiv, vielmehr kreativ, da das Individuum die Außenwelt in Verbindung mit Aspekten seiner bereits existenten Innenwelt wiedergibt.[457] In der Rolle des Fusionisten sind demnach auch immer ein Aspekt der Person und die Aussage darüber, wie er die Außenwelt und sich selbst wahrnimmt in Beziehung gesetzt. Einverleibung und Verdopplung geschehen bei den Fusionisten begleitet von Lächeln. Sie zeigen ihre Zuneigung und deshalb ihren Wunsch nach Anähnlichung. Performatives Wissen setzen sie rasch in mimetischen Prozessen um, indem sie das Verhalten der Anderen in kreativer Weise ähnlich inszenieren. Die Maskierung verdeutlicht diese Anähnlichung. Denn obgleich die einzelnen Personen vielfältige Masken tragen, so zielen doch alle auf die Rolle des exzentrischen Festivalbesuchers ab, der die Ästhetik überhöht und inhaltliche Aspekte vernachlässigt. Ebenso zeitigen die Tanzbewegungen der Fu-

---

[451] Vgl. Wulf (2005), S. 86.
[452] Zwei Menschengruppen rennen aufeinander zu mit dem Ziel gegeneinander zu prallen.
[453] Gegenseitiges Schubsen, ohne Springen.
[454] Gegenseitiges Schubsen im Springen.
[455] Seifert (2004), S. 253.
[456] Ebd., S. 256.
[457] Vgl. Wulf (2001), S. 261.

sionisten – ähnlich wie bei anderen Technoevents – die Anähnlichung,[458] die sich allerdings auf die Substile beschränkt. Denn in dem jeweiligen Bühnenbereich lassen sich unterschiedliche Tanzbewegungen und Körperhaltungen beobachten, die vom Subgenre der Musik und der daraus resultierenden Stimmung beeinflusst werden.

Die Materialität des Körpers wird erst durch performativ-mimetische Prozesse produziert, indem die Wiederholung bestimmter Gesten und Bewegungen die Handlungen und Körper individuell, geschlechtlich, ethnisch und kulturell markiert. Die performative Produktion von Identität, der Prozess der Verkörperung (embodiment) stellt sich als eine Handlungsweise, eine spezifische Art der Dramatisierung und Reproduktion vergangener Situationen dar. Embodiment wird unter den Bedingungen des Machtkampfes von Individuum und Gesellschaft vollzogen, sprich unter changierenden Machtverhältnissen. Das Embodiment ist folglich eine Materialisierung von Kultur. Vollzieht das Individuum eine Verkörperung, die von der in der Gemeinschaft geltenden Norm abweicht, muss es mit Sanktionen rechnen.

Verkörperungsbedingungen lassen sich mit Theateraufführungen vergleichen. Die performative Handlung ist ein kollektiver Akt, da vor dem Einzelauftritt eines Akteurs die Handlung bereits begonnen hat. Der individuelle Akteur vollzieht „ein ‚re-enactment' und ‚re-experiencing' eines Repertoires von Bedeutungen, die bereits gesellschaftlich eingeführt sind"[459]. Verkörperung gleicht der Inszenierung eines vorgegebenen Textes. Die Inszenierung kann wie bei einer Theateraufführung durch unterschiedliche Interpretationen des Akteurs immer wieder anders sein. Verkörperungsbedingungen sind dementsprechend Aufführungsbedingungen.[460] Die Verkörperungsbedingungen der Fusion sind die allgemeinen Regeln des Festivals wie Transgression, Inversion, Subversion, Toleranz und Pazifismus. Die Fusionisten verkörpern die Popularkultur des Festivals, indem sie sich selbst als Objekt und Subjekt hervorbringen. Sie werden zu Texten, die Auskunft über sich selbst, Andere sowie ihre Umgebung liefern. Die anderen Besucher verstehen die Körpersprache umso besser, je häufiger sie die Fusion besucht haben. Ein Erstteilnehmer wird nichtsdestotrotz auch sehr viel der konventionalisierten Unterhaltung verstehen, da das Festival schließlich nicht außerhalb der Gesellschaft stattfindet.

Ein zentraler Aspekt der Theatralität stellt die Körperlichkeit dar, da der Körper als Darstellungsmittel, Ausstellungsobjekt und inszenierendes Subjekt

---

[458] Vgl. Seifert (2004), S. 254.
[459] Fischer-Lichte (2004), S. 39.
[460] Vgl. ebd., S. 39 ff.

dient.[461] Sie strebt Prozesse der sinnlichen Wahrnehmung an, bei der Körper-Inszenierungen im Fokus stehen. Der Unterscheidung von „Leib-Sein" und „Körper-Haben"[462] kommt dabei große Bedeutung zu, da aus dem Modus des Leib-Seins erst die Möglichkeit des Körper-Habens und damit der Handlung erwächst. Körper-Inszenierungen verweisen „auf den Körper als Objekt, Medium und Produkt von Inszenierungen, als ‚Fläche' für jegliche Art kultureller Einschreibungen"[463] (inszenierter Körper). Im Modus des Köper-Habens tritt das Individuum aus seinem eigenen Körper heraus, indem es eine exzentrische Position zu sich selbst einnimmt, sich von außen beobachtet (internalisierter Fremdbeobachter) und bewusst produziert (inszenierender Körper). Die Trennung von Leib und Körper lässt sich derart jedoch nur analytisch vollziehen, da das Ich mit dem Körperlichen als eine unteilbare Einheit sozial und kulturell konstruiert ist.[464]

Darstellung und Inszenierung sind keineswegs synonym zu verstehen. Denn jedes Individuum muss sich selbst vom Kindesalter an darstellen, was routinisiert erfolgt. In der Inszenierung hingegen setzt sich das Individuum bewusst „in Szene". Diese Gestaltung kann einstudiert, kreativ und sorgfältig vorbereitet sein, wie es auch die Fusionisten machen.[465] Im Rahmen von Körper-Inszenierungen wird Körper als Weise des „In-der-Welt-Seins" verstanden und nicht als „der" Körper, sondern im Plural aufgrund der verschiedenen Erscheinungen. „Jeder Körper ist mehrere: Lustkörper, Arbeitskörper, Sportkörper, öffentlicher und privater Körper"[466]. Körper-Inszenierungen verweisen auf die Prozesshaftigkeit künstlerischer und kultureller Praxen, die an den Leib gebunden sind. Denn der menschliche Körper produziert Kultur im performativen Prozess.

Die Körperlichkeit während des Fusion Festivals wird dergestalt geschaffen, dass der Körper nicht nur ein Zeichen sein soll, sondern direkten Bezug auf die Akteure selbst, auf ihren eigenen phänomenalen Leib zeigt. Schließlich intendieren sie keine Repräsentation einer bloßen Rolle, sondern eine Inszenierung ihrer selbst in einer anderen Rolle.[467] Denn entsprechend der Person-Rolle-Formel lassen sich Person und Rolle nicht vollständig voneinander trennen. Die Rolle, die jemand spielt, ist immer auch Ausdruck seiner Persönlichkeit und vice versa.[468] Die Fusionisten sind demnach nicht ausschließlich Produkt der performativen Festivalpraxis, da ihr Embodiment auch und vor allem im Alltag stattfindet. Ihr

---

[461] Vgl. dies. (2001), S. 286.
[462] Vgl. Plessner (1982), S. 192.
[463] Fischer-Lichte (2001), S. 286.
[464] Vgl. Wulf (2001), S. 263 ff.
[465] Vgl. Soeffner (2004 b), S. 239 f.
[466] Fleig (2000), S. 12.
[467] Vgl. Fischer-Lichter (2003), S. 20.
[468] Vgl. Goffman (1980), S. 297.

Körper ist damit ebenso Ausdruck ihres sozialen (alltäglichen) Umfeldes, ihrer Gemeinschaftszugehörigkeiten und der Gesellschaft. Ein sportlicher Körper z. B. entsteht durch regelmäßiges Training, nicht erst während des Festivals. Die Kleidung ist z. T. Ausdruck des festlichen Embodiment wie auch ihr Verhalten. Die Körper-Inszenierungen verweisen auf geltende Normen wie auch Eigenermächtigung des Subjektes.

Die durch die je spezifische Leibhaftigkeit beeinflusste Eigendynamik körperlicher Prozesse in der kulturellen Praxis erschwert die Einschreibung, Disziplinierung und Fragmentierung des Körpers durch Macht.[469] Anhand des Embodiment sind auch stets Rückschlüsse auf den Alltag möglich. Das Festival bietet widerständisches Potential, welches die Besucher nutzen, um – für den Alltag – nonkonforme Rollen zu spielen. Im Alltag wäre dies so nicht möglich, da sie andernfalls die Machtkämpfe verlören. Analog zu Butlers Analyse von Travestie lässt sich über die Fusionisten die Aussage treffen, dass sie mittels lustvoller Maskierung auf die Unnatürlichkeit ihrer alltäglichen Identitäten hinweisen.[470] Die bewusste Transgression in Verhalten und Kleidung scheint lediglich eine exzentrische Selbstdarstellung zu sein. Die Inszenierung verweist jedoch über den eigentlichen Moment hinaus auf die Produktion der Identitäten in Machtkämpfen.

Doch auf dem Festival sind sie ebenfalls Machtkämpfen ausgesetzt, wenngleich diese aufgrund veränderter Normen anders sind. Die Machtkämpfe hier produzieren den Festivalkörper. Der Kulturkosmos äußert explizit nur eine Bekleidungsregel, nämlich das Verbot von Kleidung mit neonazistischen Marken. Ungeachtet dieser scheinbar sehr lockeren Regeln, hat die Gemeinschaft bzw. haben die Gemeinschaften weitere implizite Regeln zur Exklusion von Personen mit spezifischen Körper-Inszenierungen. Die einen empfinden formelle Kleidung in Anzug, Krawatte o. ä. als unpassend, die anderen große Markenaufdrucke etc. Die Zeichenträger verweisen damit sichtbar auf ihre Gemeinschaftszugehörigkeit. Die Leser entscheiden daraufhin, ob sie die Träger inkludieren oder exkludieren wollen. Die oben genannten Beispiele verweisen auf Exklusion. Die einzelnen Besucher gehen somit aus den zahlreichen Machtkämpfen mit mehr oder minder Eigenermächtigung hervor und verkörpern mit ihrer Maskierung Inklusion und Exklusion zugleich. Je weniger die einzelne Maske den Anderen ähnelt, desto mehr wollen sich die Maskenträger ausgrenzen. Das bedeutet aber nicht, dass diese Maskenträger gänzlich vom Festival ausgeschlossen werden sollen. „Ohne die Anderen wäre es natürlich nicht so ein cooles Festival. Es gibt auch viele Freaks, mit ihren Kostümen oder was sie sich alles einfallen lassen"[471]. Die An-

---

[469] Vgl. Fleig (2000), S. 12 f.
[470] Vgl. Butler (1991), S. 199 ff.
[471] Tom im Interview 07. Juli 2009.

deren nehmen die Freaks gern wahr. „Und eine leere Tanzfläche würde natürlich auch keinen Spaß machen"[472]. Inwieweit der Einzelne gegen die Macht ankämpfen kann, lässt sich an seiner Maske ablesen. Je festivaltypischer diese erscheint, desto weniger kann das Individuum der Macht (während des Festivals) wider-stehen, desto mehr fühlt es sich der großen Gemeinschaft der Fusionisten zugehörig. Im Umkehrschluss lassen sich diejenigen Besucher, die augenscheinlich wenige Elemente einer festlichen Maskierung aufweisen, als weniger gemeinschaftlich gesinnt gegenüber allen Fusionisten bezeichnen. Hier liegt die Vermutung nahe, dass sie ihre eigene kleine Gemeinschaft von Freunden stärker fokussieren, was wiederum bedeutet, dass sie sich bewusst abgrenzen wollen. Dass die Mikrophysik der Macht auf den Einzelnen in der Festivalzeit weniger stark einwirkt als im Alltag und deshalb an den Masken eine absolute Befreiung ablesbar sei, ist aufgrund der Omnipräsenz von Macht unrealistisch.

Mittels performativer Prozesse konstituieren Menschen soziale Arrangements, in denen sie ihr Verhältnis zu sich, zu Anderen und zur Welt darstellen.[473] Die Gemeinschaft der Fusionisten (Akteure und Zuschauer) entsteht während des Festivals (Aufführung) durch gemeinsame Handlung und hört auf, sobald diese endet. Die ephemere Gemeinschaft entsteht auch durch wechselseitige Wahrnehmung von Akteuren und Zuschauern, die Energien freisetzen und zirkulieren lassen. Wahrnehmungsbedingungen (räumliche Arrangements, spezifische Art der Darstellung etc.) ermöglichen dabei eine spezifische Dynamik der Feedback-Schleife, ohne sie jedoch determinieren zu können.[474] Durch die gemeinsame Aktivität – tanzen, beobachten und reagieren – konstruieren alle an der Aufführung Beteiligten eine ephemere Gemeinschaft, die nur für den Zeitpunkt der Handlung existiert. Die Gemeinschaft der Fusionisten beeinflusst ebenso das Individuum, da die performative Wirklichkeitskonstruktion ebenso soziale Identität stiftet. Akteure und Zuschauer sind damit nicht nur Ko-Produzenten der Inszenierung, sondern auch der sozialen Identität jedes einzelnen Beteiligten, indem bestimmte Inszenierungen auf Anerkennung stoßen (Lachprinzip), andere abgelehnt (abwertender Blick) und folglich umgeformt werden.[475]

Aufführungen ermöglichen einen Schwellenzustand, da sie grundsätzlich durch die Autopoiesis der Feedback-Schleife entstehen, die nur zustande kommt, wenn die leibliche Ko-Präsenz von Akteuren und Zuschauern gegeben ist. Die Schwellenerfahrung ist beim Festivalbesuch eine ästhetische Erfahrung, die vor-

---

[472] Ders.
[473] Vgl. Wulf (2001), S. 18.
[474] Vgl. Fischer-Lichte (2004), S. 81 ff.
[475] Vgl. Bausch (2001), S. 220.

dergründig die liminale Phase fokussiert und weniger die Wiedereingliederung. Transformation ist somit eine grundlegende Kategorie des Performativen. Durch die Inszenierung und die spezifische Wahrnehmung des Zuschauers vollzieht sich eine Wiederverzauberung durch „Gefühlsansteckung". Ebenso können sich rhythmische Bewegungen (z. B. beim Tanzen) der Akteure auf die Zuschauer übertragen, diese in einen Rausch versetzen und damit eine Transformation hervorrufen.[476]

Die Tanzfläche vor der konkreten Bühne wird zur abstrakten Bühne für die Tanzenden, die sich gegenseitig als Akteure und Zuschauer beobachten. Durch die Feedback-Schleife erzeugt sich die Inszenierung der „tanzenden Feiermasse" selbst. Ähnlich wie bei Fußballspielen werden hierbei besonders starke Emotionen in Akteuren und Zuschauern geweckt. Zwischen ihnen laden sich energetische Felder auf, die sich zuweilen explosionsartig entladen.[477] Dies geschieht, wenn der DJ die Musik leiser dreht, die Bässe heraus nimmt und auf das Feedback der Zuschauer bzw. Zuhörer wartet. Diese antworten häufig mit grölen, pfeifen, schreien, zurufen. Es entsteht eine angespannte Stimmung in diesen Momenten. Die Tanzenden freuen sich, sind außer sich, die übersprudelnde Freude (Efferveszenz) bringt sie zum Lächeln und erwartungsvollem Hoffen. Mit dem einsetzenden Bass entladen sich dann explosionsartig die energetischen Felder und die Zuhörer beginnen wieder intensiv zu tanzen, wobei sie mitunter die Arme hochhalten und dem DJ so ihre Zustimmung mitteilen. Die Präsenten steigern sich gegenseitig in einen Rausch, der zuweilen in der efferveszenten Energieentladung mündet. „Techno ist eine Mitmachkultur: Entweder man stürzt sich ins Gewimmel oder man wird nicht viel Freude haben"[478]. Denn erst die autopoietische Feedback-Schleife ermöglicht die Schwellenerfahrung. Die Fusionisten werden autopoietisch transformiert.

Die „Burners" (Teilnehmer des Burning Man Festivals) werden sogar explizit dazu aufgefordert mit den Anderen zu interagieren, sodass keine „reinen" Zuschauer während des Festivals zu finden sind. Dies gipfelt in einer Vielzahl von Selbstdarstellern sowie monumentalen künstlerischen und kreativen Aufführungen.[479] Angesichts einer solchen Forderung kann kaum mehr von einer freiwilligen Teilnahme zu sprechen sein, was wiederum die oben genannte Begründung der obligatorischen Teilnahme – und damit auch die Bezeichnung als liminale (und nicht liminoide) Phase – stützt.

---

[476] Vgl. Fischer-Lichte (2004), S. 37 ff.
[477] Vgl. ebd., S. 335 ff.
[478] Rapp (2009), S. 205.
[479] Vgl. Gilmore (2008), S. 214 f.

4.2.3 Festivalgelände als performativer Raum

Die Inszenierung findet im performativen Raum statt. Er ermöglicht der Beziehung zwischen Akteuren und Zuschauern eine spezifische Wahrnehmung, Bewegungen sowie deren Organisation und Strukturierung, ohne jedoch die Art der Nutzung und Realisierung des Raumes zu bestimmen.[480] Der performative Raum ist zugleich ein atmosphärischer Raum. Die Lautlichkeit steht modellhaft für die Flüchtigkeit von Aufführungen. Klänge vermitteln Raumgefühl – unter anderem durch den im Ohr sitzenden Gleichgewichtssinn –, indem sie in den Leib eindringen und oftmals physiologische wie affektive Reaktionen verursachen. Theater (wie auch die Fusion) ist ein Schau- (theatron) und Hör-Raum (auditorium) zugleich.[481] Der Hör-Raum entsteht durch die Feedback-Schleife und durch andere Laute der Umgebung wie Wind, Regen etc. Der performative Raum wird als Hör-Raum entgrenzt, da sich dieser über den geometrischen Raum ausdehnt, indem Geräusche von außen hinein, aber auch von innen nach außen dringen.[482]

Die Feedback-Schleife vollzieht sich nicht nur, wie meist in der Literatur angenommen, zwischen DJ und Tanzenden, sondern auch und vor allem unter den Tanzenden. Nichtsdestotrotz kommt dem DJ eine wichtige Funktion zu, da er die Stimmung maßgeblich schafft, aufrechterhält oder verändert. Die Musik hat folglich entscheidenden Einfluss auf das Auditorium. Je mehr also der DJ auf Feedback reagiert, desto besser gelingt der performative Prozess des Livesets.

Das gesamte Festivalgelände als performativer Raum ist eine Bühne – für die Fusionisten, die Künstler und Veranstalter. Das Gelände weist zwar gewachsene Strukturen (Hangars aus der Zeit der militärischen Nutzung) eines heterogenen Raumes auf, ist aber nichtsdestotrotz vor allem als Enklave zu verstehen, das ähnlich wie Hotelressorts die Besucher bzw. Gäste mit klaren Grenzen von äußeren Einflüssen abschirmt und in gewisser Weise ihr Verhalten überwacht[483], durch explizite Regeln des Kulturkosmos und implizit durch das Verhalten der anderen Besucher.

Eine missglückte Aufstellung performativer Normen kann eine Veränderung von Räumen verursachen, was wiederum bedeutet, dass die Art der Bühne auch von Touristen bzw. Festivalbesuchern abhängt. Dies führt dazu, dass Räume durch performatives Handeln kontinuierlich verändert werden, da die Besucher nicht bloß die vorgegebene Raumnutzung fortschreiben, sondern sich in den Raum selbst einschreiben, ihn umschreiben.[484] Nicht nur die Räume, son-

---

[480] Fischer-Lichte (2004), S. 187 ff.
[481] Ebd., S. 209 f.
[482] Vgl. ebd., S. 187 ff.
[483] Vgl. Edensor (2000), S. 328; ders. (2001), S. 63 f.
[484] Vgl. ders. (2000), S. 333.

dern auch die Menschen im Raum sind davon betroffen, da eine performative Handlung stets eine soziale Leistung ist. Die Fusionisten produzieren somit nicht nur ihr Festival gemeinsam, sondern auch jeden Besucher. Eine große ephemere Gemeinschaft erzeugt sich selbst.

Die soziale Welt besteht nicht nur aus der Vorderbühne, wo die Aufführung stattfindet.[485] Es existiert ebenso eine Hinterbühne, welche auf dem Festivalgelände mit dem Zeltplatz gegeben ist. Fremden wird nur ungern der Zutritt zu den privaten Zeltlagern gewährt, da dies der einzige Raum ist, indem sich die Rollenspieler erholen, Erlebnisse mit Freunden kommunikativ verarbeiten, ihre Maske entfernen, eine neue anlegen (Wechsel von Kleidung, Make Up, Accessoires etc.) und sich auf ihre nächste Aufführung vorbereiten können. Auch der Drogenkonsum dient der Vorbereitung. Denn diverse Funktionen des Drogenrausches (soziale Komponente, individuelle Befreiung) erleichtern die Rollenübernahme. Die Kontrolle über die eigene Hinterbühne ist deshalb so bedeutsam, da hier die Schauspieler (Festivalbesucher) von ihrem Inszenierungsdruck entlastet werden.[486] Hier, in einem geschützten (und schützenden) Raum, fühlen sie sich sicher, da Zelte, Autos und Pavillons das Zentrum konkav umhüllen und von den Anderen abschirmen.

4.3 Festival als anderer Raum

Die Bezeichnungen wie Fusionisten oder Kulturkosmos verweisen bereits begrifflich darauf, dass das Fusion Festival Andersartigkeit für sich behauptet. In welcher Weise das Festival tatsächlich ein anderer Raum ist, wird im Folgenden analysiert. Das Festivalgelände ist ein außergewöhnlicher Ort, an dem verschiedene Räume konstituiert werden. ‚Raum' muss in den Kulturwissenschaften vom ‚Ort' unterschieden werden. Der Ort ist als Stelle oder Platz fest bestimmbar. Geografische Koordinaten machen ihn zu einem bestimmten Ort, der kein anderer Ort an genau derselben Stelle sein kann. In handlungszentrierter Perspektive wird Raum als ein Aspekt des Handelns verstanden, und nicht als ein Container, der Akteure und Handlungen beinhaltet. Der Raum kann erst durch die Nutzung eines Ortes konstituiert werden. Er existiert nicht a priori, sondern muss erst geschaffen werden. Erst das soziale Handeln konstruiert Räume. Deswegen werden diese auch durch differente Bedeutungszuschreibungen von verschiedenen Akteuren unterschiedlich konstruiert.[487]

---

[485] Vgl. Goffman (2008), S. 100 ff.
[486] Vgl. ebd., S. 104 ff.
[487] Vgl. Löw (2001), S. 198; Wöhler (2010), S. 86 ff.; Foucault (1990), S. 42; Schwarzenegger (2007), S. 145; Weichhart (2010), S. 24 ff.

Die Konstruktion von Räumen gründet zumeist auf den Prozessen des „Spacing" und der „Syntheseleistung". „Spacing" umfasst die raumsoziologische Strukturierung, die Platzierung bzw. Anordnung von Menschen, Dingen und Symbolen. „Spacing umfasst also das Errichten, Bauen, Positionieren [...]; bei beweglichen Gütern oder bei Menschen sowohl den Moment der Platzierung als auch die Bewegung zur nächsten Platzierung"[488]. Durch das Zusammenfassen der einzelnen Güter, Symbole und Menschen im Rahmen von Wahrnehmungs-, Vorstellungs- und Erinnerungsprozessen entstehen soziale, relationale Räume. Spacing ohne Syntheseleistung ist nicht möglich, da Räume erst durch Bedeutungszuschreibungen konstruiert werden. Hingegen ist Syntheseleistung ohne Spacing durchaus möglich, z. B. bei der Verknüpfung von Objekten auf dem Papier zu einem Raum. Hernach kann das Spacing folgen, muss aber nicht zwingend.[489] Das Spacing vollzieht der Kulturkosmos zunächst in der Potentialphase, indem Bühnen aufgebaut werden, Zeltplätze und Sanitäranlagen geschaffen und sämtliche Gegenstände mit zahlreichen Dekorationselementen ausgeschmückt werden. Zusätzlich führen die Fusionbesucher in der Prozessphase das Spacing fort. Hierbei werden nicht nur auf dem Campingplatz Zelte und Pavillons aufgebaut, sondern auch auf dem Bühnengelände zahlreiche Dekorationen hinterlassen. Syntheseleistungen vollziehen sich bereits beim Platzieren der Gegenstände wie auch ihrer eigenen Körper im Raum.

Die im Raum vollzogenen Handlungen können als Objektivierung und Subjektivierung untergliedert werden. Menschen passen sich zunächst an die Wirklichkeit an (Objektivierung) und gestalten dann den Raum nach eigenen Vorstellungen (symbolisch) um und messen diesem Wertungen bei, wodurch sie sich selbst an den Raum binden (Subjektivierung). Räume sind keine passiven Resultate menschlichen Handelns, sondern verkörpern die Dynamik der Gesellschaft (bzw. spezifischer: Gemeinschaft), indem sie auf soziale, ökonomische, politische und kulturelle Prozesse Einfluss nehmen.[490] Die Objektivierung wird vor allem bei den Erstbesuchern deutlich, die anfangs Zeit brauchen, um sich an die Wirklichkeit des Festivals zu gewöhnen. Nach einer gewissen Eingewöhnungsphase gestalten auch sie den Raum nach eigenen Vorstellungen symbolisch und auch konkret um.

Der geschichtlich gewachsene Ort dient lediglich als Bühne, auf der durch die „Verknüpfung von Sinn und Materie"[491], sprich durch soziales Handeln, Raum konstituiert wird. Ähnlich wie Tourismusräume, so wurde auch der ehemalige

---

[488] Löw (2001), S. 158 f.
[489] Vgl. ebd., S. 64 ff.; Wöhler (2008), S. 69.
[490] Vgl. Boesch (1980), S. 12; Wöhler (2011), S. 21 ff.
[491] Weichhart (2008).

russische Militärflugplatz entkernt, aus seinem ursprünglichen Zusammenhang herausgerissen und mit neuer Bedeutung – der des Fusion Festivals und anderer musikalischer Events – gefüllt. In der Potentialphase stellt der Kulturkosmos die entsprechende Infrastruktur bereit und schafft zugleich eine Kulisse, die die Festivalbesucher einlädt diese zu nutzen und ihr Sinn beizumessen. Durch die gemeinsame Raumaneignung stiftet das Festivalgelände – der Festivalraum – allen Beteiligten Identität.[492] Der Raum „Fusion Festivalgelände" vereint die Besucher, indem er eine Kategorie zur Inklusion (der Fusionisten) und Exklusion (der Nicht-Fusionisten) bietet.[493] Dieser gemeinsam konstruierte Raum verbindet somit Anbieter und Anfrager, egal wie unterschiedlich diese sein mögen.

Ähnlich wie Tourismusdestinationen wird der ehemalige Militärflugplatz erst zu einem Festivalgelände, wenn die Dienstleistung in der Prozessphase (Integration des externen Faktors Festivalbesucher) produziert, sprich das Angebot genutzt wird. Performative Prozesse machen erst den geschichtlich gewachsenen Ort (Militärflugplatz) zum Gelände des Fusion Festivals, indem sich hierbei die Besucher, z. B. durch Verknüpfung der Hangars mit ausgelassenem Tanzen, einschreiben.[494]

Wie bereits in Kapitel 2.2.2.1 erläutert, bieten die Begriffe ‚Macht' und ‚Widerstand' bei genauer Betrachtung kontroverses Potential, da ‚Widerstand' ebenso eine Variante von ‚Macht' ist.[495] Indem Foucault den Begriff ‚Widerstand' verwendet, verwässert er den Begriff der ‚Macht', da diese schließlich omnipräsent ist. Nichtsdestotrotz kann die Verwendung des Begriffes ‚Widerstand' zusätzlich hervorheben, dass Popularkultur sich nicht unterordnet. Vielmehr noch existiert weder ein klar definierbares „Oben", noch „Unten" in der Kultur. Im Folgenden wird deshalb weiterhin der Begriff ‚Widerstand' verwendet, um auf die permanenten Machtkämpfe hinzuweisen.

Utopien bezeichnen Räume, die ohne realen Ort existieren. Sie stellen entweder ein idealisiertes Abbild der Gesellschaft dar oder deren Gegenbild. Utopien sind stets irreale Räume.[496] Sie können vielgestaltig sein und kompensatorische Funktionen aufweisen z. B. als Tagträume, Fantasien oder Kritik an Lebensbedingungen.[497] Foucault definiert Utopien als ortlos, da aber aufgrund der Fleischlichkeit des Körpers, aus dem die Ideen und Träume entstammen, dieser immer an einen Ort gebunden bleibt, kann der Ort nie ganz verlassen werden. Jedoch kann die Fleischlichkeit bis zu einem gewissen Punkt ausgereizt werden, an dem Menschen

---

[492] Vgl. Wöhler (2011), S. 21 ff.; Sonnenberg (2005), S. 168.
[493] Vgl. Tuan (1998), S. 94 ff.
[494] Vgl. Saretzki (2008); Bidlo (2008); Crouch (2003), S. 8 ff.
[495] Vgl. Rao (2008), S. 232.
[496] Vgl. Foucault (2006), S. 320.
[497] Vgl. Johnson (2006), S. 82.

andere Welten erspüren, sprich einverleiben. Ein Expansionsgefühl ermöglichen beispielsweise Tanz oder Rausch.[498]

Heterotopien hingegen sind real, da sie verwirklichte Utopien sind. Heterotopie stammt aus dem Griechischen und setzt sich zusammen aus heteros ‚ein anderer' und topos ‚Ort'. Das Fusion Festival als „anderer Raum", in der der Ferienkommunismus durch die Fusionisten zelebriert wird, ist eine realisierte Fantasie, eine Gegenwelt. Die Idee der Fusion (im Sinne von Verschmelzung) von Menschen verschiedener Kulturen und Nationen wird real: „So verschieden wie die Menschen, die sich hier zusammenfinden, ist das, was sie hier suchen und erleben. Was sie vereint, ist die Freiheit, sein zu können wie sie sein wollen: zwanglos und unkontrolliert"[499]. Diese gelebte Vorstellung ist eine eskapistische Handlung.[500] Die Utopie einer besseren Gesellschaft wird realisiert. Sie wird zur Heterotopie. Heterotopien stellen Gegenorte dar, in denen Kultur zwar repräsentiert wird, aber kritisiert oder ins Gegenteil verkehrt wird. Dadurch können sie neue oder veränderte Bedeutungszuschreibungen hervorbringen und Identität stiften. Andere Räume sind Orte, an denen die Gesellschaft mit Abweichungen oder Krisen umgehen kann, indem diese in einem marginalisierten Raum bewältigt werden. Heterotopien als Gegenorte schaffen Illusionen oder Kompensationen, die der Wirklichkeit etwas entgegen setzen, sie entwerten oder anzweifeln. In den „anderen Räumen" sind alltägliche Funktionen des sozialen Raumes außer Kraft gesetzt.[501]

In Abweichungsheterotopien werden Menschen untergebracht, deren Verhalten von der Norm abweicht. Jede Heterotopie hat innerhalb der jeweiligen Gesellschaft eine ganz spezifische Funktion. Das Fusion Festival ist demnach eine Abweichungsheterotopie. Denn hier können sich die Fusionisten abweichend von den alltäglichen Normen verhalten.

Heterotopien erlangen ihre vollständige Funktionalität, wenn sie in Verbindung mit Heterochronien stehen. Denn hier haben Menschen einen absoluten Bruch mit der traditionellen Zeit vollzogen. Heterochronien stellen Museen und Bibliotheken dar, in denen Zeit gesammelt wird. Hier wird ein allgemeines Archiv aufgebaut, das alle Zeiten, Formen und Geschmacksrichtungen an einem Ort einschließt, der Zeit akkumuliert, selbst jedoch außerhalb der Zeit steht. Feste (wie das Fusion Festival) sind als Heterotopien nicht auf die Ewigkeit, sondern auf das Zeitliche ausgerichtet. Ihr Bruch mit der traditionellen Zeit drückt sich im Unterbrechen des Alltags aus. Sie sind zeitweilige Heterotopien, die zwei For-

---

[498] Vgl. Warning (2009), S. 40f.
[499] Vgl. Kulturkosmos (2009 g).
[500] Vgl. Tuan (1998), S. 148ff.
[501] Vgl. Rao (2008), S. 229.

men miteinander verbinden: Als Feste stellen sie Gegenorte der Gesellschaft dar, da sie zuweilen kritisieren oder invertieren. Sie heben einerseits die Zeit durch die Unterbrechung des Alltags auf. Andererseits nehmen sie die Zeit wieder auf, indem sich die feiernden Menschen auf die Quelle des Lebens, die unmittelbare Befriedigung ihrer Triebe, konzentrieren.[502]

Ein System der Öffnung und Isolation geht den Heterotopien voraus. Denn entweder man wird zum Eintritt gezwungen oder man muss Initiations- und Reinigungsrituale absolvieren. Ohne Erlaubnis wird jedenfalls kein Zutritt gewährt. Die rituelle Reinigung vor dem Betreten des (relativ) abgeschlossenen Festivalgeländes erfolgt, indem der Alltag abgelegt wird (Degradierung). Das Festival kann ähnlich wie manche Heterotopien, die ausschließlich der Reinigung (wie z. B. die skandinavische Sauna) dienen, betrachtet werden. Denn die Teilnehmer wollen sich vom Alltag geistig reinigen, zeitweilig fliehen.[503]

Heterotopien bewegen sich in einem Kontinuum, das durch zwei Extrema gekennzeichnet ist, die entweder eine Illusion oder eine Kompensation zum ganz realen Raum schaffen. Bei der Kreation eines illusorischen Raumes entlarvt die Heterotopie den ganzen realen Raum und alle realen Orte als eine noch größere Illusion. Als kompensatorische Funktion dient der andere Raum, um diejenigen Aktivitäten und Rollen auszuleben, die im ganz realen Raum nicht ausgelebt werden können bzw. dürfen. Die Heterotopie Fusion Festival ermöglicht beide Formen. Ob jedoch Illusion oder Kompensation überwiegt, hängt von jedem einzelnen Besucher ab.[504]

Heterotopien entstehen nicht aus sich selbst heraus, sondern nur aus der Tatsache, dass sie „andere Räume" darstellen.[505] Das Normale ist nicht denkbar ohne das Abnormale und vice versa. Dementsprechend sind Heterotopien nicht ohne Homotopien möglich, da sie diese invertieren. Einerseits exkludieren sie selbst, andererseits provozieren sie die ausgrenzende Macht. Da Kultur Heterotopien hervorbringt und Kultur selbst dynamisch ist, sind auch Heterotopien stetem Wandel unterworfen. Sie können zu Homotopien werden wie auch diese zu Heterotopien werden können.[506] Aus diesem Grund kann aus Heterotopien ebenso widerständisches Potential erwachsen, da sie als andere Räume einerseits eine Loslösung von kulturellen Räumen vollzogen haben, andererseits aber stets eine Verbindung zu allen Räumen besteht. Die normalerweise geltenden Normen sind in Heterotopien verändert. Aufgrund der Omnipräsenz von Macht bieten Festivals keine Befreiung aus den Machtkämpfen, aber ein innovatives Potential, da hier

---

[502] Vgl. Foucault (2006), S. 317 ff.
[503] Vgl. ebd.
[504] Vgl. Foucault (2006), S. 317 ff.
[505] Vgl. Hetherington (1997), S. 43.
[506] Vgl. Warning (2009), S. 14.

politische und sozioökonomische Kontrollen gelockert wurden/werden. Bachtins utopisches Konzept des Karnevalesken beispielsweise weist Parallelen zu Foucaults Heterotopien auf. Allerdings kann auch der Karneval nicht als absolute Gegenwelt zum Alltag betrachtet werden, vielmehr als heterogene Ansammlung von Menschen, die Oppositionen in komplexer Weise miteinander vermischen. Eine reine Heterotopie existiert nicht, lediglich Mischformen sind möglich.[507]

Die Festivalbesucher suchen bewusst den Ort des Festivalgeländes auf. Aufgrund der Andersartigkeit des Festivals (im Vergleich zum Alltag) steht diese Abweichungsheterotopie der Ordnung gegenüber. Durch die andersartige Ordnung werden die Besucher in der Festivalzeit autopoietisch transformiert. Dadurch zeigt sich, dass nicht der Ort (das Gelände) entscheidend für die Existenz einer Heterotopie ist, sondern die marginale soziale Praxis, die den anderen Raum konstituiert.[508] Ähnlich marginal stellt sich die soziale Praxis auf dem Burning Man Festival dar, bei dem ebenso ca. 3.000 Freiwillige an der Durchführung beteiligt sind. Außerdem weist das Festival einen „Antikommodifizierungs-Ethos" vor, weswegen die Organisatoren kein Sponsoring zur Finanzierung nutzen wollen. Aufgrund dessen sind jedoch die Ticketpreise um ein Vielfaches höher als beim Fusion Festival, was einen Exklusivitätscharakter bedeutet. Im Gegensatz rekurriert das Burning Man nicht auf einen abgewandelten Kommunismus, sondern auf eine „Geschenk-Ökonomie". Die Teilnehmer sollen sich sämtliche Speisen, Getränke und sonstige Dinge selbst mitbringen und dann untereinander tauschen. Anders ist das „Leben" in Black Rock City auch kaum möglich, da das zentrale Café die einzige Stelle ist, die gegen Entgelt Kaffee, Tee und Eis verkauft. Ansonsten kann man auf dem gesamten Gelände – d. h. ein ausgetrocknetes Flussbett bekannt als „der Strand" – Nichts gegen Geld kaufen. Ebendiese soziale Praxis konstituiert die Heterotopie „Burning Man Festival" in Abgrenzung zum Alltag, der von manchen Besuchern auch als „falsches Leben" bezeichnet wird.[509]

Die Festivalbesucher sind meist zufrieden mit ihrem Alltag. Sie wollen nicht gänzlich aus ihrem Leben fliehen. Jedoch benötigen sie die temporäre Flucht in andere Räume. Die karnevaleske Unordnung befreit einerseits und bestärkt die Ordnung andererseits, da der Ausnahmezustand markiert und damit die Regelhaftigkeit betont wird.[510] Wie bereits beschrieben, könnten aus abweichendem Verhalten im Alltag Sanktionen für den Einzelnen folgen. Aus diesem Grund finden sie sich bewusst in diesen anderen Räumen zusammen, um hier den Marginalitäten Ausdruck zu verleihen. Durch ihre Marginalität geben Heterotopien

---

[507] Vgl. Johnson (2006), S. 81 ff.
[508] Vgl. Hetherington (1997), S. 38 ff.
[509] Vgl. Gilmore (2008), S. 214 ff.
[510] Vgl. Rao (2008), S. 230.

ebenso Auskunft über eine Gesellschaft, deren Werte und Bedeutungszuschreibungen. Außerdem wird in Heterotopien deutlich, was die Gesellschaft nicht akzeptiert und deshalb in andere Räume gewissermaßen auslagert.[511] Das Fusion Festival verdeutlicht damit, dass unproduktiver, exzessiver Spaß im Alltag nicht erwünscht ist.

Auf dem bzw. während des Festivals reproduzieren die Besucher einen Teil ihrer Patchwork-Identität, indem sie eine Transformation (Liminalität) erleben, für die sie sich in die Heterotopie begeben. Die Formulierung während bzw. auf der Fusion weist darauf hin, dass das Festival nicht ohne Raum existieren kann. Die Festivalzeit beschränkt sich auf das Gelände. Der Raum hat hier besonders große Bedeutung für die popularkulturelle Praxis, da hier der zeitweilige Ausbruch korporalisiert wird. Was jeder Einzelne dabei konkret sucht und wie er es findet, ist für die liminale Phase irrelevant. Entscheidend ist, dass die Fusion für alle Besucher ein bedeutendes Symbol der Marginalität darstellt. Die heterotope Gemeinschaft ist außergewöhnlich und ephemer, da sie ausschließlich in der Heterotopie konstituiert wird und nicht die Ähnlichkeit von Menschen, sondern deren ähnliche Handlungen vordergründig sind. Die alternative Sozialität wird performativ geschaffen.[512] Dem Körper als „grand acteur hétérotopique" kommt demnach eine entscheidende Bedeutung zu.[513]

Das Gelände kann nicht als eine homogene Heterotopie betrachtet werden, da schließlich Raumkonstruktion eine soziale Handlung ist und damit stets dynamisch. Die Fusion ist Ausdruck des Machtkampfes zwischen dominanter Kultur und Popularkultur. Die Fusionisten ermächtigen sich mittels subversiver Lesarten des Geländes, welches ursprünglich ein russischer Militärflugplatz war. Das Gelände – vor dem Fusion Festival ein Symbol für Besatzungsmacht und Kontrolle – steht heute bei den Festivalteilnehmern für Freiheit, Freude und friedliches Beisammensein von Menschen mit unterschiedlicher kultureller und nationaler Herkunft. Durch die Nutzung haben sich der Kulturkosmos und die Teilnehmer in den Raum eingeschrieben und Popularkultur produziert.

Die Heterogenität des Festivalgeländes lässt sich an mehreren „Inseln" erkennen, d. h. Räume mit verschiedener Nutzung: Die Oase z. B., ein Bereich auf dem Zeltplatz, bietet Möglichkeiten zum Essen, Trinken, Waschen und Toiletten (mit und ohne Wasser) sowie ein kleines musikalisches Rahmenprogramm. Inmitten der vermeintlichen „Wüste" aus Zelten bietet diese Oase einen öffentlichen Raum in der eigentlichen Privatsphäre des Zeltplatzes, um sich außerdem wieder etwas mehr von der Natur zu entfernen und der Kultur anzunähern. Der Schmutz

---

[511] Vgl. Hetherington (1997), S. 49 ff.
[512] Vgl. ebd., S. 40.
[513] Vgl. Warning (2009), S. 40 f.

des Geländes sowie die Körpergerüche (Natur) werden symbolisch abgewaschen, denn die wenigsten Teilnehmer nehmen die meist mehrstündige Wartezeit in Kauf, um sich täglich zu duschen. Das regelmäßige Zähneputzen betonen die Befragten dennoch als wichtigen Teil ihrer täglichen Routine. Einerseits wird die Natur niemals völlig zugelassen. Andererseits ist Schmutz ein Grenzzustand zwischen Natur und Kultur. Natur und Kultur gehen folglich in der Oase ineinander über. Schmutz synekdochisch für Unordnung und Anomalie stellt eine Bedrohung der Macht dar[514], die auf dem Festival bewusst ausgelebt werden. Der groteske Leib verdeutlicht dies immer wieder. Während im Alltag Schmutz als inakzeptabel gilt, gehört er zum Festival ganz selbstverständlich dazu. Vielmehr noch gilt das alltägliche Hygienebedürfnis als unpassend. Diejenigen, „die sehr auf ihr Äußeres achten, nicht gern in Zelten schlafen, zweimal am Tag duschen müssen"[515], gehören nicht auf das Festival. Die marginalen Identitäten werden folglich auch mit dem marginalen Körper reproduziert. Dieser wird genutzt, um die Andersartigkeit korporal darzustellen. Transgression, Rausch und Überschreitung von diversen Tabus werden am Körper konkret.[516] Dieser Schmutz (und die dahinter stehende Unordnung) wird jedoch nur für die Festivalzeit akzeptiert. Alle Interviewpartner betonten, dass sie nach dem Festival als erstes gründlich duschen, sprich die Ordnung wiederherstellen.

Heterotopien sind keine Räume absoluter Freiheit oder absoluter Kontrolle. Sie befinden sich vielmehr in einem Kontinuum. Denn Freiheit kann nicht ohne Kontrolle existieren und vice versa.[517] Deshalb finden auf dem Gelände ebenso zahlreiche Machtkämpfe zwischen Kulturkosmos und Fusionisten und zwischen den Fusionisten statt. Spuren der intensiv gelebten Karnevalsfreiheit sowie Machtkämpfen zwischen Veranstalter und Teilnehmer werden im Raum auch konkret sichtbar. Trotz aller Individuierungen produzieren die Festivalteilnehmer ihren eigenen Raum, z. B. indem sie ihre eigene Campingdusche einrichten oder sich sogar eine eigene Toilette bauen, was der Veranstalter nicht vorgesehen hatte. Insbesondere die langjährigen Wiederholer, die auch am längsten auf dem Festival bleiben (fünf bis sieben Tage), wollen damit das Draußen dem Drinnen immer ähnlicher machen.[518] Sie richten sich häuslich ein, indem sie Gemeinschaftsbereiche sorgsam aufbauen und mit zahlreichen Lichtern, Tüchern, Fahnen, Sofas und Couchtischen ausschmücken, um im eigenen Lager bequemer und auch länger verweilen zu können. Sie nutzen die Liberalität des Festivals aus, um sich ihren eigenen Raum zu schaffen. Die Entsorgungskosten für zurückgelassene Sofas,

---

[514] Vgl. Fiske (2000), S. 64 ff.
[515] Sabine im Interview 07. Juli 2009.
[516] Vgl. Hetherington (1996), S. 44 ff.
[517] Vgl. ebd. (1997), S. 53.
[518] Vgl. Fiske (2000), S. 59.

Pavillonzelte oder Grillausrüstung muss der Kulturkosmos tragen, was wiederum typisch für Handlungen der faire de la perruque ist.[519] Zusätzlich kämpfen die friedlichen Fusionisten untereinander um Macht. Sie markieren z.B. ihr Zeltlager durch Flaggen, was neben der besseren Sichtbarkeit und Orientierung aus der Ferne auch eine Abgrenzung zu Anderen ermöglicht.[520] Das Festival wird erst am Donnerstagabend offiziell eröffnet. Am Mittwoch werden noch zahlreiche Bauarbeiten und Tontests durchgeführt. Kein Künstler tritt an diesem Tag auf. Nichtsdestotrotz reisen immer mehr Menschen bereits am Mittwoch an, um den temporären Ausbruch aus der Alltäglichkeit so lang wie möglich zu erleben. Um sich einen besonders guten Platz zu sichern, warten Einige sogar mehrere Stunden am Mittwoch vor der Öffnung des Geländes. Sie wollen in Ruhe „ankommen", d.h. sich auf die außergewöhnlichen Normen einstellen (Objektivierung) und sich korrekt verhalten. Insbesondere die Vorbereitung gewinnt hierdurch an Bedeutung. Wenn Toleranz und Rücksichtnahme die Mindestanforderungen darstellen, dann können die Teilnehmer sich bereits im Vorfeld ihren Rang als akzeptiertes Mitglied erarbeiten, indem sie sich über die Ge- und Verbote informieren und diese internalisieren. Um an der Realisierung des kollektiven Ausnahmezustands mitzuwirken und entsprechend dafür belohnt zu werden, bereiten sich Viele intensiv auf das Festival vor, um auch die geforderte Transgression erfüllen zu können. Der Ferienkommunismus, d.h. Spaß und Gleichheit, wird zur Handlungsmaxime erhoben. Die Teilnehmer üben soziale Macht über alle anderen Teilnehmer aus. Dieses Machtgeflecht, jene Mikrophysik des Festivals, ruft wiederum eine erhöhte Selbstkontrolle anhand der Gesetze des Fusion Festivals hervor. Das Machtgeflecht weist dadurch nicht nur vertikale (Kulturkosmos versus Fusionisten), sondern auch horizontale Beziehungen auf (Fusionisten untereinander).

4.4 „Großangriff auf sämtliche Sinne"[521]

Welche Bedeutung den sinnlichen Eindrücken des Fusion Festivals für die Vergemeinschaftung zukommt, wird im Folgenden analysiert. Wie das Festival auf den einzelnen und auf alle Besucher sinnlich wirkt, soll dabei ebenso untersucht werden, wie die Bedeutung von Musik für die soziale Praxis und insbesondere die des DJs.

---

[519] Vgl. Kulturkosmos (2009 j).
[520] Vgl. Fiske (2001), S. 224 f.
[521] Zitat über die MayDay im Jahr 1994, Europas größte Techno-House-Party, in der Dortmunder Westfalen-Halle. Cossart (1996), S. 33.

Die Bezeichnung Großangriff deutet auf eine invasive Wirkung des Festivals hin. Die Besucher können dem Kampf nicht ausweichen. Entweder sie kämpfen gegen die sinnlichen Eindrücke an oder sie lassen die Wirkung auf die Sinne zu. So wie das gesamte Festival als Rausch erlebt wird (vgl. Kap. 3.2.2), kann es ebenso aufgrund der sinnlichen Rezeption als ein einziges Festmahl bezeichnet werden. „Techno [an sich] ist wie eine Droge – man kann nicht davon lassen"[522]. Der Erlebnishunger der Fusionisten wird deshalb nicht allein durch Drogen gestillt, sondern auch durch zahlreiche sinnliche Eindrücke. Denn die sinnliche Wirkung erwächst neben den bereits beschriebenen Funktionen des Drogenrausches auch aus anderen Aspekten des Festivals. „Auf der Fusion gibt es Musik, Kino, so Vieles, das den gesamten Sinneshaushalt anspricht. Und das geht tagelang"[523]. Die Fusion ist kein bloßes Musikfestival, vielmehr ein Fest der Sinne, welches sich nicht mit wenigen Worten beschreiben lässt. Es resultiert vielmehr aus den sinnlichen Erlebnissen, wodurch die Fusionisten das Festival mit allen Sinnen in sich aufnehmen. „Im kollektiven Ausnahmezustand entfaltet sich an einem Ort ohne Zeit ein Karneval der Sinne"[524].

4.4.1 Neue Phänomenologie

Unter Berücksichtigung der neuen Phänomenologie oder auch Leibphilosophie von Schmitz lässt sich das Phänomen Fusion Festival sinnlich erklären, da hierbei die Wahrnehmung des leiblich-sinnlich Gegebenen (Phänomen) fokussiert wird[525], sprich die unmittelbare Lebenserfahrung (Empirie) ohne „Verkünstelung des Denkens und Wollens".[526] Der Leib eines Menschen ist das, „was er in der Gegend seines Körpers von sich spüren kann, ohne sich auf das Zeugnis der fünf Sinne […] und des perzeptiven Körperschemas (d.h. des aus Erfahrungen des Sehens und Tastens abgeleiteten habituellen Vorstellungsgebildes vom eigenen Körper) zu stützen"[527]. Leibliche Regungen stellen z.B. Hunger oder Atmung dar. „[Der Leib] ist unteilbar flächenlos ausgedehnt als prädimensionales (d.h. nicht bezifferbar dimensioniertes, z.B. nicht dreidimensionales) Volumen, das in Engung und Weitung Dynamik besitzt"[528]. Die Zustände der privativen Engung (z.B. Schreck) oder Weitung (z.B. Erleichterung) sind die einzigen, bei denen nur

---

[522] Ebd., S. 25.
[523] Hans im Interview 10. Juli 2009.
[524] Kulturkosmos (2009 g).
[525] Vgl. Schmitz (2007), S. 15.
[526] Ebd., S. 11.
[527] Ebd., S. 16.
[528] Ebd.

Engung bzw. Weitung auftritt, ohne den jeweiligen Antagonismus.[529] Schmitz' Trennung von Körper und Leib ist kritisch, da sich der Körper klar abgrenze, der Leib hingegen sich diffus ohne feste Grenzen ausdehne. Jedoch kann die atmende Haut keineswegs als absolute Grenze gegen die Umgebung verstanden werden.[530]
Laut der Phänomenologie wird die Existenz des Menschen bedingt durch die Wahrnehmung, die Leiblichkeit und die Räumlichkeit. Solange nicht der ‚Raum' als ‚Ort' mit geografischen Koordinaten fest bestimmbar ist, schlägt Günzel die Bezeichnung ‚Räumlichkeit' vor.[531] Unter Berücksichtigung der sinnlichen Aspekte lassen sich auf der Fusion die vier Schmitzschen Raumarten erkennen. Das Festivalgelände stellt den Ortsraum dar, der durch gegenseitiges Verhältnis von Lage und Abstand der Gegenstände im Raum definiert wird. Diese Raumart entsteht durch reale Flächen.[532] Der Ortsraum beinhaltet die tangiblen Faktoren, die in der Potenzialphase von der Fusioncrew bereitgestellt werden. „Der ‚natürliche Weltboden' ist [laut Husserl] Bedingung der Möglichkeit leiblicher Wahrnehmung von Raum oder des räumlichen Erlebens"[533]. Der Mensch wird demnach immer einen ‚Boden' als Grundlage seines Handlungsraumes erfahren. Die erfahrbare Räumlichkeit wird in dem Wechselspiel von Leiblichkeit und Boden konstruiert.[534] Der Ortsraum stellt folglich die Folie dar, auf der alle anderen Raumarten bzw. Räumlichkeiten aufgetragen werden. Der Ortsraum ist der einzige ‚Raum' im Sinne Günzels. Alle weiteren Schmitzschen Raumarten stellen ‚Räumlichkeiten' dar.

4.4.2 Gemeinschaft durch Einleibung

Der leibliche Raum wird „ganz von den Strukturen der leiblichen Dynamik und leiblichen Kommunikation bestimmt [...] [und ist] der elementare, ursprüngliche Raum, ohne den es keinen Zugang zu erfahrbarer Räumlichkeit in irgendeinem Sinn gibt"[535]. Die leibliche Dynamik im leiblichen Raum wird durch Enge und Weite bestimmt. „Die tiefste Schicht des leiblichen Raumes, auf die alle anderen Raumstrukturen aufgetragen werden, ist demgemäß der Weiteraum, in dem sich aus ungegliederter Weite der absolute Ort des Leibes – oder absolute Orte – ohne Vermittlung abhebt bzw. abheben"[536]. Durch das Spüren am eigenen Leib (sehen,

---

[529] Vgl. ebd., S. 20.
[530] Vgl. Soentgen (1998), S. 60.
[531] Vgl. Günzel (2006), S. 105.
[532] Vgl. Schmitz (2007), S. 64 ff.
[533] Vgl. Günzel (2006), S. 110.
[534] Vgl. Husserl (1936) in Günzel (2006), S. 110 f.
[535] Schmitz (2007), S. 47.
[536] Ebd., S. 47 f.

hören, riechen und tasten) lässt sich der Weiteraum erfahren. Zwischen Enge und Weite vermittelt die leibliche Richtung, die – wie beim Blick aus dem Körper in die Umgebung – stets von der Enge in die Weite führt. Dieser leibliche Richtungsraum überformt den Weiteraum.[537] Wahrnehmung erfolgt nicht nur durch das Spüren am eigenen Leib, sondern auch durch Brückenqualitäten sowie synästhetische Charaktere, wie Körperhaltung oder stechender Blick. Aufgrund der Lautstärke im direkten Umfeld einer Bühne wie auch der seltenen Tiefgründigkeit der Gespräche hilft insbesondere diese leibliche Kommunikation bei der Wahrnehmung der Anderen. Die Fusionisten wurden von den Interviewpartnern als freundlich, fröhlich, tolerant, interessant und hübsch beschrieben. Diese Bezeichnung stützt sich fast ausschließlich auf die leibliche und selten auf die verbale Kommunikation. Bei der Einleibung, einer besonderen Form der leiblichen Kommunikation, verbindet sich der eigene Leib mit einer anderen Sache, die nicht zwingend leiblich oder lebendig ist, sodass „sich ein übergreifendes Ganzes mit der Struktur der leiblichen Dynamik [...] mehr oder weniger flüchtig bildet und wieder löst"[538].

Der Ortsraum des Festivals bietet zahlreiche Möglichkeiten zur Einleibung durch Sehen, wodurch der leibliche Raum konstruiert wird.[539] Vor allem die Vielfalt und Vielfarbigkeit an verschiedenen Kunstgegenständen, Lichtinstallationen und Lasershows entlang des wenig strukturierten Wegesystems auf dem Bühnengelände laden zum längeren Verweilen und zur Zerstreuung ein. Die Fusion als „futuristisches Gesamtkunstwerk und Erlebnisenklave"[540] bietet eine kaum steigerungsfähige Außeralltäglichkeitserfahrung, indem die Sinne derart stimuliert werden, sodass die physische und psychische Grenzerfahrung rauschartige Glücksgefühle verursacht.[541]

Dank der permanenten Musik kann zusätzlich die akustische Einleibung[542] stattfinden, indem Takt und Melodie bestimmte Bewegungen suggerieren, wie z.B. hektische oder gleitende. Beim Techno lässt sich kein Paartanz, sondern ein fast berührungsfreier Tanz mit allen beobachten, bei der eine Verschmelzung, ein Aufgehen im kollektiven Tanzkörper der Masse stattfindet.[543] Durch ähnliche Bewegungen verschmolzen die Interviewpartner zuweilen mit den anderen Tanzenden. Wenngleich die Einleibung nicht generell erfahren wurde, so spürten sie dennoch den vitalen Antrieb. „Beim Tanzen hat man die Situation, dass sich einfach nur alle angrinsen und sagen: ‚Ja, es ist toll!' Und anstoßen oder

---

[537] Vgl. Schmitz (2007), S. 47 ff.
[538] Ebd., S. 43.
[539] Vgl. ebd., S. 54 ff.
[540] Vogelgesang (2001), S. 272 f.
[541] Vgl. ebd., S. 273 ff.
[542] Vgl. Schmitz (2007), S. 34.
[543] Vgl. Ferchhoff (2007), S. 213; Korte (2007), S. 263.

einfach nur außer sich sind"[544]. Die Einleibung als Quelle des vitalen Antriebs wird beim Tanzen besonders deutlich. Die monotone Bewegung zu scheinbar endlosen Tracks ruft einen Rausch hervor, der auch völlig ohne Drogen erfahrbar wird. Pausen wie bei Rockmusik existieren nicht mehr.[545] Stattdessen kleidet ein Klangteppich (eine Klangfläche)[546] den Raum aus, auf dem die „Technoiden"[547] davon schweben. „Das Zusammenspiel von Lautstärke und Klangfarbe wirkt dabei physiologisch erregungssteigernd auf den Organismus und erzeugt eine erhöhte Adrenalinausschüttung, die Rausch und Trancezustände hervorruft"[548]. Diese Tanzkultur ähnelt archaischen Ritualen. Beim Tanz zum Bass des Techno wie auch zu Trommelmusik werden Ekstase und Trance erfahrbar, die zusätzlich noch durch Drogen-Rituale verstärkt werden. Ekstatische Schreie oder andere Laute sind bei archaischen wie auch technoiden Effervoszenzen häufig zu beobachten.[549]

Das gesamte Festival birgt zahlreiche Möglichkeiten für ein Flow-Erlebnis. Insbesondere beim Tanzen stellt sich dies ein, wenn die Besucher durch die Handlungsgegebenheiten (Sinneseindrücke) und -anforderungen (Gesetze des Festivals) weder unter-, noch überfordert werden. Im Flow wird der eigene Körper sowie die Situiertheit im „Jetzt" fokussiert. Flow zu Deutsch ‚fließen, strömen' ähnelt der Effervoszenz, beschreibt jedoch vielmehr einen Zustand des Einklanges von Anforderungen (extrinsisch) und Fähigkeiten (intrinsisch).[550] Das bedeutet, wenn der Fusionist den Anforderungen der Festivalsituation gerecht werden kann, wird er den Flow-Zustand erreichen. Besonders, wenn die Fusionisten im Tanzen völlig aufgehen, empfinden sie den Flow. „Ich bin schon gern in der Menge beim Abgehen. Und ich werde dann noch mal von den vielen Anderen gepushed"[551]. Effervoszenz geht über den Flow hinaus, da hierbei ein regelrechtes Übersprudeln der Gefühle stattfindet, kein fließender Einklang (vgl. Abb. 5).

Nicht nur durch das Tanzen, sondern auch durch gemeinsames Musizieren haben die Fusionisten zahlreiche Situationen der akustischen Einleibung gespürt. Nachdem z. B. am Sonntagabend die Musik an der Bühne „Tanzwiese" ausgeschaltet wurde, nutzten ca. 200 Fusionisten spontan die Dekoration bestehend aus großen beleuchteten Wassertanks, um gemeinsam eine halbe Stunde darauf zu trommeln und begleitend zu singen. Sie bildeten damit eine Stimmungsglocke

---

[544] Albert im Interview 25. Juni 2009.
[545] Vgl. Seifert (2004), S. 267.
[546] Vgl. Lothwesen (1999), S. 71; Volkwein (2003), S. 188.
[547] Gebhardt (2001). Die Fusionisten bzw. Technofans bezeichnen sich selbst niemals als Technoide.
[548] Seifert (2004), S. 267.
[549] Vgl. Seifert (2004), S. 262 f.; Cossart (1996), S. 45 f., 153.
[550] Csikszentmihalyi (2000), S. 75 ff.
[551] Hans im Interview 10. Juni 2009.

über alle Musizierenden. Die taktile Einleibung beschreibt die Wahrnehmung der Gestalt eines Körpers bis hin zu dessen Durchdringung.[552]

Abbildung 5   Modell des Flow-Zustandes (Csikszentmihalyi 2000, S. 75).

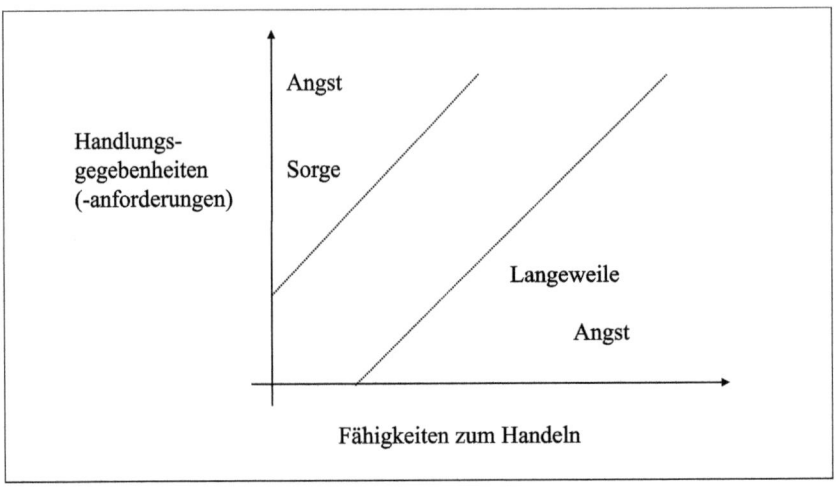

Mit einer Lautstärke von bis zu 120 Dezibel und einer Frequenz von unter 800 Hertz zeichnet Technomusik nicht nur Bewegungssuggestionen vor, sondern konstituiert gleichfalls einen Klang-Raum, der die Umwelt vergessen lässt. Die Tänzer bewegen sich nicht zur, vielmehr noch in der Musik.[553] Die Bedeutung dieses Erlebnisses verdeutlicht die Enttäuschung zahlreicher Besucher, weil die „Musik zu leise"[554] war. Die taktile wie auch die akustische Einleibung durch Bass und Melodie der Musik war zeitweise nicht möglich, da die Gespräche der umgebenden Personen lauter waren. Musik laut zu hören ist besser als nur Musik zu hören[555], denn Techno ist im Idealfall nicht nur eine akustische, sondern auch eine körperliche Erfahrung. Der subsonische Bass sorgt für ein multisensorisches Erleben der Musik, die „den Körper ohne Umwege" ergreift.[556] „Rezipiert wird die Musik mit dem ganzen Körper. Man spürt das Hämmern der Bässe vom Scheitel

---

[552] Vgl. Schmitz (2007), S. 36.
[553] Vgl. Pfadenhauer (2009), S. 6; Hitzler (2001), S. 15; Cossart (1996), S. 25.
[554] Tom im Interview 07. Juli 2009.
[555] Vgl. Rapp (2009), S. 24.
[556] Schwingungen unter 20 Hertz werden nicht mehr gehört, sondern nur leiblich gespürt. Vgl. Coers (2000), S. 40; Von Appen (2007), S. 227 ff.

bis zur Sohle, im Magen, in den Knochen und Gelenken"[557]. Dadurch benebelt die Musik die Zuhörer und ruft gleichzeitig Adrenalinschübe hervor.[558] Der DJ kann deshalb mit seinem Liveset die Konstruktion des leiblichen Raumes entscheidend beeinflussen, weswegen die Kultur des Techno oftmals fälschlicherweise als DJ-Culture bezeichnet wird.[559] Der DJ befindet sich zwar in einer erhöhten Position, wenn er auflegt[560], aber er wird nicht als Heiliger angesehen. „Es gibt nichts Langweiligeres als einen Mann, der alleine auf der Bühne steht und ein paar Knöpfe drückt"[561]. Während des Festivals ist die Starfokussierung weitaus geringer ausgeprägt als bei Rockfestivals. Wenngleich zahlreiche Autoren dem DJ eine sakrale Funktion bescheinigen und ihn als „Schamane"[562] oder „Priester"[563] bezeichnen, so steht doch bei Techno die Aufgabe des DJs im Vordergrund, nämlich, sich um das Publikum zu kümmern. Das sinnliche Erlebnis hängt empfindlich von den Fähigkeiten des DJ ab. Denn er kann einen Klangteppich erzeugen, auf dem die Tänzer „davonfliegen", wodurch tranceartige Bewusstseinszustände erreicht werden.[564] Die Musik wird deshalb zumeist nach der folgenden Frage als gut oder schlecht eingestuft: „Kann sie mich in einen ekstatischen Zustand versetzen oder nicht?"[565]

Musik produziert zunächst Gefühle bzw. affektive Befindlichkeiten beim Rezipienten bevor überhaupt ein soziales Bewusstsein entstehen kann, sprich erst wenn es dem Individuum gefällt, was er hört bzw. spürt, lässt er sich auf die anderen Rezipienten ein, vielmehr noch identifiziert er sich mit ihnen. Musik kann nicht nur Gefühle produzieren, sondern auch bei der Verarbeitung von Erfahrungen und damit verbundenen Gefühlen helfen.[566] Die Musik dient während des Festivals als Kompensation wie auch Illusion.

Durch jedwede Art der leiblichen Kommunikation können andere Menschen leiblich gespürt, sprich wahrgenommen, werden. Solidarische Einleibungen ließen sich häufig beobachten, wie bei einer spontanen Massage in einem Sitzkreis von 20 Fusionisten. Die Festivalbesucher produzieren bzw. bestätigen Gemeinschaft durch gemeinsame Erlebnisse. Sie kommen sich nicht nur näher, sondern können mittels Einleibung verschmelzen, sprich fusionieren. Die etymologische Bedeutung von Fusion wird hier also tatsächlich vollzogen, denn lat. fūsio bedeu-

---

[557] Cossart (1996), S. 34.
[558] Vgl. Pfadenhauer (2009), S. 6; Klein (2001), S. 175.
[559] Vgl. Poschardt (1995), Haslam (1998), Hebdige (1996/97) in Pfadenhauer (2009), S. 6 ff.
[560] Vgl. Pfadenhauer (2009), S. 7.
[561] DJ von Cabaret Voltaire über die Publikumswirkung eines DJs. Cossart (1996), S. 171.
[562] Vgl. Böpple (1996), S. 76 ff.
[563] Vgl. Dumke (2001), S. 73.
[564] Vgl. Hitzler (2001), S. 16; Werner (2001), S. 43.
[565] Cossart (1996), S. 45.
[566] Vgl. Willis (1991), S. 85 f.

tet ‚gießen', ‚schmelzen', Fusion demnach ‚Verschmelzung', bei der aus verschiedenen Einzelteilen ein neues Ganzes entsteht[567]: „ein kollektiver großer Batzen gute Laune"[568]. Auffällig ist die Bezeichnung als Fusionisten und nicht Fusionierende. Die Festivalteilnehmer werden damit in ihrer Aktivität betont. Sie werden nicht verschmolzen. Sie verschmelzen sich selbst mit den Anderen, und das bewusst und freiwillig.

Entgegen der Einleibung sinkt der vitale Antrieb bei der Ausleibung, wenn z. B. durch Entspannung eine privative Weitung entsteht.[569] Obgleich die Einleibung eine Verschmelzung mit den Anderen verursacht, so ist dennoch die Ausleibung ein ebenso bedeutender sinnlicher Aspekt während des Festivals. Diese wird z. B. beim stundenlangen Aufenthalt im Chill Out-Bereich, der mit riesigen Hängematten in Bäumen, zahlreichen Sitzgelegenheiten und Liegeflächen, Teppichen sowie Feuerstellen (bei Nacht) ausgeschmückt ist. Zur Unterstützung der Ausleibung erklingt hier ruhigere (Techno-)Musik, damit sich die Besucher „ganz relax in den Soundteppich fallen"[570] lassen können. Besonders die vielfältigen Chill Out-Bereiche werden häufig tagsüber aufgesucht, um sich einerseits zu entspannen, andererseits aber Nichts und Niemanden zu verpassen. Ebenso dienen sie als Zwischenstopp oder zum Ausklingen des Tanzabends bzw. der Nacht. Techno-Musik erhält damit therapeutische Funktion in zweierlei Hinsicht: zur Antriebsförderung (Einleibung) sowie zur Entspannung (Ausleibung). Im Gegensatz zu den (öffentlichen) Chill Out-Bereichen dient das eigene Zeltlager zur weitgehend ungestörten Ausleibung in Momenten, in denen ein Rückzug von den anderen Festivalbesuchern benötigt wird.

4.4.3 Fröhliche Feieratmosphäre

Der Gefühlsraum wird durch Stimmungen, Erregungen und zentrierte Gefühle konstruiert.[571] Gefühle konstituieren als „ortlos ergossene, leiblich ergreifende Atmosphären"[572] diesen besonders strukturierten Raum. Seine Struktur ähnelt in einer Schicht der ungegliederten Weite des leiblichen Raumes, wird aber zusätzlich in einer zweiten Schicht von Richtungen überlagert. Gefühle, die als Atmosphären weit sind, bezeichnet Schmitz als Stimmungen. Reine Stimmungen sind

---

[567] Vgl. Pfeifer (1993 a), S. 387.
[568] Hans im Interview 10. Juli 2009.
[569] Vgl. Schmitz (2007), S. 44 f.
[570] Cossart (1996), S. 30.
[571] Vgl. Schmitz (2007), S. 57 ff.
[572] Ebd., S. 57.

ausschließlich weit, d. h., sie besitzen keine Richtung.[573] Die Stimmung während des Fusion Festivals wurde von allen Interviewpartnern als „friedlich, fröhlich und freundlich" bezeichnet. „Es herrscht eine fröhliche Feieratmosphäre"[574]. Die Ursache dafür wird unter anderem im vermehrten Konsum von Drogen gesehen. „Da will man eher Stress vermeiden, wenn man auf Drogen ist"[575]. Allerdings bedeutet dies keineswegs, dass alle Besucher Drogen konsumieren, vielmehr zeitigen die Substanzen auch bei den Nichtkonsumierenden ihre Wirkung, da die positive, außeralltägliche Stimmung sich wie eine Glocke gleichsam über die Fusionisten wölbt.[576]

Folglich haben Drogen bedeutenden Einfluss auf das sinnliche Erlebnis für den Einzelnen, wie auch für alle. Denn durch Stressabbau und Ablegen sozialer Konventionen wird das „Hier und Jetzt" fokussiert. Der Einzelne fühlt sich befreit und kann sich nun auf den eigenen Körper bzw. den eigenen Leib konzentrieren. Die erhöhte Kontaktfreudigkeit vereinfacht oder ermöglicht erst die Verschmelzung mit anderen Menschen. Eine musikinduzierte Stimmung kann eine Welt produzieren, die auch eine Zuflucht für die Besucher darstellt.[577]

Musik hat immer einen räumlichen Charakter, da es einer ihrer Grundzüge ist bestimmte Atmosphären bzw. Stimmungen zu schaffen, einen Raum akustisch zu möblieren. Zusätzlich weist sie durch die synästhetischen Charaktere der Töne (hoch, tief, scharf, spitz) quasi objektive Gefühle auf, d. h. sie kann nicht nur Gefühle beim Zuhörer verursachen, sondern eigene – quasi objektive – Gefühle aufweisen.[578] Einerseits lässt sich Schmitz' Ansicht über atmosphärische Gefühle (Stimmungen) als objektive Mächte kritisieren, da demnach ein Mensch ihnen ausgeliefert sei, keine Verantwortung für die eigenen Gefühlszustände trüge.[579] Andererseits konnte während des Festivals häufig beobachtet werden, dass die Stimmung die Erstbesucher wie auch andere später Angereiste ebenso wie die Wiederholer erfüllte und somit von allen und über allen im Sinne einer Stimmungsglocke mitgetragen wurde. Stimmungen lassen sich somit als quasi objektive Mächte bezeichnen, die den Einzelnen erfassen, wenn sich dieser mit dem Setting verbunden fühlt. Denn eine Stimmung bzw. Atmosphäre ergreift nicht zwingend jeden, der sich darin befindet.[580]

---

[573] Vgl. ebd., S. 57 ff. Böhme bleibt bei der Bezeichnung als Atmosphären. Vgl. Böhme (1998), S. 19.
[574] Hans im Interview 10. Juli 2009.
[575] Ders.
[576] Vgl. Hitzler (2001), S. 17 f.; Schmitz (2007), S. 34.
[577] Vgl. Tuan (1998), S. 178 f.
[578] Vgl. Böhme (1998), S. 73 ff.
[579] Vgl. Mahayni (2003), S. 29; Breuer (1996), S. 207.
[580] Vgl. Schmitz (2005), S. 34.

Die Stimmungen werden nicht nur von der Musik und den Menschen verursacht. Auch äußere Einflüsse (z. B. Wetter), die in den performativen Raum eindringen, können den Raum erweitern sowie spezifische Stimmungen und leibliche Regungen hervorrufen. So können z. b. Sonnenschein und Wärme Ausleibung fördern, nasskaltes Wetter hingegen ein Zusammenziehen des Leibes verursachen.

Die positive Stimmung wie auch die Einleibung stellen nicht nur ein angenehmes Setting dar, sondern können ebenso zum Rausch führen (Effervenszenz). Set und Setting beeinflussen sich also gegenseitig in hohem Maße. Die Dauer eines Festivals stellt eine attraktive Komponente des Settings dar[581], was die Fusion einzigartig macht im Vergleich zu ähnlichen Festivals in Europa. Denn kein anderes Festival dauert so lange an. Die Besonderheit der Fusion wird auch in Abgrenzung zu Partys sehr deutlich: „Partys sind das ganze Jahr über. Die sind aber zeitlich und örtlich sehr beschränkt. In einem Club ist man vielleicht fünf Stunden feiern und dann geht man wieder nach Hause"[582]. Drogen helfen ebenso bei der Produktion einer anderen Stimmung. Denn durch den Konsum lassen sich die Teilnehmer wieder verzaubern.[583] Sie wollen dem entzauberten Alltag entfliehen, jedoch nur für die Festivalzeit. Das Festival nimmt vor allem die Funktion als Übergangsritual in einen anderen Zustand ein. Äußere (Konventionen) und innere (leibliche, psychische) Zustände werden hier bewusst als außeralltäglich produziert und erfahren. Es ist vielmehr „besonders, dass das Ganze vier Tage dauert, man in einer anderen Welt ist und das ganz unabhängig von Drogen. Es entspricht nicht dem Alltag ununterbrochen zu feiern"[584]. Das Fusion-Setting besticht also durch seine Einzigartigkeit. „Denn das Erlebnis kann ich mir auf keinem anderen Festival holen"[585]. Ein besonderes (und vor allem positives) Erlebnis gilt bei den Fusionisten folglich als sicher. Dies stellt eine Besonderheit dar, da Dienstleistungen aufgrund ihrer Immaterialität ein größeres wahrgenommenes Risiko bei den Nachfragern hervorrufen.[586] Als Surrogate scheinen hierbei (die wenigen bekannten) DJs wie auch das Image des Festivals besonders nützlich zu sein. Darüber hinaus bieten die tangiblen Faktoren des Geländes eine gewisse Qualität der Bereitstellungsleistung, die allerdings nur die Wiederholer kennen. Erstbesucher verlassen sich völlig auf die Erzählungen ihrer Freunde bzw. die wenigen online verfügbaren Informationen.

Atmosphärische Gefühle, die eine Richtung besitzen, nennt Schmitz Erregungen oder auch „Emotionen". Reine Erregungen weisen eine diffuse, aber nicht

---

[581] Vgl. Werner (2001), S. 37.
[582] Hans im Interview 10. Juli 2009.
[583] Vgl. Tuan (1998), S. 193 ff.
[584] Sabine im Interview 07. Juli 2009.
[585] Hans im Interview 10. Juli 2009.
[586] Vgl. Corsten (1990), S. 132.

strukturlose Richtung auf. Sie können im Gegensatz zu den leiblichen Erregungen auch von der Weite in die Enge strömen. Reine Erregungen fokussieren kein Thema. Wenn sie sich jedoch als diffuse Atmosphären zusammen ziehen, kann sich der Gefühlsraum thematisch zentrieren, was im leiblichen Raum nicht möglich ist. Zentrierte Erregungen, oder auch zentrierte Gefühle, bilden neben den reinen Stimmungen und reinen Erregungen die dritte Schicht im Gefühlsraum. Diese Zentrierung lässt sich unterscheiden in Verdichtungsbereich (z. B. Freude an etwas) und Verankerungspunkt (z. B. Freude über etwas). Trotz ortloser Existenz des Gefühlsraumes kann er in einem Analogon örtlich gebunden sein, wie z. B. das Fusion-Feeling an das Festivalgelände. Es existieren lediglich zwei reine Stimmungen: Zufriedenheit als reines erfülltes Gefühl und Verzweiflung als reines leeres Gefühl. Alle komplizierten Gefühle basieren auf diesen beiden reinen Stimmungen.[587] Die Interviewpartner berichteten ausschließlich von positiven Gefühlen. Eventuelle negative Gefühle wurden völlig aufgeblendet. Die Folie, auf der also alle anderen Gefühle während des Festivals aufgetragen werden, ist die Zufriedenheit.

Gefühle zergliedern sich zum einen in ganzheitlich gespürte, örtlich gebundene und zum anderen in ortlose. Der Ganzort des Leibes existiert absolut, da er sich von seinem Umfeld abhebt. Geborgenheit grenzt sich nicht vom Raum ab und begleitet den Menschen wie eine Atmosphäre.[588] Die Geborgenheit lässt die Bedeutung der Freunde, die ebenfalls auf dem Festival sind, erahnen. Da die Erlebnisenklave Fusion Festival eine Art Parallel- oder Traumwelt darstellt, sind Nicht-Teilnehmer derart entfernt, dass die Geborgenheit meist nur durch anwesende Freunde gespürt wird. Deren bloße Anwesenheit hebt einmal mehr das positive Setting hervor.

Leibliches Spüren und affektives Betroffensein ermöglichen die Wahrnehmung abseits der bloßen Beschaffung von Daten, vielmehr zur Situiertheit des Subjektes in der Welt.[589] Mittels affektivem Betroffensein kann ein Mensch mit anderen mitfühlen, ohne die Gefühle selbst zu empfinden. Da der affektiv Betroffene nicht weiß, wie er sich verhalten soll, wenn er mitfühlt, erkundigt er sich bei der betreffenden Person.[590] Das affektive Betroffensein kann allerdings bei sehr starkem Mitgefühl zum Spüren am eigenen Leib führen und damit wiederum zu selbstverständlichen Reaktionen auf das entsprechende Gefühl. Die häufig berichtete Hilfsbereitschaft der Fusionisten lässt sich hier beispielhaft heranziehen. „Ich hab da ein Drogenopfer gesehen. Also ich war direkt daneben und hab gesehen,

---

[587] Vgl. Schmitz (2007), S. 57 ff.
[588] Vgl. ebd., S. 17 f.
[589] Vgl. Böhme (2005), S. 18.
[590] Vgl. Schmitz (2007), S. 26 f.

dass es ihm gut geht. Und es sind immer wieder Leute gekommen und haben ihm Wasser angeboten. Die meinten: ‚Hier nimm mal nen Schluck! Du siehst nicht gut aus.'"[591] Das affektive Betroffensein zeigt sich auch in der gegenseitigen Rücksichtnahme. „Hier achtet jeder auf seinen Nebenmann, dass der auch seinen Spaß hat"[592]. Durch die Verbundenheit mit den Anderen wird das affektive Betroffensein häufig auch zum leiblichen Spüren.

4.4.4 Zeltlager als Wohnraum

Beim Wohnen ist weniger ein Dach, sondern vielmehr eine erkennbare Eingrenzung von entscheidender Bedeutung. Im Wohnen treffen alle Raumarten zusammen. Die Räumlichkeit der Gefühle wird hier deutlich. Die sichtbare Abgrenzung zum Ortsraum friedet beim Wohnen gewissermaßen die Gefühle ein, sodass manche nur hier stattfinden, wie z. B. Gemütlichkeit. Wenngleich ein Teil des Draußen mit in die Wohnung gebracht wird, so dient diese dennoch der zeitweisen Abschließung davon. Wie bereits erwähnt, bauen sich insbesondere die langjährigen Fusionisten ein Zeltlager auf, um dies als Rückzugsort zu nutzen. Sie kennzeichnen das eigene Lager mit Flaggen und positionieren die Zelte möglichst in einem Kreis – mit dem Zelteingang in Richtung Wohnzentrum – nach dem Regenschirmprinzip: nach außen konvexe Form zur Abweisung, nach innen konkave Form zum einladenden Verweilen.[593] Sie schaffen sich mithilfe von Sofas, gedämpftem Licht (Kerzenschein und Knicklichter), Tüchern und anderer Dekoration eine umfriedete Wohnung, die Gemütlichkeit ausstrahlt und zur Erholung dient. Der Wohnung wird eine derart große Bedeutung beigemessen, dass zahlreiche Interviewpartner davon berichteten, dass sie bereits nach kurzer Zeit eine Art „Heimfeeling"[594] entwickelten. Das Zeltlager ist „Ruhepol und Anlaufstation"[595], um die (eventuell verloren gegangenen) Freunde und sich selbst wieder zu finden bzw. die Gefühle zu ordnen. Hier werden Eindrücke mit den Anderen ausgetauscht und dadurch nicht nur verarbeitet, sondern auch noch einmal gemeinsam erlebt.

---

[591] Tom im Interview 07. Juli 2009.
[592] Ders.
[593] Vgl. Schmitz (2007), S. 54 ff.
[594] Hans im Interview 10. Juli 2009.
[595] Thomas im Interview 10. Juli 2009.

4.5 Performativ-mimetische und sinnliche Konstitution des Festivals

Der Festivalbesuch stellt eine körperliche und leibliche Grenzerfahrung dar, genauer eine Körpererfahrung und eine Grenzerfahrung. Im Festivalbesuch als liminale Phase erleben die Fusionisten eine Transformation. Sie trennen sich dafür vom Alltag und begeben sich in die Enklave des Festivalgeländes. Alltägliche Normen wie auch die gewohnte (geografische) Umgebung lassen sie hinter sich. Das Festival als Schwellenphase wird performativ konstituiert. Dabei werden Machtkämpfe in der sozialen Praxis ausgetragen, die die Normen des Festivals (re)produzieren. Die Bezeichnung Ferienkommunismus ist der Inbegriff der Regeln: Spaß und Gleichheit. Durch die Feedback-Schleife wird normales Verhalten belohnt, anomales Verhalten sanktioniert und sogleich vom Akteur verändert. Subversion und Transgression von manchen Festivalbesuchern lassen demnach den Rückschluss auf alle Festivalbesucher zu, da sie mittels Feedback das Verhalten der Anderen bestätigen oder ablehnen. Die Bedeutungszuschreibungen entstehen in performativ-mimetischen Prozessen und bilden damit die kulturelle Praxis des Festivals ab.

Liminalität wird jedoch nicht in der Heterotopie erfahren. Vielmehr konstituiert Liminalität die Heterotopie. Das Festival wird erst durch die außeralltägliche soziale Praxis der Besucher zu einem anderen Raum. Die Schwellenphase wird durch die performativ-mimetischen Prozesse konstituiert. Die Transformation vollzieht sich autopoietisch im performativen Raum. Diese Transformation endet nicht am Körper der Festivalbesucher, sondern dringt in den Körper ein. Das Festival wird am eigenen Leib gespürt. Die Besucher nehmen es mit allen Sinnen in sich auf und werden dadurch transformiert. Die Transformation ist damit nicht nur eine Veränderung der Teilnehmer, sondern auch eine Verschmelzung. Diese Fusion findet durch performativ-mimetische und durch sinnliche Prozesse statt. Die Gemeinschaft der Fusionisten wird demnach nicht durch gemeinsame Eigenschaften, sondern durch gemeinsame Handlungen (performativ-mimetisch) und durch gemeinsame Empfindungen (sinnlich) konstituiert. Die mehrfache Grenzerfahrung stellt sich folglich im Erleben der Außeralltäglichkeit, der veränderten Selbstdarstellung und Selbstwahrnehmung in der kollektiven Ekstase dar.

5 Gemeinschaften der Festivalbesucher

In den vorangegangenen Kapiteln wurde die soziale Praxis der Besucher des Fusion Festivals bereits beschrieben und insofern gedeutet, dass die Außeralltäglichkeit der psychischen Existenzbewältigung dient. Die Einbettung aller Erlebnisse in den sozialen Kontext der Festivalgemeinschaft wurde dabei hervorgehoben. Gemeinschaft stellt folglich die Schlüsselkategorie des Untersuchungsphänomens dar. Welchen konkreten Typus von Gemeinschaft die Fusionisten wie konstituieren, wird im Folgenden anhand ausgewählter Beispiele geklärt.

5.1 Gemeinschaft und Gesellschaft

Das positive Verhältnis von Mitgliedern einer Gruppe untereinander ist eine Verbindung, entweder in Gemeinschaft oder Gesellschaft.[596] „Gemeinschaft ist das dauernde und echte Zusammenleben, Gesellschaft nur ein vorübergehendes und scheinbares. Und dem ist es gemäß, daß Gemeinschaft selber als ein lebendiger Organismus, Gesellschaft als ein mechanisches Aggregat und Artefakt verstanden werden soll"[597].

5.1.1 Verbindung durch Gemeinsamkeiten

Die Gemeinschaft basiert auf gegenseitigem Verständnis (Consensus), dieses wiederum auf intimer Kenntnis voneinander, d. h. unmittelbarem Anteil an dem Leben des Anderen und damit Neigung zur Mit-Freude und zum Mit-Leid. Der Consensus ist folglich umso wahrscheinlicher, je mehr Gemeinsamkeiten die Mitglieder hinsichtlich Charakter, Denken und Erfahrungen aufweisen.[598]

Tönnies unterscheidet zwischen der Gemeinschaft des Blutes (Familie), des Ortes (Nachbarschaft) und des Geistes (Freundschaft). Die Familie stellt die ursprünglichste und höchste Form der Gemeinschaft dar. Durch die gemeinsame Beziehung haben die Familienmitglieder Anteil an den menschlichen Wesen. Ihre gemeinsame Stätte ist das Haus. Die Nachbarschaft verfügt über gemein-

---

[596] Vgl. Tönnies (1991), S. 3 f.
[597] Ebd., S. 4.
[598] Vgl. ebd., S. 17.

samen Grund und Boden und wird durch die Gewöhnung und vertraute Kenntnis voneinander produziert. Gleiche Denkweise begründet die Freundschaft und produziert einen virtuellen Ort.[599] Alle drei Gemeinschaftstypen ergeben sich gewissermaßen ohne bewusste Entscheidung des Einzelnen. Die Mitglieder der Gemeinschaft ordnen sich dieser völlig unter. Die Einzelwillen heben sich in einem Entwicklungsprozess von der Gemeinschaft zur Gesellschaft zwar zunehmend ab, dennoch dient jede Willensäußerung der Erhaltung der homogenen Einheit.[600]

„Gemeinschaftliches Leben ist gegenseitiger Besitz und Genuß, und ist Besitz und Genuß gemeinsamer Güter"[601]. Daraus erwächst der Wille zur Verteidigung und Erhaltung des eigenen Besitzes.[602] „So ist Besitz und Anteil, welchen Menschen aneinander haben"[603]. Die Familie teilt ein gemeinsames Dach, die Nachbarn einen Ort. Beide pflegen und erhalten den gemeinsamen physischen Besitz. Die geistige Freundschaft konstruiert einen virtuellen Raum, den die Freunde miteinander teilen und durch regelmäßigen (physischen) Kontakt bewahren.[604]

Zusammenfassend bezeichnet Gemeinschaft demnach das Soziale, das Ursprünglich-Reale, die Einheit menschlicher Willen für ein Ganzes (Wesenwillen), die absolute „Identität von individuellem Sein und sozialer Funktion („Selbst")"[605], das vertraute harmonische Zusammenleben, gegenseitiger Hilfe, aber auch Gewissen; folglich die natürliche Antithese zur Gesellschaft.[606]

5.1.2 Verbindung durch Kontrakte

In Gesellschaft leben und wohnen Menschen im Wesentlichen voneinander getrennt, trotz zahlreicher Gemeinsamkeiten.[607] Tätigkeiten finden in der Gesellschaft aus egoistischen Zielen statt. Die Vereinzelung des Individuums verursacht Spannungen gegen alle Anderen: Die Gültigkeitsbereiche der Gesellschaft sind scharf abgegrenzt, sodass jedes Eindringen in die Privatsphäre abgelehnt wird, weil dies als Feindseligkeit erachtet wird. Friedliches Zusammenleben entsteht hier nicht wegen innerer Wesensverbundenheit a priori (wie bei der Gemeinschaft), sondern nach freiwilligem Einverständnis der Beteiligten.[608] Leistungen oder Ge-

---

[599] Vgl. Tönnies (1991), S. 7 ff.
[600] Vgl. Merz-Benz (1991), S. 41 f.
[601] Tönnies (1991), S. 20.
[602] Vgl. ebd.
[603] Ebd.
[604] Vgl. ebd., S. 6 ff.
[605] Strang (1990), S. 77.
[606] Vgl. ebd.; Bedford-Strohm (1999), S. 52.
[607] Vgl. Tönnies (1991), S. 34; Merz-Benz (1991), S. 42 f.
[608] Vgl. Bedford-Strohm (1999), S. 52.

fälligkeiten für Andere erfolgen ausschließlich zur Erlangung egoistischer Ziele, wie z. B. einer Gegenleistung.[609] Jede Person lässt Andere gewähren, solange sie ihr nicht schaden.[610] Gesellschaft wird durch vertragliche Regelungen der Mitglieder hergestellt, welche einen gemeinsamen Raum während der Transaktion produzieren. Diese Kontrakte müssen nicht explizit formuliert, sondern können auch stillschweigend vereinbart werden.[611] Es entstehen somit ausschließlich Zweckbeziehungen in der theoretischen Gesellschaftsform.[612]

5.1.3 Vergesellschaftungs- und Vergemeinschaftungsprozesse

Gemeinschaft und Gesellschaft verkörpern die beiden fundamentalen Verhältnisse der sozialen Praxis.[613] Die Entwicklung der Tönniesschen Sozialformen beginnt demnach beim diffusen Zusammenleben (Gemeinschaft), indem das gemeinschaftliche Zusammenwirken der Ganzheit dient. Der Prozess setzt sich mit der Herauslösung des Einzelwillens (Individualisierung) fort und findet schließlich seinen Endpunkt in der künstlichen Neu-Verbindung zu bestimmten Zwecken (Gesellschaft).[614] Folglich existiert theoretisch keine Individualität in der Gemeinschaft, die über die Integration in den Gesamtwillen hinausgeht, und auch keine Sozialität in der Gesellschaft, die mehr als nur reine Zweckbeziehung ist.[615] Da Tönnies beide Formen als „Normalbegriffe", d. h. theoretisch betrachtet, entsteht diese Dichotomie, die sich empirisch jedoch kaum finden lässt.[616] Ein Nebeneinander als Persistenz gemeinschaftlicher Beziehungen innerhalb gesellschaftlicher Sozialverhältnisse wie auch ein Miteinander im gegenseitigen Bedingen und Verstärken existieren heute noch immer, obwohl Tönnies vom Rückgang der Gemeinschaften überzeugt war.[617] Darüber hinaus zeigen sich in der sozialen Praxis mehrheitlich Mischformen von Gemeinschaft und Gesellschaft.[618]

Gesellschaft gilt als Prozess der Individualisierung, aus dessen Egoismus (Kürwille) ein Nebeneinander weitgehend unabhängiger Elemente resultiert. Der soziale Wandel seit der Industrialisierung lässt sich als Vergesellschaftung aller Lebensbereiche, auch der vorrangig gemeinschaftlichen Lebensformen be-

---

[609] Vgl. Tönnies (1991), S. 34; Bedford-Strohm (1999), S. 52.
[610] Vgl. Tönnies (1991), S. 45.
[611] Vgl. ebd., S. 35; Merz-Benz (1991), S. 52.
[612] Vgl. Tönnies (1991), S. 44; Bedford-Strohm (1999), S. 52.
[613] Vgl. Merz-Benz (1991), S. 32.
[614] Vgl. ebd., S. 63; Strang (1990), S. 77.
[615] Vgl. Bedford-Strohm (1999), S. 55.
[616] Vgl. Tönnies (1991), S. XVIII f.; Bedford-Strohm (1999), S. 55 ff.
[617] Vgl. Strang (1990), S. 77 f; Muniz (2001) zu Brand Communities.
[618] Vgl. Strang (1990), S. 79.

greifen. Säkularisierung, Anonymisierung, Pluralisierung, Rationalisierung und insbesondere Individualisierung beschreiben diesen Prozess. Die Freisetzung des Individuums aus traditionellen Vorgaben fordert von diesem den Balanceakt zwischen den verschiedenen Rollen zu meistern. Halt geben hier neue selbst gewählte (posttraditionale) Gemeinschaften. „Damit produziert und potenziert der Vergesellschaftungsprozeß jedoch gleichzeitig die Ambivalenz gemeinschaftlicher und gesellschaftlicher Sozialverhältnisse"[619]. Die stetige Kontingenz zieht einen permanenten Entscheidungszwang nach sich: zwischen Gemeinschaft als ein Ort von Schutz, aber auch Verpflichtung sowie Gesellschaft als „Zwiespalt von Individualität und Entfremdung, Freiheit/Autonomie und Anomie[620]". Der Vergesellschaftungsprozess ruft tendenziell die Vergemeinschaftung sozialer Beziehungen hervor. Aufgrund der Emotionalisierung gesellschaftlicher und der Rationalisierung gemeinschaftlicher Verhältnisse, nähern sich die einst antagonistischen Formen an und produzieren eine Mischung der Strukturmerkmale, die sich im Individuum verdichtet. Das freigesetzte Individuum (potentiell autonomes Subjekt) balanciert aufgrund seines Bedürfnisses nach Emotionalität und Rationalität und verbindet somit gemeinschaftliche und gesellschaftliche Faktoren der sozialen Wirklichkeit nach eigenem Ermessen mit dem Ziel der Selbstverwirklichung. Mit zunehmender Funktionalisierung und Vereinzelung der sozialen (gesellschaftlichen) Beziehungen, potenziert sich der individuelle Wunsch nach Beseitigung des „emotionalen Vakuums". Das Individuum muss nun auch hier die Eigenverantwortung und Selbstbestimmung übernehmen, was jene Beziehungen freiwilliger aber auch fragiler machen kann.[621]

5.1.4 Posttraditionale Gemeinschaften

Posttraditionale Gemeinschaften können frei gewählt und ebenso frei beendet werden und weisen folglich im Vergleich zu traditionalen Gemeinschaften einen geringeren äußeren Verbindlichkeitsgrad auf. Anstatt darunter zu leiden, wird die Beziehungsqualität der Gemeinschaftsmitglieder dadurch aber gesteigert.[622] Gemeinschaften bieten eine Lösung für den permanenten Zwang zur Selbstdarstellung und Selbstverortung des Individuums an. Aufgrund der Auflösung traditionaler Ordnungen (und Gemeinschaften) finden Menschen sich (zumindest temporär) in posttraditionalen Vergemeinschaftungen zusammen. Diese haben

---

[619] Strang (1990), S. 81.
[620] Anomie ist Regel- bzw. Normlosigkeit. Lange (2007), S. 38; Strang (1990), S. 81.
[621] Vgl. ebd., S. 77 ff.
[622] Vgl. Bedford-Strohm (1999), S. 182 f.

den Vorteil, dass dem Individuum keine Verpflichtungen über das temporäre Ereignis der Gemeinschaft hinaus erwachsen. Die Charakteristika von posttraditionalen Gemeinschaften sind:

- Existenz ist an Teilnahme bzw. Glaube an die Gemeinschaft geknüpft
- Mitgliedschaft durch Attraktivität, nicht durch Zwang
- Bewusste Entscheidung, keine Selbstverständlichkeit
- Beruht auf Willen der Mitglieder
- Jederzeit kündbar
- Manifestationen der Gemeinschaften durch korrektes Verhalten, Zeichen, Embleme, Zeremonien, Relevanzen und Kompetenzen.[623]

Posttraditionale Gemeinschaften sind nur eine situative Imagination und dementsprechend labil.[624] In posttraditionalen Gemeinschaften nimmt sich das Individuum selbst durch das kollektive Erlebnis anders wahr. Das Kollektiv dient hierbei ausschließlich als Gelegenheit für die individuelle Erfahrung. Die hohe Emotionalität ruft spontane Verbrüderung hervor, weswegen sich die Gemeinschaft durch Intimität auszeichnet. „Die temporäre Begrenzung wird durch Intensivierung kompensiert"[625]. Die „punktuelle Vergemeinschaftung"[626] bringt eine paradoxe Kombination von Individualität (in den Zeiten ohne Gemeinschaft) und Gemeinschaftlichkeit (in den temporären Gemeinschaften) hervor.[627] „Temporale Vergemeinschaftungen sind Inseln in einer rationalistischen Welt, und auf ihnen sind die herkömmlichen Spielregeln teilweise suspendiert"[628].

Das Fest ist eine situative außeralltägliche Form der Vergemeinschaftung. Auf Dauer angelegte Vergemeinschaftungen können sich im Fest transformieren in eine außeralltägliche Verfasstheit. Das Fest ermöglicht den Individuen die Erfahrung der Außeralltäglichkeit und bestärkt die Gemeinschaft durch kollektive Erfahrungen. Dauerhafte und situative Vergemeinschaftungsformen sind somit miteinander verknüpft. Posttraditionale Vergemeinschaftungen sind ebenso angelegt. Wenngleich sie sich durch geringere Verbindlichkeit auszeichnen, so benötigen sie dennoch zuweilen eine Selbstvergewisserung, die sie im Fest finden. Posttraditionale Gemeinschaften wie das Wave-Gothic-Treffen oder die Loveparade treffen sich, um das „Wir-Gefühl" zu aktualisieren.[629] Das Fest stiftet

---

[623] Vgl. Hitzler (2010), S. 375 ff.
[624] Vgl. ebd.
[625] Prisching (2008), S. 38.
[626] Ebd.
[627] Vgl. ebd.
[628] Ebd., S. 51.
[629] Vgl. Schmidt (2008).

durch die Ausnahmesituation Bedeutung für die Teilnehmenden. Das Erleben der Gemeinschaft vollzieht sich emotional. In der Außeralltäglichkeit verhalten sich die Mitglieder situativ, emotional und enthusiastisch bis hin zur Ekstase. Dieses Verhalten ist hier sozial erlaubt, gar gewünscht. Die Ekstase wird jedoch nicht bewusst vollzogen, sondern geschieht autopoietisch.[630]

Im Alltag erfährt das Individuum eine Zersplitterung in verschiedene Identitäten und Rollen. Im Fest kann es sich durch die ekstatischen Zustände wieder als Ganzes erfahren. Da Enthusiasmus und Rausch kollektiv erfahren werden, verursacht dies ein Erlebnis von Nähe und Intimität zu den anderen Beteiligten. Das außeralltägliche Gemeinschaftserlebnis ist dabei mehrfach grenzenlos, da die Grenzen der alltäglichen Erfahrungen, des eigenen Selbstverständnisses und der sozialen Ordnung und Normen überschritten werden.[631] Gemeinschaft zeichnet sich allgemein dadurch aus, dass sich die Mitglieder so verhalten können, wie sie möchten, ohne jegliche Konsequenzen für ihr Handeln befürchten zu müssen.[632] Dies ist vor allem beim Fusion Festival möglich, da trotz Freundlichkeit, selten Freundschaft entsteht, spricht Anonymität gewahrt wird.

Die Festivalbesucher im Bühnenbereich gehen mit den Anderen eine stillschweigende Verbindung ein. Toleranz und Achtsamkeit stehen hier als oberste Verhaltenskodizes der Fusionisten. Die große unspezifizierte Gemeinschaft der Fusionisten weist damit posttraditional-gemeinschaftliche und gesellschaftliche Aspekte auf:

- Freiwillige Mitgliedschaft
- Geringe Verbindlichkeit
- Hohe Emotionalität
- Kontrakte zur Regelung (stillschweigend)
- Egoistische Ziele (Spaß haben, die Anderen als Publikum für den eigenen Selbstgenuss).

Das Fusion Festival ist eines derjenigen außeralltäglichen Erlebnisse, die dem Individuum psychische Entlastung bieten und bei dem die alltägliche Struktur der Gesellschaft zumeist unangetastet bleibt, weswegen sich das Individuum später wieder besser unterordnet.[633]

---

[630] Vgl. Gebhardt (2008), S. 205 ff.
[631] Vgl. ebd., S. 208.
[632] Vgl. Plessner (2001), S. 45.
[633] Vgl. Prisching (2008), S. 51.

„Und insbesondere das Gefühl, von einem beatpulsierenden Klangteppich gewissermaßen als kollektiver Tanzkörper getragen zu werden, [...] [ist] essenziell für das Erleben von (situativer) Unity in der Technoszene [...] Die damit implizierte Art von Gemeinschaft ist im Grunde nicht mehr als eine punktuelle ‚Idee', eine situative Imagination"[634].

Von ebendieser ephemeren Gemeinschaft der Tanzenden berichteten zahlreiche Interviewpartner. „Da [beim Tanzen] hat man die Situation, dass sich einfach nur alle angrinsen und sagen: ‚Ja, es ist toll!' und anstoßen oder einfach nur außer sich sind. Zusammen einfach nur eine riesengroße geile Party feiern"[635], ist primär für die individuelle (egoistische) Selbsterfahrung bedeutend. „Ohne die Anderen wäre es natürlich nicht so ein cooles Festival"[636].

Während des Fusion Festivals erfolgt eine Unterscheidung zwischen öffentlichem Bühnengelände und dem eher privaten Zeltplatz, auf dem zahlreiche kleine Lagerplätze entstehen. Wie auch im Karneval reicht das Fest zuweilen vom öffentlichen Platz bis in die privaten Räume hinein. Dies ist aber eher die Ausnahme. Im eigenen Lager möchten die Teilnehmer unter sich sein. Zur Ruhe kommen und/ oder erlebte Eindrücke bei einem familiären Mahl auswerten. Wenn Zeltnachbarn zu Besuch kommen, dann werden diese zwar freundlich empfangen, aber man freut sich auch, wenn diese wieder gehen. Ebenso respektieren die Teilnehmer die privaten Wohnräume der Anderen. Auf dem Zeltplatz bewegen sie sich grundsätzlich auf den vorgegebenen Wegen, selten zwischen fremden Zelten. Dadurch lässt sich feststellen, dass die Fusionisten sich innerhalb des Festivals in zahlreiche Entitäten differenzieren lassen. Die Bewohner eines gemeinsamen Zeltlagers konstituieren z. B. eine wahlverwandtschaftliche Gemeinschaft. Diese lässt sich als posttraditional aufgrund des freiwilligen Charakters bezeichnen. Wenngleich hochragende auffällige Flaggen mit selbstgestalteten Motiven das Wiederfinden der eigenen „Zeltkolonie" erleichtern sollen, so dienen sie ebenso zur Markierung des in Besitz genommenen Territoriums. Die Bewohner eines Zeltlagers leben familial zusammen. Sie teilen Grund und Boden, die Instandhaltung dessen (regelmäßiges Aufräumen und Säubern) wie auch das Essen (kochen für alle).[637] Sie nehmen am Leben der anderen Mitglieder durch gegenseitigen Besitz und gemeinsame Erlebnisse (spätestens hernach im Gespräch) teil. Aufgrund der Schwierigkeiten und zusätzlichen Verpflichtungen, sich auf dem Gelände mit anderen Freunden zu verabreden, die nicht der eigenen Zeltlager-Familie angehören,

---

[634] Hitzler (2003), S. 219.
[635] Albert im Interview 25. Juni 2009.
[636] Tom im Interview 07. Juli 2009.
[637] Vgl. Tönnies (1991), S. 12 ff.

teilen die Mitglieder eines Zeltlagers auch die meisten Festival-Erlebnisse. Außerdem teilen sie ihre Güter beim familiären Mahl wie auch beim Drogenkonsum. Zudem konstituieren sie virtuell Räume mit denjenigen Freunden, die zwar ebenso das Festival besuchen, jedoch an anderer Stelle zelten. Trotz der Spontaneität und Zufälligkeit der Treffen mit anderen Freunden (vgl. Kap. 3) sind sie geistig miteinander verbunden.

Die Mehrheit der Teilnehmer kann sich als mögliche Gründe für ein Fernbleiben vom Festival nur persönliche, familiäre oder berufliche Gründe vorstellen. Nur zwei der Befragten gaben einen festivalbezogenen Grund an: die Anzahl der gesamten Teilnehmer. Tom: „Also, wenn nächstes Jahr schon vorher bekannt gegeben wird, dass schon 80.000 Karten verkauft wurden, dann geh ich nicht hin. Dann warte ich lieber 2/3 Jahre bis der Hype wieder vorbei ist". Das Festival nie wieder zu besuchen, wird nicht in Betracht gezogen. Hieran zeigt sich, so wichtig die anderen Teilnehmer sind, um selbst in der Gemeinschaft Spaß zu haben, so empfindlich wird auch das Resultat durch die Anderen beeinflusst. Trotz ihrer Enttäuschung über das stetige Wachstum des Festivals, wird kaum jemand im folgenden Jahr fernbleiben. Denn die gelebte Gemeinschaft während des Festivals ist ihnen viel zu wichtig, als dass sie diese verpassen möchten. Umgekehrt lässt sich kaum ein Teilnehmer finden, der ganz allein, d. h. ohne Freunde oder Bekannte, vor Ort ist. Die Gemeinschaft ist folglich immer die Folie auf der alle individuellen Erlebnisse aufgetragen werden. Nur die Erfahrung der kollektiven Außeralltäglichkeit ermöglicht die veränderte Selbstwahrnehmung. Die Fusionisten verfolgen also vorrangig egoistische Ziele bei der Konstitution der Festivalgemeinschaft. Die große unspezifizierte Gemeinschaft der Fusionisten lässt sich demnach als Zweckbeziehung charakterisieren.

5.2 Symbolische Konstruktion von Gemeinschaft

Während Tönnies auf formale sowie strukturelle Kriterien bei der Beschreibung von Gemeinschaft und Gesellschaft achtet, legt Cohen den Schwerpunkt auf inhaltliche Aspekte. Die formale Betrachtungsweise tendiert laut Cohen zu falschen Annahmen darüber, welchen Sinn die Mitglieder strukturellen Elementen zuschreiben. Cohen beginnt seine Analyse deshalb mit der Kultur als Basis.[638]

---

[638] Vgl. Cohen (2007), S. 70.

5.2.1 Gemeinsame Symbole, ähnliche Sinnzuschreibungen

Gemeinschaft bedeutet gleichzeitig Gemeinsamkeit innerhalb der eigenen Gruppe sowie Distinktion zu Anderen. Infolgedessen hat die Grenze im Sinne von Abgrenzung einer Gemeinschaft eine große Bedeutung. Diese Grenze kann physisch sein, z. B. ein Berg, national oder administrativ, z. B. ein Gesetz, sprachlich oder auch religiös. Darüber hinaus stellen sich nicht alle Grenzen so offensichtlich dar und können auch auf andere Weise erfahren werden. Als entscheidend gilt der symbolische Aspekt einer Grenze, d. h. welche Bedeutung jener zukommt.[639] Diese entsteht durch einen dialektischen Prozess der Gemeinschaft, welche selbst erst durch die Grenze entsteht, da sie die Identität der Gemeinschaft wie auch deren Kultur umschließt. Wirklich bewusst werden sich die Mitglieder ihrer Gemeinschaft erst, wenn sie sich an deren Grenze befinden.[640] Gemeinschaft kann folglich nie in absoluter Isolation existieren, sondern nur relational in Abgrenzung von anderen Entitäten.[641]

Das Durchsetzungsvermögen der Gemeinschaft entsteht nicht durch ein geäußertes oder verpflichtendes Gefühl von innen, sondern durch das Bedürfnis sich von Anderen abzugrenzen. Infolgedessen gilt die Gemeinschaft als Wegweiser der individuellen Identität, indem sie den Wunsch nach Abgrenzung zu Ähnlichkeiten erfüllt. Fast jeder wahrgenommene Unterschied zu Außenstehenden kann dabei als Ressource zur Betonung der eigenen Grenze herangezogen werden.[642]

Angeblich existieren bei Techno keine Opposition, keine Gegner und kein Feindbild[643], was jedoch unmöglich ist, da sich eine Entität immer erst dadurch selbst definieren kann, indem sie sich gegen Andere abgrenzt. Die Fusionisten haben anhand der sozialen Praxis auf anderen Musikfestivals ein Fremdbild entwickelt. „Wenn ich so manche andere Festivals sehe […] das ist mir gar nichts. Die Leute nehmen überhaupt keine Rücksicht aufeinander. So bei Rock oder HipHop. Wie die da alle wild durcheinander springen und so. Das ist mir überhaupt nichts."[644] Jeder soll seinen Spaß haben, und das setzt gegenseitige Achtung und Toleranz voraus. Die negative Konnotation der „wild durcheinander springen[den]" Fans verdeutlicht, dass hier scheinbar keine gleichsamen Bewegungen und damit auch keine friedliche Einleibung entstehen können. Ebenso scheint das affektive Betroffensein aus der Sicht der Fusionisten woanders nicht statt zu finden. „Auf anderen Festivals schaut immer jeder auf seinen Vorteil, drängt sich zur Bühne

---

[639] Vgl. ebd., S. 12 f.
[640] Vgl. Diedrich (1993), S. 47.
[641] Vgl. Cohen (2007), S. 58.
[642] Vgl. ebd., S. 109 ff.
[643] Vgl. Lau (1997), S. 31.
[644] Konrad im Interview 27. Juni 2009.

vor, um den besten Platz zu haben"[645]. Das gemeinsame Spüren erscheint nur während des Fusion Festivals möglich zu sein.

Ebenso dient der kultureigene Drogenkonsum, der von Männern und Frauen während des Fusion Festivals gleichermaßen vollzogen oder zumindest bei Anderen toleriert wird, zur Definition eines spezifischen Fremdbilds. Ein bedeutender Unterschied besteht darin, dass hier „nicht so viele Besoffene [teilnehmen]. Das sind die schlimmsten. Wenn die dann volltrunken sind, das geht gar nicht. Natürlich sind hier alle gedrogt, aber alle sind so friedlich"[646]. Betrunkene „Dorfpunks", die auf Rockfestivals „mal Aggressivität ausleben wollen"[647], stehen stellvertretend für fremde Festivalpraxen. Während der Fusion wird auch Alkohol getrunken, jedoch immer auf die friedliche Stimmung geachtet. Auch hier könnten bei zuviel Alkohol Aggressionen auftreten, die aber scheinbar durch die friedliche Stimmung abgemildert bzw. gedämpft werden. Zusätzlich verhindert die permanente gegenseitige Kontrolle einen Ausbruch potentieller Aggressivität. „Keiner will destruktiv sein"[648].

Symbole der Gemeinschaft können auch Embleme, Zeichen oder noch flüchtiger Ideen sein, jedoch nie eindeutig definiert werden. Die Sinngebung jener hängt von den spezifischen Erfahrungen des Individuums ab und erfolgt deshalb stets subjektiv. Folglich teilen die Mitglieder einer Gemeinschaft zwar die gleichen Symbole, aber nicht exakt die gleiche Bedeutung. Die Gemeinschaft selbst stellt ein Symbol dar, das Grenzen aufzeigt. Da die Bedeutung variiert, muss das Bewusstsein für die Gemeinschaft mithilfe von Symbolen aufrechterhalten werden. Die Realität sowie die Effizienz der Gemeinschaftsgrenze und somit auch der Gemeinschaft selbst hängen entscheidend von deren symbolischer Konstruktion ab.

In der Gemeinschaft lernen Menschen sich ‚sozial' zu verhalten, denn soziale Interaktion heißt immer auch Transaktion von Bedeutungszuschreibungen. Sie erlernen enge Verbundenheit durch die Erfahrung der Grenzen der Gemeinschaft. Das vereinende Element äußert sich in einer ähnlichen Wertschätzung bestimmter Dinge. Obwohl die jeweilige Interpretation subjektiv ist, finden die Mitglieder einen gemeinsamen Nenner aufgrund gleicher Sprache, Tradition, Glaube o. ä.[649]

Inklusion und Exklusion werden mittels Sprache, Dialekt und Wortkreationen vollzogen.[650] Die Sprache verbindet und schließt gleichzeitig Andere aus, d. h. selbst die Festivals, die ähnlich wie das Fusion Festival sind, sind trotzdem nicht

---

[645] Tom im Interview 07. Juli 2009.
[646] Ebd.
[647] Sabine im Interview 07. Juli 2009.
[648] Ebd.
[649] Vgl. Cohen (2007), S. 14 ff.
[650] Vgl. Tuan (1998), S. 98.

die gleichen, weil sie eine andere Sprache verwenden.[651] Die spezifische Sprachbricolage ist wichtig für die Gemeinschaft (vgl. Kap. 3). Bezeichnungen wie Fusionisten und Ferienkommunismus sind hierfür beispielhaft. Darüber hinaus können sich die Festivalbesucher ebenso mit der Fusionrakete, dem Fusionkosmonauten und vor allem dem emblematischem Schriftzug Фузион (Fusion mit kyrillischen Buchstaben) auf die Gemeinschaft berufen und gleichzeitig Andere exkludieren.

Symbole können aufgrund der unterschiedlichen Sinngebung für viele Menschen Gültigkeit besitzen, ohne dass der Einzelne völlig an Individualität verliert. Menschen mit gegensätzlichen Meinungen können sich somit für die gleiche (heterogene) Gemeinschaft engagieren. Die Gemeinschaft kann als Ansammlung von symbolischen und ideologischen Referenzen betrachtet werden, an denen sich das Individuum sozial orientieren kann und sich nicht bis zur Selbstaufgabe unterordnen muss. Gemeinsamkeit muss folglich nicht Uniformität bedeuten. „It is a commonality of forms (ways of behaving) whose content (meanings) may vary considerably among its members"[652]. Gemeinschaft entsteht dann, wenn die Vielfältigkeit und die darausfolgende Uneinigkeit nicht den offenkundigen Zusammenhalt innerhalb der Grenzen untergraben.[653]

Das gleiche Vokabular für spezifische Wertzuschreibungen, jedoch nicht die gleichen Werte, ermöglichen die Unversehrtheit der Selbstdarstellung der Fusionisten und ihres Sinns vom anderen Selbstbild (wie Rockfestivals).[654] Die Interviewpartner nannten z. B. mehrheitlich als Besonderheit des Fusion Festivals „Freundlichkeit, Friedlichkeit und Freiheit." Was diese Worte für den Einzelnen bedeuten kann hieraus nicht gelesen werden. Nichtsdestotrotz sind diese Sinnzuschreibungen nützlich für die Darstellung der Gemeinschaft. Somit können alle Festivalbesucher eine einheitliche Aussage treffen, nämlich, dass das Festival „eine große Community [ist], die zusammen Spaß hat"[655].

Die Gemeinschaft nach Cohen wird symbolisch durch performativ-mimetische Prozesse konstituiert. Gemeinsamer Konsum – d. h. Rezeption von Musik, Drogenkonsum etc. – dient den Fusionisten ebenso als verbindende Handlung wie auch die gemeinsame Konstruktion des anderen Raumes (Heterotopie). Die gemeinsame Musikpräferenz stellt jedoch „allenfalls den Schlüssel zur ‚ersten' – ohnehin weit offenen – Eingangstür zur Welt der Technoiden"[656] dar. Denn die Offenheit der Festivalbesucher darf nicht mit Offenheit für Jeden verwechselt

---

[651] Vgl. ebd., S. 97.
[652] Cohen (2007), S. 20.
[653] Vgl. ebd., S. 14 ff.
[654] Vgl. Cohen (2007), S. 114.
[655] Hans im Interview 10. Juli 2009.
[656] Hitzler (2003), S. 219.

werden. Diejenigen, die in die Community eintreten möchten, müssen bestimmte Kriterien erfüllen, bestimmtes Wissen mitbringen, ein bestimmtes Verhalten aufweisen.[657] Sie benötigen „subkulturelles Kapital".[658]

5.2.2 Zwei Gesichter einer Gemeinschaft

Tönnies betrachtet die traditionale Gemeinschaft als homogen, da die Individualität zugunsten eines Gemeinwillens in den Hintergrund tritt. Nach Cohen wird die Gemeinschaftszugehörigkeit frei gewählt; bei Tönnies jedoch durch Instinkt, Gewöhnung bzw. Gedächtnis oder ähnliche Denkweise nahezu automatisch produziert. Die Ähnlichkeiten bzw. Unterschiede innerhalb der Cohenschen Gemeinschaft können nur die Mitglieder subjektiv über ihr eigenes Empfinden und Denken beurteilen. Objektiv ist dies nicht möglich. Trotz signifikanter Unterschiede vermuten sie Ähnlichkeiten zu den Anderen, da sie die gleichen Symbole verwenden, wenn auch mit anderem Sinn. Aufgrund dieser Ungenauigkeit können Symbole sehr wirkungsvoll genutzt werden.

Individualität und Gemeinsamkeiten lassen sich demzufolge miteinander vereinbaren. Die realen Unterschiede werden effektiv in scheinbare Ähnlichkeiten transformiert, sodass jeder Einzelne sich für die Gemeinschaft einsetzen und doch den eigenen Standpunkt bewahren kann. Diese Vereinigung der Gegensätze innerhalb und damit einhergehende Abgrenzung nach außen festigt die Grenzen.[659]

Die abnehmende geografische Basis der Gemeinschaftsgrenzen zieht eine zunehmende Betonung der symbolischen nach sich.[660] Denn der symbolische Ausdruck und die Bestätigung der Grenze erhöhen das Bewusstsein sowie die Sensibilität gegenüber der eigenen Gemeinschaft. Dies kann durch Rituale, z. B. Feiern/Feste, Karneval oder Heiligentage, erfolgen, deren Bedeutung insbesondere dann steigt, wenn die Mitglieder z. B. im Alltag räumlich getrennt leben, dafür zusammen finden und somit die Gemeinschaft physisch wieder herstellen.[661] Eben deshalb ist das Fusion Festival für die Besucher ein wichtiges Fest, das der Bestätigung der Gemeinschaft dient. Umgekehrt lässt sich nach dem Festival ein abnehmendes Zugehörigkeitsgefühl im Alltag feststellen. Denn mit zunehmender zeitlicher Distanz zum Festival tragen z. B. immer weniger Menschen das Fusion-Bändchen am Arm.

---

[657] Vgl. Bennett (2005), S. 129 f.
[658] Thornton (1995).
[659] Vgl. Cohen (2007), S. 20 f.
[660] Vgl. ebd., S. 117.
[661] Vgl. ebd., S. 50 ff.

Symbolische Konstruktion von Gemeinschaft

Die Gemeinschaftsgrenze nach außen kann als eine Maske verstanden werden, nach innen ist sie jedoch weitaus komplexer (Abb. 6). Stereotypen zeigen sich demnach als Masken dem Nicht-Kenner, der die Gemeinschaft von außen betrachtet. Innerhalb lassen sich diese jedoch nicht ermitteln, da sie nicht auf einzelne Personen verweisen.[662] Thornton hat z. B. bei der Erforschung von Techno als Subkultur niemals einen idealtypischen Mainstream-Typen identifizieren können, weil sie durch die Arbeit im Feld kein Externer mehr war.[663]

Abbildung 6   Innen- und Außensicht einer Gemeinschaft (Cohen 2007, S. 74).

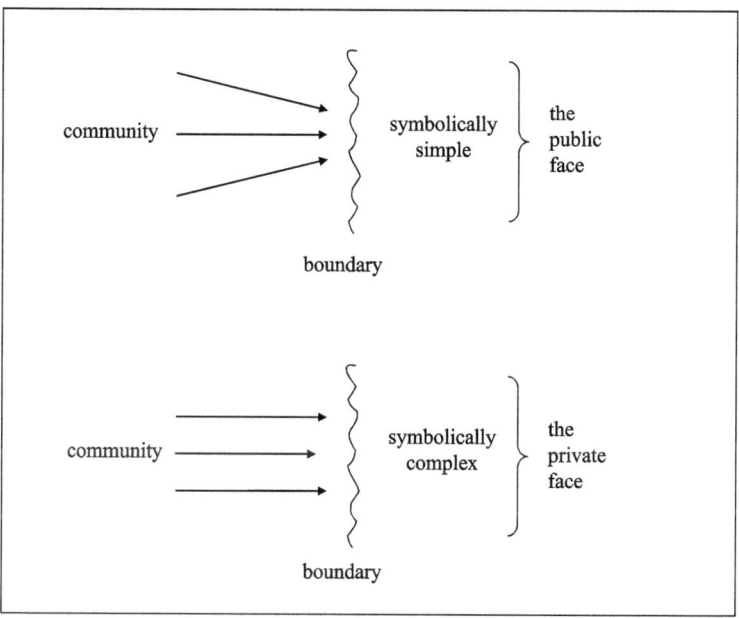

Die Gemeinschaft der Technofans (wie auch Fusionisten) stellt stets Exklusion und Inklusion dar. Die Zusammengehörigkeit wird vor allem nach außen zur Abgrenzung zu anderen Musikgenres empfunden, aber auch für außenstehende Beobachter kommuniziert (public face). Eine Abgrenzung zu anderen Musikgenres wird von den Fans der Musik, sehr bewusst vollzogen. So erfolgte z. B. eine spontane Assoziation des Fusion Festivals über ein ausgesprochenes Antonym: die

---

[662] Vgl. ebd., S. 74 f.
[663] Vgl. Thornton (1995), S. 99 ff.

ironische Nennung des Wacken Open Air, dem größten Heavy Metal Festival weltweit.[664] Fans sind exzessive Leser und ihre Texte sind ebenso sehr popular. Hier zeigt sich also die Community der Fusionisten homogen an der Grenze zu Nicht-Zugehörigen. Ein Fan zu sein, heißt sich aktiv, enthusiastisch, ja parteiisch und teilnehmend zu engagieren für den jeweiligen Text. Fans diskriminieren und produzieren. Sie ziehen eine strenge Grenze, wovon oder von wem sie Anhänger sind und wovon/von wem nicht. Dabei ordnen sie sich einer Gemeinschaft unter, die sich für die gleichen Texte engagiert. Fans nutzen Originaltexte als kulturelle Ressource und produzieren auch ihre eigenen Texte: Ihr Kleidungsstil, ihre Wohnungseinrichtung usw. und machen damit ihre soziale und kulturelle Loyalität sichtbar. Diese Produktion erfordert kulturelle Kompetenzen (Wissen über bestehende Normen) wie auch soziale Kompetenzen (wie Andere darauf reagieren könnten).[665]

Nach innen ist die Einheit der Fusionisten lediglich eine vage Idee (private face).[666] „Ohne die Anderen wäre es natürlich nicht so ein cooles Festival. Es gibt auch viele Freaks mit ihren Kostümen oder was sie sich alles einfallen lassen"[667]. Durch die Bezeichnung von manchen Festivalteilnehmern als „Freaks" geschieht gleichzeitig eine implizite Exklusion, was die Heterogenität der Gemeinschaft nach innen veranschaulicht. Die einen verabscheuen T-Shirts mit St. Pauli oder Ed-Hardy-Aufdruck, die Anderen betrachten die „Hippie-Familien"[668] als eine Gemeinschaft, zu der sie sich nicht zugehörig fühlen (wollen). Ungeachtet der generellen Toleranz und Akzeptanz anderen Besuchern gegenüber werden dennoch Ausgrenzungsmechanismen deutlich, die vor allem performativ produziert werden. Durch performativ-mimetische Handlungen werden die jeweiligen Körper-Inszenierungen (durch Kleidung und Verhalten) im Rahmen des Lachprinzips bestätigt durch zustimmendes Lachen und Gespräche oder abgelehnt durch z. B. abwertende Blicke.

Im Gegensatz zu Punks bilden Fusionisten keine intakte dauerhafte Gemeinschaft. Sie weisen im Alltag weder gleiche Lebensstile, noch gleichen Geist auf. Für die Fusionisten trifft eher der Ausspruch zu, der über Technofans im Allgemeinen gemacht wurde: „Schweiß eint, Geist trennt"[669]. Die gemeinsame Aktivität der Party bzw. des Festivals, d. h. Spaß haben, Musik hören und vor allem tanzen, vereint die Teilnehmenden. Politische Überzeugungen oder auch das bloße Alltagsleben sind jedoch sehr verschieden. Sie kommen zusammen, um

---

[664] Laut Angaben der Wacken-Organisatoren. http://www.wacken.com/.
[665] Vgl. Fiske (1989), S. 146 ff.
[666] Vgl. Hitzler (2003), S. 221.
[667] Tom im Interview 07. Juli 2009.
[668] Hans im Interview 10. Juli 2009.
[669] Böpple (1996), S. 101.

den Alltag oder auch die Welt für mehrere Tage hinter sich zu lassen. Sie tun dies allerdings nicht, weil sie das Leben als verlogen empfinden, sondern weil sie mehr erleben wollen, als das, was der Alltag ihnen bietet.

„Techno stellt ein Lebensgefühl dar, ein friedliches Miteinander. Von Gewalt ist [...] [hier] nichts zu spüren. Rassismus ist ein Fremdwort. Schlägereien sind unvorstellbar. Die Leute finden hier, was sie woanders vermissen: Freundschaft und Verständnis. Alle wollen dasselbe: Tanzen, Vergnügen und Party – und das am besten rund um die Uhr"[670].

Ob Techno wirklich als Lebensgefühl in den Alltag integriert wird, kann im Rahmen dieser Forschungsarbeit nicht geklärt werden. Manche rezipieren Techno nur als Tanzmusik zu bestimmten Anlässen. Der pazifistische Gedanke ist auf jeden Fall auf dem Festival vorherrschend. Ebenso haben scheinbar alle Fusionisten Toleranz und Rücksichtnahme als oberste Prämissen internalisiert. Entgegen der Überzeugung von Cossart sind sie allerdings nicht auf der Suche nach Freundschaft, sondern nach Freundlichkeit. Von der freundlichen Stimmung berichteten alle Interviewpartner übereinstimmend. Folglich bilden Toleranz, Rücksichtnahme und Freundlichkeit die Voraussetzung, um frei und fröhlich das Festival zu feiern, tanzen inbegriffen.

5.3 Rückkehr der Stämme

Maffesoli beschreibt einen Vergemeinschaftungstypus, der weder auf formellen und strukturellen (Tönnies), noch auf inhaltlichen Gemeinsamkeiten (Cohen) basiert, sondern auf gemeinsamen emotionalen Momenten, in denen die Beteiligten Zuneigung zueinander spüren. Sozialität enthält etwas Religiöses im weiteren Sinne, nach dem etymologischen Ursprung von ‚religare' ‚zusammenbinden'. Diese Religiosität kann sogar das Christentum oder jede andere Form von Institutionalisierung ablehnen. Sozialität geht nach Maffesoli als Resultat der Sättigung großer Systeme oder anderer Makro-Strukturen hervor.[671] Aufgrund der schwindenden Bedeutung traditionaler Gemeinschaften wie Familie suchen sich Menschen neue Vergemeinschaftungen, in denen sie sich – wenngleich temporär – engagieren können.

Maffesoli bezeichnet mit Neo-Tribes diejenigen Vergemeinschaftungen, die durch Fluidität, gelegentliche Zusammenkünfte sowie Zerstreuung charakteri-

---

[670] Cossart (1996), S. 15.
[671] Vgl. Maffesoli (1996), S. 76 ff.

siert werden. Diese Gruppenbildung orientiert sich weder an einem Zweck, noch regeln Kontrakte die Zusammenkunft. Denn gemeinsame Erlebnisse, Erfahrungen und Emotionen stehen hier im Fokus.[672] Neo-Tribes unterscheiden sich von archaischen Stämmen aufgrund ihres temporären Charakters, d. h. die vorübergehende de-individualisierende Identifikation mit der Stammeskultur mithilfe von typischem „Look" (oder auch Maske).[673]

5.3.1 Intimität durch Emotionalität

Neo-Tribes erweisen sich weniger stabil als traditionelle Stämme, da Menschen gegenwärtig als Nomaden umher ziehen und gelegentlich in das Rollenspiel eines Stammes eintauchen.[674] Jene momentanen Verdichtungen gelten zwar als sehr fragil, aber für den Moment der Zusammenkunft engagieren sich die Mitglieder emotional in besonderem Maße. Die Ästhetik drückt hierbei ein Gemeinschaftsgefühl aus, das sich in ähnlicher Kleidung, Frisur oder anderen Accessoires manifestieren kann. Die Theatralität begründet und bestätigt immer wieder aufs Neue die Gemeinschaft. Der Körperkult und andere Spiele mit dem eigenen Äußeren besitzen allerdings nur insofern Bedeutung, solange Zuschauer und Schauspieler aufeinander treffen. Das Leben aller wird somit zur kollektiven Gestaltungsarbeit. Der ästhetische Aspekt kann nicht mehr als eine Frage des Geschmacks oder Inhalts subsumiert werden. Maffesoli fokussiert hier die reine ästhetische Form, d. h. wie das Gemeinschaftsgefühl erfahren und ausgedrückt wird. Innerhalb der gewählten Geselligkeit wird weniger dem zu erreichenden Ziel Bedeutung beigemessen, sondern dem Zusammensein.[675] Ebendiese Bedeutung der Korporalität für die Fusionisten wurde bereits erläutert (vgl. Kap. 4.2.2). Der Körper ist weniger ein individuelles Ausdrucksmedium, vielmehr zeitigt er die spezifische Popularkultur des Festivals. Der Körper des Einzelnen ist Produkt der Machtkämpfe, der performativ-mimetischen Prozesse der Festivalbesucher. Am Körper materialisieren sich Sinnzuschreibungen der Gemeinschaft der Fusionisten.

Effervescente orgiastische Kollektiverfahrungen, z. B. im Karneval, Fußballstadion oder auf Festivals, bilden die emotionale Basis von Neo-Tribes, um die Prekarität der menschlichen Existenz, wie Vergänglichkeit, aber auch nutzlosunproduktive Verausgabung in der Arbeit, auszubalancieren.[676] Jene Orgien sind nicht ausschließlich als Geschlechtsakt zu verstehen, vielmehr als wechselseitiger

---

[672] Vgl. Keller (2006 b), S. 106 f.
[673] Vgl. ders. (2006 a), S. 217.
[674] Vgl. Keller (2006 a), S. 217; Maffesoli (1996), S. 76.
[675] Vgl. Maffesoli (1996), S. 81 ff.
[676] Vgl. Keller (2006 a), S. 216; ders. (2006 b), S. 41 ff.

Austausch von Emotionen, als Ort der Ekstase, des kollektiven Rausches.[677] In den Efferveszenzen findet die aisthesis statt – die gemeinsamen und geteilten Erfahrungen, die zum Ursprung einer spezifischen Gruppenethik, eines Zusammenhalts einer „organischen" Sozialität aus gemeinsamen Gefühlen werden.[678] Aus der dabei freigesetzten Kraft des Imaginären strömt Lebensenergie, eines „organischen" Widerstandes, einer Art sozialer Koenesthesie[679], welche die Gesellschaft zusammenhält, da sie die einzelnen Teile integriert. Aus der Gemeinschaftserfahrung entstehen Ideen, Imaginationen, Fantasien sowie Überschreitungen, die den sozialen Motor antreiben.[680]

Ebenso wie die Korporalität ist das leibliche Empfinden, das Erspüren von Stimmungen nicht subjektiv kontrollierbar. Die Stimmungen ergreifen die Festivalteilnehmer. Die ekstatischen Zustände und efferveszenten Momente laufen autopoietisch ab. Der Einzelne muss sich lediglich darauf einlassen. Die meisten Besucher tun dies mit dem Betreten des Festivalgeländes. Nur wenige wollen sich nicht in dieser großen Gemeinschaft emotional engagieren. Jedoch verhindern sie damit gleichzeitig ein Zugehörigkeitsgefühl, da sie nicht die intime Nähe zu den Anderen spüren. Den efferveszenten orgiastischen Kollektiverfahrungen kommt also beim Fusion Festival tatsächlich eine entscheidende Bedeutung zu, da sie trotz aller Unterschiede zwischen den Besuchern eine emotionale Basis herstellt.

Die Stammesangehörigen finden sich folglich aufgrund nicht rationaler Gründe zusammen. Nicht rational heißt aber keineswegs irrational. Die Suche nach gemeinsamen Erfahrungen, das Gruppieren um Idole, die non-verbale Kommunikation oder körperliche Gesten basieren alle auf einer Rationalität, die nicht weniger effektiv, in vielerlei Hinsicht sogar weitreichender und informativer ist. Die zentripetalen wie auch zentrifugalen Kräfte der Neo-Tribes resultieren aus der nicht absoluten Zugehörigkeit, d. h. Jeder kann einer Vielzahl von Stämmen angehören, solange er/sie sich emotional engagiert.[681] Ohne Engagement endet auch die Zugehörigkeit. Kommt ein jahrelanger Besucher nicht mehr zum Fusion Festival, wird er nicht mehr zu den Fusionisten gehören. Denn Fusionist ist jeder Teilnehmer nur für die Dauer seines Festivalbesuches. Die Musik trägt entscheidend zum Gemeinschaftsgefühl der Fusionisten bei. Denn die Verbundenheit entsteht nicht nur durch die gemeinsame Musikpräferenz, vielmehr noch durch die Intimität bei ekstatischen Zuständen bis hin zu efferveszenten Momenten, die durch gemeinsames Tanzen hervorgerufen werden.

---

[677] Vgl. Keller (2006 b), S. 101 f.
[678] Vgl. Maffesoli (1996), S. 98; Keller (2006 a), S. 211, 217.
[679] Koenesthesie ist eine Art von Gemeingefühl.
[680] Vgl. Keller (2006 a), S. 211 f.
[681] Vgl. Maffesoli (1996), S. 144 f.

Menschen suchen im Neo-Tribe jedoch keine authentische Identität, sondern eine temporäre ästhetische Identifikationsmöglichkeit, in der sie sich als persona, d. h. mit einer bestimmten Maske aus ihrem Rollenrepertoire, engagieren. Sie wollen den permanenten Entscheidungszwängen als postmodernes Subjekt entfliehen, suchen die Wiederverzauberung der Welt und erhoffen sich eine Lösung in der Wahl-Sozialität, der erneuten Objektwerdung im Stamm. Im Unterschied zu Cohen erfolgt die Zugehörigkeit hier jedoch nicht durch bewusste Entscheidung, denn aufgrund der vagabundierenden, dahin treibenden, multiplen Persönlichkeit postmoderner Identitäten entstehen temporäre und damit auch ephemere Zugehörigkeiten. Die Maske bei Maffesoli weist dennoch Parallelen zum Cohenschen Symbolismus auf. Nicht der Authentizität hinter der Maske, sondern der Ästhetik der Maske selbst kommt entscheidende Bedeutung zu. Jeder kann somit seine individuelle heterogene (aufgrund vielfältiger Rollen) Persönlichkeit bewahren, muss jedoch innerhalb eines Stammes bestimmte andere Rollen zurückstellen.[682]

Der Musikgeschmack dient als ein Element im Netz von ästhetischen Werten, wodurch das Subjekt Identität konstruiert und sich mit Anderen identifiziert, die ähnliche Wertvorstellungen besitzen.[683] Gemeinschaft bei Techno wird ästhetisch über Musik, Mode und Tanz situativ konstruiert.[684] Ebendiese Praxis und die Bedeutung für die Fusionisten wurde bereits in den Kapiteln 3.2 und 4.2 beschrieben.

Das Fusion Festival birgt zwar Resistenzpotenzial, jedoch zielen die Besucher zumeist auf Widerständigkeit (Moments of Freedom) anstelle von radikalem Widerstand (Movement for Freedom) ab. Sie verstehen Arbeit und Festival als Koexistenzen. Beides leben und erfahren sie bewusst. Sie verwirklichen in ihrem Alltag einen Teil ihrer Identität; und während des Festivals einen anderen Teil. Obgleich Keller konstatiert, dass Stammesmitglieder lediglich eine ästhetische Identifizierungsmöglichkeit suchen, so ist doch ebenso die festliche Maske ein Teil des Rollenrepertoires jedes Menschen. Entscheidend ist jedoch, dass beim Festival nicht Authentizität, sondern Ästhetik fokussiert wird. Diese Ästhetik geht allerdings über die offensichtlich wahrnehmbaren Ausdrucksmöglichkeiten hinaus. Denn mittels Ästhetik verarbeiten die Festivalbesucher ihren Alltag. Sie bewältigen ihre Existenz im Festival psychisch mittels Sampling (vgl. Kap. 3.2.2). Das Fusion Festival birgt jedoch kein Potential zur Freisetzung von anarchischen und antiautoritären Energien, da es ebenso als widerständiger Akt gesellschaftlich akzeptiert wird wie der Karneval. Darüber hinaus bestätigt die karnevaleske Festivalpraxis bestehende Hegemonien und reproduziert soziale Hierarchien, was

---

[682] Vgl. Keller (2006 b), S. 107 ff.
[683] Vgl. Bennett (2002), S. 462.
[684] Vgl. Seifert (2004), S. 236.

das Festival vielmehr zu einer Parallelwelt oder einem „Urlaub vom Leben"[685] werden lässt.

Die Form als Rahmen oder gar Container inklusive der inneren Logik stellt für Maffesoli eine entscheidende apriorische Bedingung für die Existenz von Inhalten dar.[686] Die Mitglieder eines Stammes, wie auch diejenigen der Tönniesschen Gemeinschaft, geben bewusst ihre Individualität auf, indem sie die Gesetze der Gemeinschaft befolgen, um im Gegenzug gegenseitige Solidarität zu erfahren.[687]

Obwohl der Stamm Solidarität garantiert, so repräsentiert er auch mögliche Kontrollen und Zwänge zur Selbstaufopferung für die anderen Stammesangehörigen. Der Tribalismus dringt zunehmend in individuelle Lebensstile ein und kann sogar als Endpunkt derer verstanden werden. Innerhalb der Stämme erscheint der persönliche Vorteil als nebensächlich, wie bei Tönnies' Gemeinschaft. Sogar der individuelle Erfolg scheint nicht wünschenswert zu sein, da dieser die Harmonie des Zusammenseins stört. Insbesondere in der Vielfältigkeit zerstreuter Gruppen zeigt sich diese Harmonie als besonders wichtig zur Erholung des Ganzen.[688] Die interviewten Fusionbesucher betonten häufig, dass Jeder seinen Spaß haben soll, solange er nicht andere an ihrem Spaß hindert. Auch hier werden also egoistische Ziele immer dem gemeinschaftlichen Ziel untergeordnet. Die Verbindung der Stammesmitglieder untereinander kennzeichnet eine gewisse Stimmung, ein Zusammengehörigkeitsgefühl, das in Lebensstilen Ausdruck und Form findet. Dies stellt eine Art von kollektiv Unbewusstem dar, was als Matrix für verschiedene Gruppenerfahrungen, -situationen oder -handlungen agiert.[689] Das Zusammengehörigkeitsgefühl der Fusionisten drückt sich nicht in Lebensstilen aus, sondern in Festivalstilen. Das spezifische Zeichensystem stellt sich über die vom Lachprinzip geprägten Paradigmen wie fröhliche Relativität, Instabilität, Offenheit und Unabgeschlossenheit, Metamorphose, Ambivalenz, Exzentrik, Materialität-Leiblichkeit, Überfluss sowie Austausch der Wertpositionen wie oben/unten (vgl. Kap. 3.2.2).

Aufgrund der verwendeten Embleme und Symbole werden die Stämme in Anlehnung an Simmel auch als geheime Gesellschaften bezeichnet. Das geteilte Geheimnis hält die Gruppe zusammen.[690] Beim Fusion Festival stellen die Geheimnisse zum einen die Embleme wie Фузион (Fusion mit kyrillischen Buchstaben), Rakete, Kosmonaut etc. dar. Zum anderen sind aber auch die Geschehnisse während des Festivals geheim. Gespräche über das Festival unterscheiden sich

---

[685] Sabine im Interview 07. Juli 2009.
[686] Vgl. Maffesoli (1996), S. 215.
[687] Vgl. Keller (2006 b), S. 107 ff.
[688] Vgl. Maffesoli (1996), S. 97 f.
[689] Vgl. Keller (2006 a), S. 216.
[690] Vgl. ders. (2006 b), S. 107 ff.

im Alltag diametral von Gesprächen während des Fusion Festivals. Während des Festivals werden häufig ekstatische Erlebnisse thematisiert; im Alltag hingegen musikalische Besonderheiten. Selbst einander völlig Fremde empfinden Verbundenheit füreinander, wenn sie vom Anderen wissen, dass Derjenige ebenfalls Fusionbesucher war. Sie sind sich damit nicht mehr völlig unbekannt.

Die intime Geselligkeit besteht nicht nur in der Gründungsphase einer Gemeinschaft, sondern auch dann, wenn die Gemeinschaft gestärkt werden soll oder sich die Mitglieder ihrer Gemeinsamkeiten erneut bewusst werden. Die gemeinsame Mahlzeit stellt hierbei einen heiligen, symbolischen Akt dar, der jenes unsichtbare Band sichtbar machen kann.[691] Die Mitglieder der Fusion-Gemeinschaft teilen damit den Anteil aneinander im gemeinsamen Festmahl (vgl. Kap. 3.3). Im Festmahl genießen sie den Überfluss, den gemeinsamen Konsum bis hin zum Rausch sowie die gelöste Stimmung. Sie genießen das Festival, die Anderen und sich selbst mit allen Sinnen.

5.3.2 Raum des Stammes

In performativ-mimetischen Prozessen wird das Fusion Festival als Heterotopie konstituiert (vgl. Kap. 4.3). Zugehörigkeit bzw. Intimität entsteht dabei durch die hohe Emotionalität der Erlebnisse während des Festivals (vgl. Kap. 4.4). Die Konstitution von Stämmen, die auch Räumlichkeit entstehen lässt, resultiert aus einem Zugehörigkeitsgefühl, aus einer bestimmten Ethik und innerhalb des Rahmens eines kommunikativen Netzwerkes. Dabei muss kein realer Raum entstehen, auch ein gedachter, ein virtueller Raum ist möglich.[692] Das Zugehörigkeitsgefühl agiert hier als bindendes Element wie auch Ruhepol im permanenten Fließen der Ereignisse.[693]

Da heutige Stämme selten auf einer Vergangenheit und/oder Zukunft aufbauen können, verstärkt sich umso mehr die Bedeutung der Existenz in der Gegenwart, die in Ritualen (wie Festivals) ein signifikantes gemeinschaftsbildendes bzw. -auffrischendes Element findet. Das Zusammengehörigkeitsgefühl potenziert sich – wenn nicht durch Exklusion Fremder – dann wenigstens durch Exklusivität der eigenen Gemeinschaft.[694] Eben deshalb wird das Fusion Festival von mehrjährigen Besuchern häufig als „das beste Festival" bezeichnet.

---

[691] Vgl. Maffesoli (1996), S. 81 ff.
[692] Vgl. ebd., S. 140.
[693] Vgl. Keller (2006 b), S. 119.
[694] Vgl. Maffesoli (1996), S. 141 ff.

Lokalismus (auch virtuell) kann einen gewissen „Mafia Spirit"[695] herstellen, nach dem die Stammesangehörigen bevorzugt behandelt werden. Die Interviewpartner berichteten davon, dass sie im Alltag denjenigen Menschen grundsätzlich offener begegnen, die ein Fusion-Bändchen tragen. Darüber hinaus gilt zumeist ein unausgesprochener Ehrenkodex unter den Mitgliedern, die Exklusivität (des eigenen Stammes) wie auch Misstrauen gegenüber Außenstehenden hervorruft. Der Ehrenkodex des Fusion Festivals wurde bereits mehrmals erläutert: Jeder lässt den Anderen gewähren, solange niemand dabei zu Schaden kommt bzw. in seinem individuellen Spaß eingeschränkt wird. Infolgedessen wurde häufig geäußert, dass die Besucher auf keinem anderen Festival so friedlich miteinander umgingen.

Zur eigenen Sicherheit konstruiert die Gruppe ihre eigene natürliche und soziale Umwelt. Gleichzeitig fordert sie damit Andere auf sich ebenfalls zu konstituieren. Die territoriale Abgrenzung (physisches oder symbolisches Territorium) stellt die strukturelle Basis von mannigfaltigen Sozialitäten dar. Entscheidend für die Existenz eines Stammes ist die Existenz weiterer Stämme, die sich ebenfalls abgrenzen. Die Emotionalität, das Zusammengehörigkeitsgefühl, das einen Konflikt mit Außenstehenden hervorruft, stellt den wichtigsten Aspekt der Neo-Tribes dar.[696] Jene Konflikte mit anderen Stämmen können von Toleranz bis zu offener Feindschaft reichen.[697] Die Existenz anderer Entitäten bildet folglich die Basis in allen vorgestellten Theorien, damit sich Gemeinschaften abgrenzen können.

5.4 Gemeinsamer Urlaub vom Leben

Die Verbundenheit der Fusionisten gründet auf dem gemeinsamen Festivalbesuch. Das gemeinsam konstruierte Festivalerlebnis ist die Gemeinsamkeit aller Teilnehmer. Denn abgesehen von dieser Präferenz weisen die Besucher wenig Ähnlichkeiten bzw. Gemeinsamkeiten zueinander auf. Der Ausspruch „Schweiß eint, Geist trennt"[698] beschreibt demnach sehr treffend die Festivalgemeinschaft. Im vielfältigen Angebot des Fusion Festivals ist die Musik – zumeist Techno – der vordergründige Aspekt, welchen die Teilnehmer suchen. Techno als Musik und soziale Praxis kann deshalb ebenso zur Erklärung der Festivalpraxis herangezogen werden.

---

[695] Ders. (1996), S. 141.
[696] Vgl. ebd., S. 141 ff.
[697] Vgl. Keller (2006 a), S. 217.
[698] Böpple (1996), S. 101.

Der Grund für den Festivalbesuch wurde bereits als psychische Existenzbewältigung in der Außeralltäglichkeit erklärt. Denn die Fusionisten akzeptieren den Alltag und streben deshalb lediglich ein temporäres Ausweichen an. Das Ausweichen äußert sich in Nicht-Thematisierung oder in Parodien des Alltags. Sie entfliehen der entzauberten Welt und lassen sich gleichzeitig für die Dauer des Festivals wieder verzaubern.[699] Genau diesen Umgang mit dem Alltag weist auch die Technomusik auf. Techno wird häufig als politiklos bezeichnet, weil den Tracks die expliziten politischen Parolen fehlen.[700] Dass diese Betrachtung das Phänomen nicht korrekt erfasst, wurde bereits geklärt. Oftmals erfolgen Vergleiche mit Rockmusik, deren Songs häufiger explizit politisch formuliert sind.[701] Techno hingegen drängt seinen Hörern keine politische Meinung auf. „Techno erzählt dir keine Geschichten, sondern läßt/macht Raum für Deine eigene Phantasie"[702]. Die Musik soll keinen Widerstand zum Alltag aufbauen, sondern durch karnevalistisches Sampling einen temporären Ausbruch ermöglichen. Denn Techno kritisiert nicht explizit politische, soziale oder arbeitsalltägliche Missstände.

Da Techno keine moralischen Belehrungen aufweist, ist er leichter zu konsumieren. Technofans konsumieren dementsprechend (relativ) sorglos und gern die Produkte der dominanten Kultur. Im Unterschied zu Punkrockfans empfinden sich Technofans nicht als unterdrückte Konsumenten. Deshalb suchen sie auch nicht nach Möglichkeiten, um im Alltag Widerstand zu demonstrieren. Sie sind zufrieden mit ihrer persönlichen Situation. Deshalb streben sie auch keine permanente Konfrontation an, sondern Akzeptanz oder zumindest Toleranz.[703] Sie kritisieren weder explizit, noch trauern sie alten Traditionen nach wie z. B. Gothics dies tun. Nichtsdestotrotz findet auch hier eine Auseinandersetzung mit der derzeitigen gesellschaftlichen und individuellen Situation statt, nämlich mittels Inversion, Subversion und Transgression, aber zumeist wortlos und damit für Externe nicht verständlich. Techno lässt Raum für eigene Interpretationen, für Anhänger wie Kritiker.

Rockmusik – als Ausdruck der sozialen Praxis von Rockfans – träumt von einer Utopie, die nur schwer oder gar nicht verwirklicht werden kann.[704] Techno hingegen realisiert diese Utopie ohne darüber zu sprechen, wenn auch nur für die Dauer eines Festivals. Die Heterotopie, geprägt von Freiheit und Gleichheit, ungeachtet der hierarchischen oder geschlechtlichen Unterschiede, wird als eine

---

[699] Vgl. Tuan (1998), S. 166 ff.
[700] Vgl. Lau (1996), S. 248 ff.
[701] Vgl. Rhodes (2007), S. 36 ff.; Langman (2008), S. 666 ff.
[702] Cossart (1996), S. 46.
[703] Vgl. Langman (2008), S. 660 ff.; Schmidt (2008); Henkel (1996), S. 9; Moore (2007), S. 446 ff.; Luvaas (2006), S. 174 ff.; Goulding (2002), S. 279 f.; Dentith (1995), S. 73.
[704] Vgl. Rhodes (2007), S. 27 f.; Moore (2007), S. 446.

Gegenwelt zum Alltag aufgebaut.[705] Die Fusionisten als „Parallelgesellschaft"[706] wollen nicht die derzeitigen Zustände ändern, sondern die Missstände in einem begrenzten (Zeit-)Raum verarbeiten bzw. ausblenden, um frei in jedweder Hinsicht zu leben. Der Alltag wird meist als unabänderlich akzeptiert: „Weil es aber keinen Ort nirgends gibt, wo die Menschen frei sind, ist es gerade die Vereinigung der FusionistInnen aller Länder und der Ferienkommunismus, der uns spüren lässt, dass wir mehr wollen, als das, was uns in diesem Leben geboten wird."[707] Ein bedeutender Unterschied zwischen Rock- und Technofestivalpraxis besteht also im Umgang mit dem Alltag. Rock (als Musik und soziale Praxis) kritisiert zumeist explizit und träumt von einer besseren Welt. Techno lebt diese Welt für die Dauer eines Festivals.

Anhand der Festivalpraxis lassen sich differente Typen von Gemeinschaft der Fusionisten beschreiben (siehe Abb. 7). Die Zugehörigkeit zur traditionalen Gemeinschaft ist (bei Tönnies) formal bzw. strukturell. Diejenigen Festivalteilnehmer, die sich gemeinsam ein Zeltlager errichten, konstituieren eine Zeltlagerfamilie. Sie teilen Besitz, Genuss und Boden und zumeist auch einen Gemeinschaftsbereich wie einen Pavillon, der als Wohnzimmer dient. Mit Freunden, die an anderer Stelle zelten, wird ein virtueller Raum durch ihre geistige Verbundenheit konstituiert. Physischer Kontakt erfolgt während des Festivals selten, spontan und eher zufällig. Der Einzelwillen der Gemeinschaftsmitglieder ordnet sich hier dem Gemeinwillen unter. Denn die Sozialität wird von allen Mitgliedern erhalten, um sich als Teil des Ganzen zu empfinden.

Bei Posttraditionalen Gemeinschaften (Hitzler) hingegen weist die situative und imaginative Verbundenheit gesellschaftliche Tendenzen auf, da hier die Regeln der Festivalfreiheit gelten. Die Besucher als Mitglied der posttraditionalen Gemeinschaft der Fusionisten verfolgen egoistische Ziele. Die Anderen dienen lediglich als Publikum für die eigene Inszenierung. Verbundenheit entsteht hier durch hohe Emotionalität der individuellen Erfahrungen im Kollektiv. Die Mitglieder bleiben untereinander anonym, was wiederum die hohe Emotionalität erst gewährleistet, da Handlungskonsequenzen im Alltag dadurch weitgehend ausgeschlossen werden können. Aufgrund der Situativität und Anonymität gehen die Fusionisten nur geringe Verpflichtungen und nur für die Dauer des gemeinsamen Festivalbesuches ein.

Aufgrund inhaltlicher Gemeinsamkeiten konstituieren Menschen symbolisch eine Gemeinschaft (nach Cohen). Nach außen stellen sich die Fusionisten als eine homogene Einheit dar, nach innen sind sie jedoch heterogen. Zahlreiche

---

[705] Vgl. Rhodes (2007), S. 27, 36 ff.
[706] Kulturkosmos (2009 g)
[707] Ebd.

kleine Gemeinschaften von jahrelangen Freunden lassen sich anhand der Feldforschung erkennen. Diese kleinen Gemeinschaften lassen sich als Freunde im Sinne Tönnies' definieren. Die Gemeinschaft der Fusionisten besteht jedoch lediglich für die Dauer des Festivals. In dieser Zeit verwenden die Besucher gleiche Symbole, schreiben diesen jedoch nicht exakt die gleichen Bedeutungen zu. Die typische Symbolik der Fusionisten sind die Fusionrakete, der Fusionkosmonaut, der kyrillische Schriftzug Фузион, Bezeichnungen wie Ferienkommunismus etc. Das Individuum erfährt sich hier in der Rolle des Festivalteilnehmers. Durch die gemeinsame Verwendung der bereits genannten Symbole sowie die festivaltypische Maske konstituieren alle Besucher gemeinsam das Fusion Festival symbolisch.

Gemeinschaft als Neo-Tribe entsteht (nach Maffesoli) durch emotionale, effervenszente Kollektiverfahrungen. Im Unterschied zu posttraditionalen Gemeinschaften ordnet sich das Mitglied im Neo-Tribe dem Gemeinwillen unter. Inwiefern die Fusionisten eher in posttraditionaler Manier ihre egoistischen Ziele verfolgen oder den persönlichen Vorteil als Stammesmitglied unterordnen, lässt sich nur anhand verschiedener Berichte der Interviewpartner verdeutlichen. Die Einen verschmelzen mit den anderen Teilnehmern beim Tanzen und empfinden sich dadurch als Teil des Ganzen. Die Anderen hingegen nehmen andere Besucher als Setting für die individuellen ekstatischen Zustände wahr. Generell kann jedoch keine Aussage darüber getroffen werden, ob sie nun entweder eine posttraditionale Gemeinschaft oder einen Neo-Tribe konstituieren. Denn die Fusionisten weisen Aspekte von allen Gemeinschaftstypen auf. Im Neo-Tribe will sich das Individuum als Objekt erfahren und de-individualisiert sich deshalb bewusst. Es inszeniert sich mittels Maske, die typisch für das Festival ist. Die Gemeinschaft des Neo-Tribes Fusionbesucher bleibt für die Dauer der emotionalen Erfahrung bestehen. Da zuweilen das gesamte Festival als Rausch erfahren wird, kann mit der Dauer des Festivalbesuchs auch die Existenz des Neo-Tribes konstatiert werden. Abschließend lässt sich somit konstatieren, dass die Festivalbesucher nicht einen spezifischen Gemeinschaftstypus konstituieren. Denn aufgrund der Komplexität der sozialen Praxis, der Vielfältigkeit der Erlebnisse und der Unterschiedlichkeit der Sinnzuschreibungen entstehen verschiedene Typen von Gemeinschaft, die m. E. nicht über das Festival hinaus bestehen.

Abbildung 7 Gemeinschaftstypen der Besucher des Fusion Festivals.

	Tönnies	**Hitzler**	**Cohen**	**Maffesoli**
Zugehörigkeit	formal	situativ	inhaltlich	emotional
Gemeinschaft	Zeltlagerfamilie, Freunde außerhalb des Zeltlagers	alle Festivalbesucher	nach außen: homogen nach innen: heterogen	in orgiastischen efferveszenten Kollektiverfahrungen
Dauer der Verbundenheit	Zeit des gemeinsamen Besitzes bzw. der geistigen Verbundenheit	Dauer des Festivals	Dauer des Festivals	Dauer des Festivals
Individualität vs. Uniformität	Einzelwillen dem Gemeinwillen untergeordnet	egoistische Ziele	gemeinsame Symbole, aber ähnliche Sinnzuschreibung	persönlicher Vorteil der Gemeinschaft untergeordnet
Individuum	als Teil der Gemeinschaft	als Ganzheit des Seins	in einer Rolle	in einer Rolle

6 Paradoxe Gemeinschaften

Die Außeralltäglichkeit des Fusion Festivals umfasst zwei Dimensionen von Eskapismus. Zum einen flüchten die Festivalbesucher temporär vor dem Alltag. Zum anderen finden sie Zuflucht im Festival (vgl. Kap. 3.4). Hier erfährt das Individuum in ekstatischen Momenten eine Selbststeigerung (vgl. Kap. 3.3.1 und 4.4.2). Im Vergleich zum Idealmodell des Festes erleben sich die Festivalteilnehmer weniger als eine Einheit, vielmehr setzt sich die Entgrenzung des Alltags fort, da sie hier die Rolle als Fusionisten übernehmen (vgl. Kap. 4.2.2). Die Festivalgemeinschaften definieren als Produkt von Machtkämpfen die festivalspezifische Maske als außeralltägliche Form (vgl. Kap. 3.1.2). Die äußere Erscheinungsform des Fusion Festivals weist somit Parallelen zum Idealtyp des Festes auf. Denn auch hier sind Ekstase und Flucht die wichtigsten Aspekte (vgl. Kap. 3.3.1). Mittels Exzess als Gesetz des Festivals werden alltägliche Normen außer Kraft gesetzt, um später erneuert zu werden (vgl. Kap. 3.2.2). Die Ekstase wird durch ein üppiges Festmahl, berauschende Stimulanzien (vgl. Kap. 3.3.1) sowie Musik und Tanz (vgl. Kap. 4.4.2 und 4.4.3) hervorgerufen. Ebenso definieren die Festivalgemeinschaften die Bedeutung, die aus dem Fusion Festival erwächst, nämlich Widerständigkeit statt Widerstand (vgl. Kap. 3.2.1).

Die ephemeren Gemeinschaften während des Festivals ermöglichen dem Individuum Entlastung durch die Befreiung aus dem sozialen Druck des Alltags. Das Fusion Festival stiftet zudem in zweifacher Hinsicht Identität durch die Inklusion der Teilnehmer und die Exklusion der Nicht-Teilnehmer. Aus dem außeralltäglichen Erlebnis erwächst außerdem eine Bereicherung des Lebens jedes einzelnen Besuchers. Eine Stärkung der Gesellschaft entsteht jedoch nur insofern, als dass die Besucher das Festival als geduldetes temporäres Ausweichen nutzen können, um sich hernach wieder besser in die bestehenden Ordnungen einzufügen bzw. sich diesen unterzuordnen. Das Fusion Festival lässt sich somit als eine Form des Festes beschreiben, bei dem die Gemeinschaft den dominanten Aspekt darstellt. Die Bedeutung und äußere Erscheinungsform sind zwar trotzdem wichtig für das Fusion Festival, haben aber nachgeordnete Bedeutung (siehe Abb. 8).

Abbildung 8   Fusion Festival als Mischform von Feier und Fest
(Eigene Darstellung in Anlehnung an Deile 2004, S. 11).

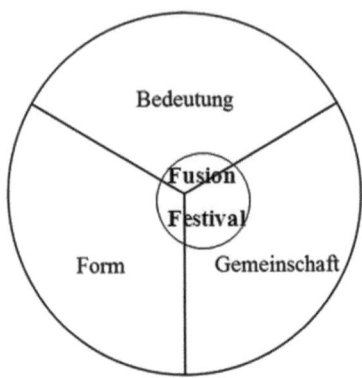

In den vorangegangenen Kapiteln wurde geklärt, dass keine Fusion (Verschmelzung) der Festivalbesucher in dem Sinne stattfindet, dass sie alle gemeinsam eine Gemeinschaft für die Dauer des Festivals konstituieren. Stattdessen findet eine Fusion nur ephemer in ekstatischen, efferveszenten Momenten statt. Die unterschiedlichen Menschen verschmelzen dabei zu einem neuen Ganzen.

Während des Festivals findet zumeist lediglich eine Zusammenkunft im Sinne des Kommunismus statt, bei dem sämtliche Hierarchiestufen abgeschafft wurden. Die Fusionisten sind vielmehr Kommunisten, weil alle gleich sind bzw. sein sollen. Wie bereits in Kap. 5 erklärt wurde, können die Fusionisten nicht als eine einzige Festivalgemeinschaft verstanden werden. Die verschiedenen Gemeinschaften beeinflussen maßgeblich das außeralltägliche Erlebnis aller Besucher. Diese Gemeinschaften sind komplex und paradox in Anbetracht des Verhaltens ihrer Mitglieder. Die zahlreichen Widersprüche äußern sich in:

- Suche nach Freiheit – Finden von Festivalfreiheit
- Lachen genießen – Normen erfüllen
- Gemeinschaft für egoistische Zwecke
- Urlaub vom Leben auch hinsichtlich sozialer Kontakte
- Verbundenheit – Fremdbilder untereinander.

Die Teilnehmer suchen das Fusion Festival auf, um Freiheit zu empfinden. Sie fliehen zwar aus der alltäglichen Kontrolle, aber kommen letztendlich in der außeralltäglichen Kontrolle an. Denn auch die vermeintliche Festivalfreiheit ist keine absolute Befreiung, da auch hier Regeln das Festivalleben bestimmen. Hier finden ebenso Machtkämpfe statt, denen sich das Individuum nicht entziehen kann (vgl. Kap. 3.4). Die Besucher genießen einerseits den festivaltypischen Spaß und die Transgression, aber andererseits leiden sie auch darunter, da dieses Verhalten als normal gilt und unnormales Verhalten unverzüglich sanktioniert wird. Das Festival changiert deshalb zwischen den Maximen „Genießen" und „Normen erfüllen". Denn die Erlebnismaximierung wird einerseits lustvoll auch mithilfe von Drogen vollzogen. Andererseits sind die zahlreichen Erlebnisse derart kräftezehrend, dass Drogen ebenso zur Erlebnisminimierung verwendet werden (vgl. Kap. 3.3). Trotz der Flucht aus den alltäglichen Kontrollen unterwerfen sich folglich die Teilnehmer freiwillig dem Leistungsdruck der Festivalgemeinschaft.

Darüber hinaus werden die Gemeinschaften nur dann bewusst erfahren, solange sie den egoistischen Zwecken des einzelnen Besuchers dienen. Ebenso wird hinsichtlich der sozialen Kontakte der „Urlaub vom Leben" vollzogen. Denn selbst der physische Kontakt zu jahrelangen Freunden wird nur insofern gesucht, solange nicht die eigene Freiheit eingeschränkt wird (vgl. Kap. 3.2.1). Die Fusionisten wollen sich nicht festlegen, weder durch die Planung von Bühnenbesuchen, noch durch Verabredungen mit Freunden. Die Ambivalenz setzt sich im Verhältnis zu den anderen Festivalbesuchern fort. Einerseits fühlen sie sich mit allen verbunden, andererseits existieren zahlreiche Fremdbilder (vgl. Kap. 5.2.2).

Abschließend lässt sich das Fusion Festival als Möglichkeit zur psychischen Existenzbewältigung für die Besucher beschreiben, die sich nicht nur von alltäglichen Normen und Ordnungen befreien, sondern ebenso von sozialen Kontakten, da diese anscheinend zuweilen auch als Belastung empfunden werden. Die Fusionbesucher befreien sich folglich aus ihren bestehenden alltäglichen Gemeinschaften und konstituieren neue Gemeinschaften während des Festivals. Die Festivalgemeinschaften zeichnen sich durch ihre spontane, ephemere und hoch emotionale Existenz aus und besitzen damit ebenso Differenzqualität zum Alltag.

Abbildung 9 Fusion Festival zwischen rituellem Fest und populärem Event (Eigene Darstellung in Anlehnung an Hepp et al. 2010, S. 13).

Rituelle Feste	Populäre Events	Fusion Festival
transzendierende Unterbrechung des Alltags	routinisiertes Außeralltäglichkeitserleben	Populär
gesellschaftlich dominierend	segmentiell dominierend	Populär
wiederkehrend	inszenierte Einzigartigkeit	Rituell/Populär
vorgeplant	kommerzialisiert	Rituell/Populär
feierlich	spaßig	Populär
harmonisierend	polarisierend	Populär

Rekurrierend auf die eingangs erläuterten Charakteristika von (populären) Events (Abb. 9) lässt sich konstatieren, dass das Fusion Festival durchaus routinisiertes Außeralltäglichkeitserleben bietet für diejenigen Besucher, die regelmäßig wiederkehren. Darüber hinaus kann es für ebendiese regelmäßigen Besucher dominierendes Potential entfalten, nicht jedoch für Technofans im Allgemeinen, da – wie bereits geklärt – das Festival kein typisches Event der Technoszene darstellt. Die Besucher betonen zwar, dass jede Fusion (jedes Jahr) anders ist, aber nichtsdestotrotz gibt den Wiederholern auch die Beständigkeit von spezifischen Abläufen wie das Eröffnungs-Live Set am Donnerstagabend um 21:00 Uhr an der Turmbühne oder das Abschluss-Feuerwerk am Sonntagabend gewisse Rahmungen für ihr Erlebnis. Selbstverständlich wird das Fusion Festival im Voraus geplant. Die Organisation der nächsten Fusion findet zumeist mit Ende der eben noch stattfindenden Fusion statt. Der Kulturkosmos betont lediglich auf die Deckung der Kosten und die Bildung von Rücklagen als Ziel des eingetragenen Vereins abzuzielen, was sich auch in moderaten Preisen von Tickets, Essen und Getränken zeitigt. Inwiefern dies tatsächlich ausschließlich derart praktiziert wird, lässt sich im Rahmen der vorliegenden Forschungsarbeit nur schwerlich nachvollziehen bzw. beweisen. Ob das ausdrücklich ungewollte Erscheinen in diversen Eventplanern oder in Foren von Social Network Plattformen jedoch tatsächlich Anonymität hervor ruft oder nicht eben doch zu gesteigerter Bekanntheit und infolgedessen zu einer künstlichen Verknappung des Angebotes und damit zu einer enorm gesteigerten Nachfrage führt, lässt sich exemplarisch am Verkauf aller verfügbaren 55.000 Tickets für das Jahr 2011 innerhalb von weniger als 48 Stunden darlegen. Ebendiese Strategie lässt sich damit auch als eine – ausgesprochen finanziell günstige – Form des Eventmarketings bezeichnen. Nichtsdestotrotz ist das Fusion Festival im Vergleich zu anderen Events in vergleichbarer Größe ausgesprochen „gering" kommerzialisiert. Das beweist nicht nur die Möglichkeit sich einen Teil des Ticketpreises auf dem Festival wieder erarbeiten zu können. Hinsichtlich der Spaßorientierung der Fusionisten ist das Festival nachgerade ein idealtypisches Exempel des Events. Auch die Polarisierung lässt sich z. B. an der Verheimlichung diverser Praktiken des Drogenkonsums im Alltag festmachen. Die Vergemeinschaftungen während des Fusion Festivals lassen sich folglich durchaus als Gemeinschaften mit Eventcharakter bezeichnen, obgleich sie auch Merkmale des traditionellen Festes wie der Feier aufweisen. Inwiefern die verschiedenen Gemeinschaften über das Festival hinaus existieren und welche Bedeutung für die jeweilige Gemeinschaft aus dem gemeinsamen Festivalbesuch erwächst, stellt eine Fragestellung dar, die in einer anschließenden Forschung zu klären wäre.

Literatur- und Quellenverzeichnis

Anz, P./Walder, P. (1995): Techno. Zürich.
Appen, R. von (2007): Der Wert der Musik – Zur Ästhetik des Populären. Bielefeld.
Aster, R./Repp, M. (1989): Teilnehmende Beobachtung – zwischen Anspruch und Wirklichkeit. In: Aster, R./Merkens, H./Repp, M. (Hrsg.): Teilnehmende Beobachtung. Werkstattberichte und methodologische Reflexionen. Frankfurt/M., S. 122–133.
Bachtin, M. (1990): Literatur und Karneval. Zur Romantheorie und Lachkultur. Frankfurt/M.
Bachtin, M. (1987): Rabelais und seine Welt. Frankfurt/M.
Balla, B. (1990): Das Drei-Stadien-Denken, ein Grundmuster von Sozialtheorien, und seine Elemente bei Ferdinand Tönnies. In: Schlüter, C./Clausen, L. (Hrsg.): Renaissance der Gemeinschaft? Berlin, S. 93–129.
Bausch, C. (2001): Die Inszenierung des Sozialen. Erving Goffman und das Performative. In: Wulf, C./Göhlich, M./Zirfas, J. (Hrsg.): Grundlagen des Performativen. Eine Einführung in die Zusammenhänge von Sprache, Macht und Handeln. Weinheim, S. 203–225.
Bedford-Strohm, H. (1999): Gemeinschaft aus kommunikativer Freiheit. Gütersloh.
Bennett, A. (2005): Cultures of Popular Music. New York.
Bennett, A. (2002): Researching Youth Culture and Popular Music: A Methodological Critique. In: British Journal of Sociology, Ausgabe 53 (3), S. 451–466.
Berger, P. L./Luckmann, T. (2003): Die gesellschaftliche Konstruktion der Wirklichkeit: Eine Theorie der Wissenssoziologie. Frankfurt/M.
Bernard-Donals, M. (1998): Knowing the Subaltern: Bakhtin, Carnival, and the Other Voice of the Human Sciences. In: Mayerfeld Bell, M./Gardiner, M. (Hrsg.): Bakhtin and the Human Sciences. London, S. 112–127.
Bidlo, O. (2008): Tourismusräume als hermeneutische Orte – Überlegungen zur Sinnzuschreibung von Tourismusräumen. Tagung: Konstruktion von Tourismusräumen. Lüneburg, 28. November 2008.
Böhme, G. (2005): Phänomenologie oder Ästhetik der Natur? In: Blume, A. (Hrsg.): Zur Phänomenologie der ästhetischen Erfahrung. München, S. 17–25.
Böhme, G. (1998): Anmutungen über das Atmosphärische. Ostfildern.
Böpple, F./Knüfer, R. (1996): Generation XTC. Techno und Ekstase. Berlin.
Boesch, E. E. (1980): Kultur und Handlung. Bern.
Bohnsack, R. (2007): Rekonstruktive Sozialforschung. Opladen.
Breuer, I./Leusch, P./Mersch, D. (1996): Welten im Kopf: Profile der Gegenwartsphilosophie. Hamburg.
Breyvogel, W. (2005): Eine Einführung in Jugendkulturen: Veganismus und Tattoos. Wiesbaden.
Butler, J. (1997): Excitable Speech: A Politics of the Performative. New York.
Butler, J. (1991): Das Unbehagen der Geschlechter. Gender Studies. Frankfurt/M.

Butler, J. (1990): Performative Acts and Gender Constitution: An Essay in Phenomenology and Feminist Theory. In: Case, S. (Hrsg.): Performing Feminisms: Feminist Critical Theory and Theatre. Baltimore, S. 270–282.
Caillois, R. (1982): Die Spiele und die Menschen – Maske und Rausch. Ullstein.
Calmbach, M. (2007): More than Music. Einblicke in die Jugendkultur Hardcore. Bielefeld.
Carlsson, M. (2004): Performance: A Critical Introduction, 2. Aufl., London.
Certeau, M. de (1988): Die Kunst des Handelns. Berlin.
Coers, M. (2000): Friede, Freude, Eierkuchen. Die Technoszene. München.
Cohen, A. (2007/1985): The Symbolic Construction of Community. New York.
Corsten, H. (1990): Betriebswirtschaftslehre der Dienstleistungsunternehmen. München.
Cossart, A. von (1996): Techno-lution (...Sounds, Synths, Surroundings...). Köln.
Cropley, A.J. (2005): Qualitative Forschungsmethoden, 2. überarb. Aufl. Eschborn.
Crouch, D./Desforges, L. (2003): The Sensuous in the Tourist Encounter. In: Tourist Studies, Ausgabe 3 (1), S. 5–22.
Csikszentmihalyi, M. (2000): Das Flow-Erlebnis: Jenseits von Angst und Langeweile. 8. Aufl., Stuttgart.
Deile, L. (2004): Feste – Eine Definition. In: Maurer, M. (Hrsg.): Das Fest. Beiträge zu seiner Theorie und Systematik. Köln et al., S. 1–18.
Dentith, S. (1995): Bakhtinian Thought. London.
Denzin, N. (2007): Symbolischer Interaktionismus. In: Flick, U./von Kardorff, E./Steinke, I. (Hrsg.): Qualitative Forschung. 5. Aufl., Reinbek, S. 136–150.
Diedrich, R.-M. (1993): The Dragon Has Many Faces. Conceptualizations of Rural Communities in North Wales and the Development of „Anthropology at Home" in Britain. Hamburg.
Diekmann, A. (2008): Empirische Sozialforschung. 19. Aufl., Reinbek.
Dirksmeier, P. (2010): Die Performativität und Konstruktion touristischer Räume – das Beispiel Südbayern. In: Wöhler, Kh./Pott, A./Denzer, V. (Hrsg.): Tourismusräume. Zur soziokulturellen Konstruktion eines globalen Phänomens. Bielefeld, S. 89–105.
Dumke, O. (2001): Techno als säkulare Liturgie. In: Hitzler, R./Pfadenhauer, M. (Hrsg.): Techno-Soziologie. Erkundungen einer Jugendkultur. Opladen, S. 69–83.
Eco, U. (1977): Zeichen: Einführung in einen Begriff und seine Geschichte. Frankfurt/M.
Edensor, T. (2001): Performing Tourism, Staging Tourism. (Re)Producing Tourist Space and Practice. In: Tourist Studies, Ausgabe 1 (1), S. 59–81.
Edensor, T. (2000): Staging Tourism. Tourists as Performers. In: Annals of Tourism Research, Ausgabe 27 (2), S. 322–344.
Ferchhoff, W. (2007): Jugend und Jugendkulturen im 21. Jahrhundert. Wiesbaden.
Fischer-Lichte, E. (2004): Ästhetik des Performativen. Frankfurt/M.
Fischer-Lichte, E. (2003): Performativität und Ereignis. In: Dies. et al. (Hrsg.): Performativität und Ereignis. Tübingen, S. 11–37.
Fischer-Lichte, E. (2001): Ästhetische Erfahrung. Das Semiotische und das Performative. Tübingen.
Fischer-Lichte, E. (1998): Semiotik des Theaters. 3 Bde., Tübingen.
Fiske, J. (1989): Understanding Popular Culture. Boston.

Fiske, J. (2000): Lesarten des Populären. Aus dem Englischen von Lutter, C./Reisenleitner, M./Erdei, S. Wien.

Fleig, A. (2000): Körper-Inszenierungen: Begriff, Geschichte, kulturelle Praxis. In: Fischer-Lichte, E./Fleig, A. (Hrsg.): Körper-Inszenierungen. Präsenz und kultureller Wandel. Tübingen, S. 7–17.

Flick, U./von Kardoff, E./Steinke, I. (2007): Was ist qualitative Forschung? In: Dies. (Hrsg.): Qualitative Forschung. 5. Aufl., Reinbek, S. 13–29.

Flick, U. (2007 a): Triangulation in der qualitativen Forschung. In: Flick, U./von Kardoff, E./Steinke, I. (Hrsg.): Qualitative Forschung. 5. Aufl., Reinbek, S. 309–318.

Flick, U. (2007 b): Qualitative Sozialforschung. Eine Einführung. Vollst. überarb. und erw. Neuausgabe, Reinbek.

Forschungskonsortium (2007): Megaparty Glaubensfest. Weltjugendtag: Erlebnis – Medien – Organisation. Wiesbaden.

Foucault, M. (2006): Von anderen Räumen. In: Dünne, J./Günzel, S. (Hrsg.): Raumtheorie. Frankfurt/M., S. 317–329.

Foucault, M. (1990): Andere Räume. In: Barck, K. et al. (Hrsg.): Aisthesis – Wahrnehmung heute oder Perspektiven einer anderen Ästhetik. Leipzig, S. 34–46.

Foucault, M. (1986): Sexualität und Wahrheit. Bd. 1: Der Wille zum Wissen. Frankfurt/M.

Foucault, M. (1981): Überwachen und Strafen. 4. Aufl., Frankfurt/M.

Foucault, M. (1976): Mikrophysik der Macht. Berlin.

Gebauer, G./Wulf, C. (1998): Spiel, Ritual, Geste. Mimetisches Handeln in der sozialen Welt. Reinbek.

Gebhardt, W. (2008): Gemeinschaften ohne Gemeinschaft. In: Hitzler, R./Honer, A./Pfadenhauer, M. (Hrsg.): Posttraditionale Gemeinschaften. Wiesbaden, S. 202–213.

Gebhardt, W. (2001): „Wagalaweia, bumm, bumm, bumm". Über einige strukturelle Affinitäten zwischen den Kulturszenen der Wagnerianer und der Technoiden. In: Hitzler, R./Pfadenhauer, M. (Hrsg.): Techno-Soziologie. Erkundungen einer Jugendkultur. Opladen, S. 85–93.

Gebhardt, W. (2000): Feste, Feiern und Events. Zur Soziologie des Außergewöhnlichen. In: Gebhardt, W./Hitzler, R./Pfadenhauer, M. (Hrsg.): Events. Soziologie des Außergewöhnlichen. Opladen, S. 17–32.

Gebhardt, W. (1987): Fest, Feier und Alltag. Über die gesellschaftliche Wirklichkeit des Menschen und ihre Deutung. Frankfurt/M.

Geertz, C. (1987): Dichte Beschreibung. Beiträge zum Verstehen kultureller Systeme. Frankfurt/M.

Gilmore, L. (2008): Of Ordeals and Operas. Reflexive Ritualizing at the Burning Man Festival. In: St. John, G. (Hrsg.): Viktor Turner and Contemporary Cultural Performance. New York et al., S. 211–226.

Girtler, R. (2001): Methoden der Feldforschung. 4. Aufl., Wien.

Glaser, B./Strauss, A. (2005), Grounded Theory. Strategien qualitativer Forschung. 1. Nachdr. der 2., korr. Aufl., Bern.

Goffman, E. (2008): Wir alle spielen Theater. Die Selbstdarstellung im Alltag. 6. Aufl., München.

Goffman, E. (1986): Interaktionsrituale. Über Verhalten in direkter Kommunikation. Frankfurt/M.
Goffman, E. (1980): Rahmen-Analyse. Ein Versuch über die Organisation von Alltagserfahrungen. Frankfurt/M.
Goffman, E. (1971/1969): Verhalten in sozialen Situationen. Strukturen und Regeln der Interaktion im öffentlichen Raum. 4. Aufl., Gütersloh.
Goulding, C./Shankar, A./Elliott, R. (2002): Working Weeks, Raving Weekends: Identity Fragmentation and the Emergence of New Communities. In: Consumption, Markets and Culture, Ausgabe 5 (4), S. 261–284.
Günzel, S. (2006): Phänomenologie der Räumlichkeit: Einleitung. In: Dünne, J./Günzel, S. (Hrsg.): Raumtheorie. Frankfurt/M.
Hahn, A. (1986): Soziologische Relevanzen des Stilbegriffs. In: Gumbrecht, H. U./Pfeiffer, K. L. (Hrsg.): Stil. Geschichten und Funktionen eines kulturwissenschaftlichen Diskurselements. Frankfurt/M., S. 603–611.
Hammersley, M. (1990): The Dilemma of Qualitative Method. Nachdr., London.
Hechler, D./Philipps, A. (2008): Widerstand denken. Michel Foucault und die Grenzen der Macht. Bielefeld.
Hecken, T. (2007): Theorien der Populärkultur. Bielefeld.
Henkel, O./Wolff, K. (1996): Berlin Underground. Techno und HipHop zwischen Mythos und Ausverkauf. Berlin.
Hepp, A./Höhn, M./Vogelgesang, W. (2010, Hrsg.): Populäre Events. Medienevents, Spielevents, Spaßevents. 2., überarb. Aufl., Wiesbaden, S. 7–33.
Herma, H. (2001): Generationelle Erfahrung und kollektive Mentalität. Techno als historischer Kommentar. In: Hitzler, R./Pfadenhauer, M. (Hrsg.): Techno-Soziologie. Erkundungen einer Jugendkultur. Opladen, S. 135–158.
Hermanns, H. (2007): Interviewen als Tätigkeit. In: Flick, U./von Kardorff, E./Steinke, I. (Hrsg.): Qualitative Forschung. 5. Aufl., Reinbek, S. 360–368.
Hetherington, K. (1997): The Badlands of Modernity. Heterotopia and Social Ordering. London.
Hetherington, K. (1996): Identity Formation, Space and Social Centrality. In: Theory, Culture and Society. Ausgabe 13 (4), S. 33–52.
Heyl, B. S. (2001): Ethnographic Interviewing. In: Atkinson, P. (Hrsg.): Handbook of Ethnography. London, S. 369–383.
Hildenbrand, B. (2007): Anselm Strauss. In: Flick, U./von Kardorff, E./Steinke, I. (Hrsg.): Qualitative Forschung. 5. Aufl., Reinbek, S. 32–42.
Hitzler, R. (2011): Eventisierung. Drei Fallstudien zum marketingstrategischen Massenspaß. Wiesbaden.
Hitzler, R./Pfadenhauer, M. (2010): Posttraditionale Vergemeinschaftung. Eine ‚Antwort' auf die allgemeine gesellschaftliche Verunsicherung. In: Soeffner, H.-G. (Hrsg.): Unsichere Zeiten. Herausforderungen gesellschaftlicher Transformationen. Wiesbaden, S. 371–382.
Hitzler, R./Bucher, T./Niederbacher, A. (2010 a): Leben in Szenen. Formen juveniler Vergemeinschaftung heute. 3., vollständig überarbeitete Aufl., Wiesbaden.

Literatur- und Quellenverzeichnis

Hitzler, R./Honer, A./Pfadenhauer, M. (2009): Posttraditionale Gemeinschaften. Theoretische und ethnografische Erkundungen. Wiesbaden.

Hitzler, R./Eberle, T. S. (2007): Phänomenologische Lebensweltanalyse. In: Flick, U./von Kardorff, E./Steinke, I. (Hrsg.): Qualitative Forschung. 5. Aufl., Reinbek, S. 109–118.

Hitzler, R./Pfadenhauer, M. (2003): Next Step. Technoide Vergemeinschaftung und ihre Musik(en). In: Neumann-Braun, K./Schmidt, A./Mai, M. (Hrsg.): Popvisionen. Links in die Zukunft. Frankfurt/M., S. 212–225.

Hitzler, R. (2001): Erlebniswelt Techno. In: Hitzler, R./Pfadenhauer, M. (Hrsg.): Techno-Soziologie. Erkundungen einer Jugendkultur. Opladen, S. 12–27.

Hitzler, R. (1999): Die Entdeckung der Lebens-Welten. In: Willems, H./Hahn, A. (Hrsg.): Identität und Moderne. Frankfurt/M., S. 231–249.

Hitzler, R. (1999 a): Verführung statt Verpflichtung. Die neuen Gemeinschaften der Existenzbastler. In: Honegger, C./Hradil, S./Traxler, F. (Hrsg.): Grenzenlose Gesellschaft? Teil 1. Opladen, S. 223–233.

Hitzler, R./Pfadenhauer, M. (1998): „Let your body take control!" Zur ethnographischen Kulturanalyse der Techno-Szene. In: Bohnsack, R./Marotzki, W. (Hrsg.): Biographieforschung und Kulturanalyse. Transdisziplinäre Zugänge qualitativer Forschung. Opladen, S. 75–92.

Hoffmann, R. (2008): Vor der Stigma-Umkehr? Performativität der Publikumswahrnehmung auf das Ereignis der Gay-Paraden. In: Fischer-Lichte, E. (Hrsg.): Performativität und Ereignis. Tübingen, S. 301–318.

Hoffmann-Riem, C. (1980): Die Sozialforschung einer interpretativen Soziologie. Der Datengewinn. In: Kölner Zeitschrift für Soziologie und Sozialpsychologie, Jg. 32, S. 339–372.

Homann, H. (2004): Soziologische Ansätze einer Theorie des Festes. In: Maurer, M. (Hrsg.): Das Fest. Beiträge zu seiner Theorie und Systematik. Köln et al., S. 95–114.

Honer, A. (1999): Bausteine zu einer lebensweltorientierten Wissenssoziologie. In: Hitzler, R./Reichertz, J./Schröer, N. (Hrsg.): Hermeneutische Wissenssoziologie. Standpunkte zur Theorie der Interpretation. Konstanz, S. 51–67.

Hopf, C. (2007): Qualitative Interviews – ein Überblick. In: Flick, U./von Kardorff, E./Steinke, I. (Hrsg.): Qualitative Forschung. 5. Aufl., Reinbek, S. 349–360.

Huizinga, J. (1987): Homo Ludens. Vom Ursprung der Kultur im Spiel. Neuausgabe von 1956, Hamburg.

Jerrentrup, A. (2001): „Das Mach-Werk. Zur Produktion, Ästhetik und Wirkung von Techno-Musik." In: Hitzler, R./Pfadenhauer, M. (Hrsg.): Techno-Soziologie. Erkundungen einer Jugendkultur. Opladen, S. 185–210.

Johnson, P. (2006): Unravelling Foucault's ‚different spaces'. In: History of the Human Sciences, Ausgabe 19 (4), S. 75–90.

Kamenka, E./Erh-Soon Tay, A. (1990): ‚Gemeinschaft', ‚Gesellschaft' and the Nature of Law. In: Schlüter, C./Clausen, L. (Hrsg.): Renaissance der Gemeinschaft? Berlin, S. 132–151.

Kawulich, B. B. (2005): Participant Observation as a Data Collection Method. In: Forum Qualitative Social Research, Ausgabe 6 (2), Art. 43.

Keller, R. (2006 a): Michel Maffesoli: Die Wiederkehr der Stämme in der Postmoderne. In: Moebius, S./Quadflieg, D. (Hrsg.): Kultur. Theorien der Gegenwart. Wiesbaden, S. 209–220.
Keller, R. (2006 b): Michel Maffesoli: Eine Einführung. Konstanz.
Klass, T. (2008): Foucault und der Widerstand. In: Hechler, D./Philipps, A. (Hrsg.): Widerstand denken. Bielefeld, S. 149–168.
Klein, G. (2001): Urban Story Telling: Tanz und Popkultur. In: Hitzler, R./Pfadenhauer, M. (Hrsg.): Techno-Soziologie. Erkundungen einer Jugendkultur. Opladen, S. 162–176.
Kluge, F. (1995): Etymologisches Wörterbuch der deutschen Sprache. 23. erw. Aufl. Berlin et al.
Knoblauch, H. (2000): Das strategische Ritual der kollektiven Einsamkeit. Zur Begrifflichkeit und Theorie des Events. In: Gebhardt, W./Hitzler, R./Pfadenhauer, M. (Hrsg.): Events. Soziologie des Außergewöhnlichen. Opladen, S. 33–50.
Krech, V. (2007): Effervescence. In: Fuchs-Heinritz, W./Lautmann, R./Rammstedt, O./ Wienold, H. (Hrsg.): Lexikon zur Soziologie. 4., grundlegend überarb. Aufl., Wiesbaden, S. 150.
Kulturkosmos Müritzsee e. V. (2009 a): http://www.kulturkosmos.de/de/gelaendekauf/, eingestellt: o.A., abgerufen: 05. Mai 2009.
Kulturkosmos Müritzsee e. V. (2009 b): http://www.kulturkosmos.de/de/kulturfoerderung/, eingestellt: o.A., abgerufen: 05. Mai 2009.
Kulturkosmos Müritzsee e. V. (2009 c): http://archiv.fusion-festival.de/2009/de/2009/home/hinweise/info-a-z/, eingestellt: o.A., abgerufen: 12. Oktober 2009.
Kulturkosmos Müritzsee e. V. (2009 d): http://archiv.fusion-festival.de/2009/de/2009/home/festival/news/beitrag-lesen/article/anreise-einlass/, eingestellt: 15. Juni 2009, abgerufen: 23. Oktober 2009.
Kulturkosmos Müritzsee e. V. (2009 e): http://archiv.fusion-festival.de/2009/de/2009/home/hinweise/urlaub/, eingestellt: o.A., abgerufen: 23. Oktober 2009.
Kulturkosmos Müritzsee e. V. (2009 f): http://archiv.fusion-festival.de/2009/de/2009/home/festival/news/beitrag-lesen/article/campingaufsicht-1/, eingestellt: 04. Juni 2009, abgerufen: 23. Oktober 2009.
Kulturkosmos Müritzsee e. V. (2009 g): http://archiv.fusion-festival.de/2009/de/2009/home/festival/fusion/, eingestellt: o.A., abgerufen: 19. November 2009.
Kulturkosmos Müritzsee e. V. (2009 h): http://www.kulturkosmos.de/de/theaterperformance/, eingestellt: o.A., abgerufen: 19. November 2009.
Kulturkosmos Müritzsee e. V. (2009 i): Newsletter 4/09, eingestellt: 24. November 2009, abgerufen: 24. November 2009.
Kulturkosmos Müritzsee e. V. (2009 j): http://archiv.fusion-festival.de/2009/de/2009/home/festival/news/beitrag-lesen/article/muell/, eingestellt: 29. Juni 2009, abgerufen: 01. Dezember 2009.
Kulturkosmos Müritzsee e. V. (2009 k): http://www.fusion-festival.de/index.php?id=154, eingestellt: 01. Dezember 2009, abgerufen: 01. Dezember 2009.
Kulturkosmos Müritzsee e. V. (2009 l): http://archiv.fusion-festival.de/2009/de/2009/home/festival/backstage/, eingestellt: o.A., abgerufen: 23. Oktober 2009.

Literatur- und Quellenverzeichnis 167

Kulturkosmos Müritzsee e.V. (2009 m): Newsletter 5/09, eingestellt: 11. Dezember 2009, abgerufen: 11. Dezember 2009.
Kulturkosmos Müritzsee e.V. (2009 n): http://www.kulturkosmos.de/de/fusion-festival/, eingestellt: o.A., abgerufen: 05. Mai 2009.
Kulturkosmos Müritzsee e.V. (2009 o): http://www.kulturkosmos.de/de/soziokulturelleaspekte/, eingestellt: o.A., abgerufen: 05. Mai 2009.
Kulturkosmos Müritzsee e.V. (2009 p): http://www.kulturkosmos.de/de/kulturfoerderung/, eingestellt: o.A., abgerufen: 05. Mai 2009.
Kulturkosmos Müritzsee e.V. (2009 q): http://www.kulturkosmos.de/de/theaterperformance/, eingestellt: o.A., abgerufen: 05. Mai 2009.
Kulturkosmos Müritzsee e.V. (2009 r): http://www.kulturkosmos.de/de/tourismus/, eingestellt: o.A., abgerufen: 05. Mai 2009.
Kulturkosmos Müritzsee e.V. (2010): Newsletter 1/10, eingestellt: 13. Januar 2010, abgerufen: 14. Januar 2010.
Korte, S. (2007): Rauschkonstruktionen. Wiesbaden.
Lachmann, R. (1987): Vorwort. In: Bachtin, M.: Rabelais und seine Welt: Volkskultur als Gegenkultur. Frankfurt/M., S. 7–48.
Lange, E. (2007): Anomie. In: Fuchs-Heinritz, W./Lautmann, R./Rammstedt, O./Wienold, H. (Hrsg.): Lexikon zur Soziologie. 4., grundlegend überarb. Aufl., Wiesbaden, S. 38.
Langman, L. (2008): Punk, Porn and Resistance. In: Current Sociology, Ausgabe 56 (4), S. 657–677.
Lau, T. (1996): Rave New World. Ethnographische Notizen der Kultur der „Technos". In: Knoblauch, H. (Hrsg.): Kommunikative Lebenswelten. Zur Ethnographie einer geschwätzigen Gesellschaft. Konstanz, S. 245–259.
Langman, L. (2009): Capitalism and the Carnival Character: The Escape from Reality. In: Critical Sociology, Ausgabe 35 (4), S. 471–492.
Lemke, T. (2001): Gouvernementalität. In: Kleiner, M.S. (Hrsg.): Michel Foucault. Eine Einführung in sein Denken. Frankfurt/M., S. 108–122.
Lévi-Strauss, C. (1973): Das wilde Denken. Frankfurt/M.
Liell, C. (2003): Jugend, Gewalt und Musik. Praktiken der Efferveszenz in der HipHop-Szene. In: Luig, U./Seebode, J. (Hrsg.): Ethnologie der Jugend. Soziale Praxis, moralische Diskurse und inszenierte Körperlichkeit. Münster et al., S. 123–153.
Löw, M. (2001): Raumsoziologie. Frankfurt/M.
Lothwesen, K.S. (2000): TECHNO – Jugend zwischen authentischer Kultur und Medienkonstrukt. In: Diskussion Musikpädagogik, Ausgabe 6, S. 78–89.
Lothwesen, K.S. (1999): Methodische Aspekte zur musikalischen Analyse von Techno. In: Beiträge zur Popularmusikforschung Bd. 24, S. 70–89.
Luckmann, T. (2007): Lebenswelt, Identität und Gesellschaft. Schriften zur Wissens- und Protosoziologie.
Ludwig, A. (1972): Altered States of Consciousness. In: Tart, C. (Hrsg.): Ebd. Garden City.
Luvaas, B. (2006): Re-producing Pop. The Aesthetics of Ambivalence in a Contemporary Dance Music. In: International Journal of Cultural Studies, Ausgabe 9 (2), S. 167–187.
Maffesoli, M. (1996): The Time of the Tribes. London.

Mahayni, Z. (2003): Feuer, Wasser, Erde, Luft: Eine Phänomenologie der Natur am Beispiel der vier Elemente. Rostock.

Mandel, B. (2011): Event. In: Lewinski-Reuter, V./Lüddemann, S. (Hrsg.): Glossar Kulturmanagement. Wiesbaden, S. 49–55.

Matt, E. (2007): Darstellung qualitativer Forschung. In: Flick, U./von Kardorff, E./Steinke, I. (Hrsg.): Qualitative Forschung, 5. Aufl., Reinbek, S. 578–587.

Maurer, M. (2004): Prolegomena zu einer Theorie des Festes. In: Ders. (Hrsg.): Das Fest. Beiträge zu seiner Theorie und Systematik. Köln et al., S. 19–54.

Maurer, M. (2004): Feste zwischen Memoria und Exzeß. Kulturwissenschaftliche und psychoanalytische Ansätze einer Theorie des Festes. In: Ders. (Hrsg.): Das Fest. Beiträge zu seiner Theorie und Systematik. Köln et al., S. 115–134.

McLeod, K. (2001): Genres, Subgenres, Sub-Subgenres and More: Musical and Social Differentiation Within Electronic/Dance Music Communities. In: Journal of Popular Music Studies, Ausgabe 13, S. 59–75.

Menrath, S. (2001): Represent what…: Performativität von Identitäten im Hip Hop. Hamburg.

Mersch, D. (2003): Das Ereignis der Setzung. In: Fischer-Lichte, E. et al. (Hrsg.): Performativität und Ereignis. Tübingen, S. 41–56.

Merz-Benz, P.-U. (1991): Die begriffliche Architektonik von „Gemeinschaft und Gesellschaft". In: Clausen, L./Schlüter, C. (Hrsg.): Hundert Jahre „Gemeinschaft und Gesellschaft". Opladen.

Meyer, E. (2000): Die Techno-Szene. Ein jugendkulturelles Phänomen aus sozialwissenschaftlicher Perspektive. Opladen.

Moore, R. (2007): Friends Don't Let Friends Listen to Corporate Rock. In: Journal of Contemporary Ethnography, Ausgabe 36 (4), S. 438–474.

Muniz, A. M. JR./O'Guinn, T. C. (2001): Brand Community. In: Journal of Consumer Research, Ausgabe 27, S. 412–432.

Nicholson, R. E./Pearce, D. G. (2001): Why Do People Attend Events: A Comparative Analysis of Visitor Motivations at Four South Island Events. In: Journal of Travel Research, Ausgabe 39, S. 449–460.

Opdenakker, R. (2006): Advantages and Disadvantages of Four Interview Techniques in Qualitative Research. In: Forum: Qualitative Social Research, Ausgabe 7 (4), Art. 11.

Pfadenhauer, M. (2009): The Lord of the Loops. Observations at the Club-Culture DJ-Desk. In: Forum: Qualitative Social Research, Ausgabe 10 (3), Art. 17.

Pfadenhauer, M. (2005): Ethnography of Scenes. Towards a Sociological Life-World Analysis of (Post-Traditional) Community Building. In: Forum: Qualitative Social Research, Ausgabe 6 (3), Art. 43.

Pfeifer, W. et al. (1993 a): Etymologisches Wörterbuch des Deutschen. Band 1, 2. Aufl. Berlin.

Pfeifer, W. et al. (1993 b): Etymologisches Wörterbuch des Deutschen. Band 2, 2. Aufl. Berlin.

Pini, M. (1997): Women and the Early British Rave Scene. In: McRobbie, A. (Hrsg.): Back to Reality: Social Experience and Cultural Studies. Manchester.

Literatur- und Quellenverzeichnis

Plessner, H. (2001): Grenzen der Gemeinschaft. Eine Kritik des sozialen Radikalismus. Frankfurt/M.

Plessner, H. (1982): Ausdruck und menschliche Natur. In: Ders.: Gesammelte Schriften, Bd. VII, hg. von Dux, G./Marquard, O./Ströker, E., Frankfurt/M.

Prisching, M. (2008): Paradoxien der Vergemeinschaftung. In: Hitzler, R./Honer, A./Pfadenhauer, M. (Hrsg.): Posttraditionale Gemeinschaften. Wiesbaden, S. 36–54.

Quensel, S. (1996): Einleitung. In: Nolte, F./Quensel, S./Schultze, A. (Hrsg.): Wider besseres Wissen. Die Scheinheiligkeit der Drogenpolitik. Bremen.

Rao, U. (2008): Tempelbau als Widerstand? Überlegungen zum Begriff der Heterotopie. In: Hechler, D./Philipps, A. (Hrsg.): Widerstand denken. Michel Foucault und die Grenzen der Macht. Bielefeld, S. 219–233.

Rapp, T. (2009): Lost and Sound. Berlin, Techno und der Easyjetset. Frankfurt/M.

Ravenscroft, N./Matteucci, X. (2003): The Festival as Carnivalesque: Social Governance and Control at Pamplona's San Fermin Fiesta. In: Tourism, Culture and Communication, Ausgabe 4, S. 1–15.

Rhodes, C. (2007): Outside the Gates of Eden. Utopia and Work in Rock Music. In: Group & Organization Management, Ausgabe 32 (1), S. 22–49.

Riedel, M. (1975): Gesellschaft, Gemeinschaft. In: Brunner, O./Conze, W./Kosseleck, R. (Hrsg.): Geschichtliche Grundbegriffe. Band 2. Stuttgart, S. 801–862.

Rösing, H. (2001): Massen-Flow. Die „Rebellion der Unterhaltung" im Techno. In: Hitzler, R./Pfadenhauer, M. (Hrsg.): Techno-Soziologie. Erkundungen einer Jugendkultur. Opladen, S. 177–184.

Rose, G. (1999): Performing Space. In: Human Geography Today, S. 247–259.

Rülcke, C. (2007): Kommunismus. In: Fuchs-Heinritz, W./Lautmann, R./Rammstedt, O./Wienold, H. (Hrsg.): Lexikon zur Soziologie. 4., grundlegend überarb. Aufl., Wiesbaden, S. 347.

Saretzki, A. (2010): Destination Building und Destination Branding als räumliche Konstruktionsprozesse. In: Wöhler, Kh./Pott, A./Denzer, V. (Hrsg.), Tourismusräume. Zur soziokulturellen Konstruktion eines globalen Phänomens. Bielefeld, S. 273–296.

Schinkel, S. (2005): Die Performativität von Überlegenheit. Zu Judith Butlers Kritik des souveränen Subjekts. In: Wulf, C. (Hrsg.): Berliner Arbeiten zur Erziehungs- und Kulturwissenschaft. Bd. 21, Berlin.

Schmidt, A./Neumann-Braun, K. (2008): Die Gothics – posttraditionale ‚Traditionalisten'. In: Hitzler, R./Honer, A./Pfadenhauer, M. (Hrsg.): Posttraditionale Gemeinschaften. Wiesbaden, S. 228–247.

Schmitz, H. (2007): Der Leib, der Raum und die Gefühle. Aktualisierte Neuaufl., Bielefeld.

Schmitz, H. (2005): Über das Machen von Atmosphären. In: Blume, A. (Hrsg.): Zur Phänomenologie der ästhetischen Erfahrung. München, S. 26–43.

Schulze, G. (1999): Kulissen des Glücks. Streifzüge durch die Eventkultur. Frankfurt/M., New York.

Schulze, G. (1993): Die Erlebnisgesellschaft. Kultursoziologie der Gegenwart. Frankfurt/M., New York.

Schwarzenegger, C. (2007): Das „Verräumen" der Orte – Konsum Dritter Orte als Ikonophagie. In: Hellmann, K./Zurstiege, G. (Hrsg.): Räume des Konsums – Über den Funktionswandel von Räumlichkeit im Zeitalter des Konsumismus. Wiesbaden, S. 142–155.
Seier, A. (2001): Macht. In: Kleiner, M. S. (Hrsg.): Michel Foucault. Eine Einführung in sein Denken. Frankfurt/M., S. 90–107.
Seifert, A. (2004): Körper, Maschine, Tod. Zur symbolischen Artikulation in Kunst und Jugendkultur des 20. Jahrhunderts. Wiesbaden.
Simmel, G. (2009 a): Zur Psychologie der Mode. In: Lichtblau, K. (Hrsg.): Georg Simmel. Soziologische Ästhetik. Wiesbaden, S. 49–52.
Simmel, G. (2009 b): Soziologie der Sinne. In: Lichtblau, K. (Hrsg.): Georg Simmel. Soziologische Ästhetik. Wiesbaden, S. 115–127.
Simmel, G. (2009 c): Psychologie des Schmucks. In: Lichtblau, K. (Hrsg.): Georg Simmel. Soziologische Ästhetik. Wiesbaden, S. 137–142.
Soeffner, H.-G. (2007): Sozialwissenschaftliche Hermeneutik. In: Flick, U./von Kardorff, E./ Steinke, I. (Hrsg.): Qualitative Forschung. 5. Aufl., Reinbek, S. 164–175.
Soeffner, H.-G. (2004 a): Auslegung des Alltags – Der Alltag der Auslegungen. Konstanz.
Soeffner, H.-G. (2004 b): Die Wirklichkeit der Theatralität. In: Fischer-Lichte, E. (Hrsg.): Theatralität als Modell in den Kulturwissenschaften. Tübingen, S. 235–247.
Soeffner, H.-G. (2001): Stile des Lebens. Ästhetische Gegenentwürfe zur Alltagspragmatik. In: Huber, J. (Hrsg.): Kultur-Analysen. Wien, S. 79–113.
Soeffner, H.-G. (1992): Die Ordnung der Rituale. Frankfurt/M.
Soentgen, J. (1998): Die verdeckte Wirklichkeit: Einführung in die Neue Phänomenologie von Hermann Schmitz. Bonn.
Sonnenberg, G. (2005): Gentrifizierte Stadtviertel: gewachsene oder konstituierte Erlebniswelten? In: Wöhler, Kh. (Hrsg.): Erlebniswelten – Herstellung und Nutzung touristischer Welten. Münster, S. 165–176.
Spöhring, W. (1989): Qualitative Sozialforschung. Stuttgart.
Stauber, B. (2004): Junge Frauen und Männer in Jugendkulturen – Selbstinszenierungen und Handlungspotentiale. Opladen.
St. John, G. (2009): Technomad. Global Raving Countercultures. London, Oakville.
Steinke, I. (2007): Gütekriterien qualitativer Forschung. In: Flick, U./von Kardorff, E./Steinke, I. (Hrsg.): Qualitative Forschung. 5. Aufl., Reinbek, S. 319–331.
Sterneck, W. (1998): Der Kampf um die Träume – Musik und Gesellschaft: Von der Widerstandskultur zum Punk, von Geräuschmusik zum Techno. Hanau, 2. Aufl.
Strang, H. (1990): Gemischte Verhältnisse. Anzeichen einer Balance zwischen „Gemeinschaft" und „Gesellschaft". In: Schlüter, C. & Clausen, L. (Hrsg.): Renaissance der Gemeinschaft? Berlin, S. 75–92.
Strauss, A. (1998): Grundlagen qualitativer Sozialforschung. 2. Aufl., München.
Strauss, A./Corbin, J. (1996): Grounded Theory: Grundlagen qualitativer Sozialforschung. Weinheim.
Strübing, J. (2004): Grounded Theory. Wiesbaden.
Thornton, S. (1995): Club Cultures. Music, Media and Subcultural Capital. Cambridge.

Literatur- und Quellenverzeichnis

Tönnies, F. (1991/1979): Gemeinschaft und Gesellschaft. Grundbegriffe der reinen Soziologie. 3., unveränderte Aufl., Darmstadt.
Tönnies, F. (1887): Gemeinschaft und Gesellschaft. Abhandlung des Communismus und des Sozialismus als empirische Kulturformen. Leipzig.
Tuan, Y.-F. (1998): Escapism. Baltimore.
Tuan, Y.-F. (1995): Space and context. In: Schechner, R./Appel, W. (Hrsg.): By Means of Performance. Cambridge, S. 236–244.
Turner, V. (2000): Das Ritual. Struktur und Anti-Struktur. Frankfurt/M.
Turner, V. (1989): Vom Ritual zum Theater. Der Ernst des menschlichen Spiels. Frankfurt/M.
Vogelgesang, W. (2001): Design-Kultur ‚Techno'. In: Hitzler, R./Pfadenhauer, M. (Hrsg.): Techno-Soziologie. Erkundungen einer Jugendkultur. Opladen, S. 265–289.
Volkwein, B. (2003): What's Techno? Geschichte, Diskurse und musikalische Gestalt elektronischer Unterhaltungsmusik. Osnabrück.
Warneken, B. J. (2006): Die Ethnographie popularer Kulturen. Köln.
Warning, R. (2009): Heterotopien als Räume ästhetischer Erfahrung. München.
Webb, D. (2005): Bakhtin at the Seaside. Utopia, Modernity and the Carnivalesque. In: Theory, Culture and Society, Ausgabe 22 (3), S. 121–138.
Weichhart, P. (2010): Raumkonstruktion, „Turns" und Paradigmen. In: Wöhler, Kh./Pott, A./ Denzer, V. (Hrsg.): Tourismusräume. Zur soziokulturellen Konstruktion eines globalen Phänomens. Bielefeld, S. 21–39.
Weichhart, P. (2008): Entwicklungslinien der Sozialgeografie – Von Hans Bobek bis Benno Werlen. Stuttgart.
Werner, J. (2001): Die Club-Party. Eine Ethnographie der Berliner Techno-Szene. In: Hitzler, R./Pfadenhauer, M. (Hrsg.): Techno-Soziologie. Erkundungen einer Jugendkultur. Opladen, S. 31–50.
Willems, H. (1998): Inszenierungsgesellschaft? In: Ders./Jurga, M. (Hrsg.): Inszenierungsgesellschaft. Opladen, S. 23–79.
Willis, P. (1991): Jugend-Stile. Zur Ästhetik der gemeinsamen Kultur. Hamburg.
Willis, P. (1981): „Profane Culture". Rocker, Hippies: Subversive Stile der Jugendkultur. Frankfurt/M.
Winter, R./Mikos, L. (2001): Die Fabrikation des Populären: Der John Fiske-Reader. Bielefeld.
Witzel, A. (2000): Das problemzentrierte Interview. In: Forum: Qualitative Sozialforschung, Ausgabe 1 (1), Art. 22.
Wöhler, Kh. (2011): Touristifizierung von Räumen. Kulturwissenschaftliche und soziologische Studien zur Konstruktion von Räumen. Wiesbaden.
Wöhler, Kh. (2010): „Wir kommen wieder". Zur Performanz des Hotelaufenthalts. Konferenz: Quartier machen – Sterne deuten. Kulturwissenschaftliche Tourismusforschung über das Hotel. 9. Tagung der Kommission Tourismusforschung der Deutschen Gesellschaft für Volkskunde. Wien, 5. März 2010.
Wöhler, Kh. (2008): Raumkonsum als Produktion von Orten. In: Hellmann, K./Zurstiege, G. (Hrsg.): Räume des Konsums – Über den Funktionswandel von Räumlichkeit im Zeitalter des Konsumierens. Wiesbaden, S. 69–86.

Wolff, S. (2007): Wege ins Feld und ihre Varianten. In: Flick, U./von Kardorff, E./Steinke, I. (Hrsg.): Qualitative Forschung. 5. Aufl., Reinbek, S. 334–349.

Wulf, C. (2005): Zur Genese des Sozialen. Mimesis, Performativität, Ritual. Bielefeld.

Wulf, C./Göhlich, M./Zirfas, J. (2001): Sprache, Macht und Handeln – Aspekte des Performativen. In: Wulf, C./Göhlich, M./Zirfas, J. (Hrsg.): Grundlagen des Performativen. Eine Einführung in die Zusammenhänge von Sprache, Macht und Handeln. Weinheim, S. 9–24.

Wulf, C. (2001): Mimesis und performatives Handeln. In: Wulf, C./Göhlich, M./Zirfas, J. (Hrsg.): Grundlagen des Performativen. Eine Einführung in die Zusammenhänge von Sprache, Macht und Handeln. Weinheim, S. 253–272.

Anhang

I   Forschungsstil Grounded Theory

Immer dann, wenn bisheriges Wissen ein Phänomen nicht erklären kann, ist empirische Sozialforschung erforderlich, wie im vorliegenden Fall der Vergemeinschaftung der Fusionbesucher. Die „Offenheit für Erfahrungswelten, ihre innere Verfasstheit und ihre Konstruktionsprinzipien sind für die qualitative Forschung nicht nur Selbstzweck für ein Panorama von ‚Sittenbildern' kleiner Lebenswelten, sondern zentraler Ausgangspunkt für gegenstandsbegründete Theoriebildung"[1]. Qualitative Sozialforschung eignet sich, um die Lebenswelt der Festivalbesucher von innen heraus direkt am Gegenstand Fusion Festival zu beschreiben und zu interpretieren. Dabei muss die Forschung stets offen bleiben für Veränderungen wie auch neue Erkenntnisse. Der symbolische Interaktionismus ist die theoretische Basis der Grounded Theory. Dieser berücksichtigt die symbolische Interaktion von Menschen (Sprache, Kleidung usw.), die daraus diskursiv soziale Wirklichkeit produzieren. Die spezifische Kultur beschreibt, welche Bedeutung den Symbolen beigemessen wird.[2]

Grounded Theory, anfänglich von Glaser und Strauss (1967) entwickelt und später von Strauss und Corbin weiterentwickelt, beruft sich auf den Pragmatismus, der gekennzeichnet ist durch Interaktion, Zeitlichkeit, Prozesshaftigkeit und Strukturiertheit.[3] Grounded Theory dient der Theoriegenese von sozialen Prozessen anhand des empirischen Materials.[4] Die Erfahrung stellt sich demnach als interdependentes Netzwerk von Phänomenen und Gefühlen dar, welchem alle Menschen angehören.[5] Auch die entwickelten Theorien unterliegen den vier pragmatischen Kennzeichen und sind deshalb Näherungswerte.[6] Grounded Theory bezeichnet keine spezifische Forschungsmethode, sondern einen Stil, der die Analyse von (mehrheitlich) qualitativen Daten beinhaltet und bestimmte charakteristische Merkmale aufweist. Charakteristisch sind das Theoretische Sampling und methodologische Leitlinien wie die constant comparative method und das Kodierparadigma zur Genese und Verdichtung von Konzepten.[7]

---

[1] Flick (2007), S. 17.
[2] Vgl. Strübing (2004), S. 57 f.; Denzin (2007), S. 136 f.; Girtler (2001), S. 47; Spöhring (1989), S. 61.
[3] Vgl. Hildenbrand (2007), S. 32 f.
[4] Vgl. Strauss (1998), S. 51; Strübing (2004), S. 2, 81.
[5] Vgl. Hammersley (1990), S. 45 f.
[6] Vgl. Glaser (2005), S. 41, 239 f.; Strübing (2004), S. 46 f., 58 ff.
[7] Vgl. Glaser (2005), S. 11 ff.; Strauss (1998), S. 30; Strübing (2004), S. 18.

Zu Beginn steht bei der Grounded Theory eine weit gefasste Forschungsfrage, wie die vorliegende: Wie wird Gemeinschaft während des Fusion Festivals hergestellt? Die Fragen können persönlichen Erfahrungen entstammen, wie z. B. ein erster Besuch des Fusion Festivals im Jahr 2008. Im Rahmen der Deduktion werden Implikationen aus den Hypothesen abgeleitet, um damit die Verifizierung (Hypothesenüberprüfung) vorzubereiten. Die Deduktion umfasst die Reflexion theoretischer Begriffe in Verbindung mit Kenntnissen über Schauplätze, Ereignisse, Handlungen und Handelnde selbst.[8]

Die Datenerhebung erfolgt mittels theoretischem Sampling, d. h. anhand von Überlegungen zur Theoriebildung werden bestimmte Fälle oder Ereignisse für die Datenerhebung ausgewählt. Durch die permanente Erhebung kann gleichzeitig die entstehende Theorie überprüft werden. Es entsteht somit eine dichte Beschreibung. Im Unterschied zum statistischen Sampling sind beim theoretischen Sampling weder Umfang noch Merkmale der Grundgesamtheit vorab bekannt. Die Stichprobenelemente werden in mehreren Durchgängen gezogen. Die Anzahl der Ziehungen und die Stichprobengröße ergeben sich im Forschungsprozess. Die theoretische Sättigung zeigt an, dass das Datenmaterial je Kategorie keine neuen Erkenntnisse bringt und somit das entsprechende Sampling beendet werden kann.[9] Die Datenerhebung wird im Moment der theoretischen Sättigung abgebrochen, da keine Repräsentativität einer Stichprobe für eine bestimmte Grundgesamtheit, sondern die Repräsentativität für das entsprechende Konzept angestrebt wird (konzeptuelle Repräsentativität).[10] Dieses Stadium konnte in der vorliegenden Forschungsarbeit jedoch nicht erreicht werden. Ein permanenter Zugang zum Feld ist nicht möglich, weil das Fusion Festival nur einmal jährlich stattfindet.

Anhand der theoretischen Sensibilität ermittelt der Forscher die Relevanz der Daten. Nur mittels theoretischer Sensibilität wird eine Theorie generiert, die gegenstandsverankert, konzeptuell dicht und integriert ist. Literaturstudium, berufliche und persönliche Erfahrungen sowie Erkenntnisse während des Forschungsprozesses sensibilisieren den Forscher zunehmend. Grounded Theory ist also kein tabula rasa-Ansatz, bei dem völlig ohne vorherige Theorie geforscht wird.[11]

Der permanente Vergleich der Daten hinsichtlich Differenzen, Ähnlichkeiten sowie Spezifika einzelner wie auch mehrerer Phänomene dient als Leitgedanke des Kodierprozesses, welcher ein mehrstufiges Auswertungsverfahren ist. Die nötige Trias von Datenerhebung, Kodieren (Analyse) und Memos schreiben (Theoriebildung) dient dem Forscher auch als Kontrolle im Erkenntnisprozess,

---

[8] Vgl. Strauss (1998), S. 37 ff.
[9] Vgl. Strauss (1996), S. 159, Glaser (2005), S. 68 f.; Strübing (2004), S. 32 f.; Flick (2007 b), S. 158 ff.
[10] Vgl. Strübing (2004), S. 31 ff., 78; Strauss (1998), S. 11.
[11] Vgl. Strauss (1996), S. 25 ff.; Strübing (2004), S. 50, 77 f.; Cropley (2005), S. 123.

da durch permanentes Vergleichen auch die Theorieverifizierung vollzogen wird. Denn es findet kein linearer Prozess statt, sondern ein permanenter Rückgriff auf alle drei Arbeitsschritte, die im Idealfall bis zum Abschluss des verfassten Textes nie völlig abgeschlossen sind.[12]

Der Kodiervorgang setzt sich aus drei Stufen zusammen, die keine feste Reihenfolge aufweisen, da das iterativ-zyklische Vorgehen der Grounded Theory auch hierbei Anwendung findet. Während des offenen Kodierens werden die Daten aufgebrochen. Da sich die Phänomene zunächst mit geschlossener Oberfläche präsentieren, muss mittels Analyse einzelner Phänomene und ihrer Eigenschaften ein Zugang zum Material gewonnen werden. Der Zugang soll damit möglichst breit geschaffen werden. Anschließend wird im axialen Kodieren ein Zusammenhangsmodell um die Achse der für die Forschungsfrage interessanten Phänomene gebildet, indem mittels Kodierparadigma bedeutende Beziehungen zwischen den Konzepten erarbeitet und permanent überprüft werden (siehe Beispiel in Abschnitt 3). Wichtige Beziehungen stellen zeitliche, räumliche, Ursache-Wirkung sowie Mittel-Zweck-Beziehungen dar. Ebenso werden Argumentationen und Motive dieser Zusammenhänge berücksichtigt.[13] Im selektiven Kodieren werden die bisher erarbeiteten theoretischen Konzepte in Beziehung zu einigen wenigen Kernkategorien gesetzt, was eine Re-Kodierung der Mehrheit des Datenmaterials bedeutet. Damit soll eine theoretische Schließung erzielt werden. Durch selektives und axiales Kodieren entstehen erste theoretische Konzepte, die als Basis der entstehenden Theorie dienen.[14] Im Rahmen der Kodierung empfiehlt sich die Verwendung von natürlichen Kodes (In-Vivo-Kodes), d. h. diejenigen, die der Interviewte selbst häufig verwendet hat. Kulturwissenschaftliche Kodes können diese später ergänzen, zugunsten von mehr Struktur und Systematik.[15]

Die soziologische Interpretation wird als Kunstlehre verstanden, wonach der Forscher eine gewisse Kunstfertigkeit im wissenschaftlichen Forschen aufweisen muss. Die subjektive Leistung sollte im kreativen Erkenntnisprozess eingesetzt werden, darf allerdings die Theorie als subjektiv geprägtes Produkt nicht zu einem einzigartigen nicht nachvollziehbaren Kunstobjekt werden lassen. Das Alltagswissen sowie berufliches Wissen dienen als bedeutende Ressource für den Erkenntnisprozess. Die sozialwissenschaftliche Begriffsbildung muss dabei stets offen bleiben für Veränderungen.[16]

---

[12] Vgl. Glaser (2005), S. 31 ff.; Strauss (1998), S. 37 ff., 55 f.; Strübing (2004), S. 14 ff.
[13] Vgl. Böhm (2007), S. 479.
[14] Vgl. Strauss (1996), S. 43 ff.; ders. (1998), S. 60 ff.; Strübing (2004), S. 20 ff.
[15] Vgl. Strauss (1996), S. 17, ders. (1998), S. 64 f.
[16] Vgl. Glaser (2005), S. 41; Strübing (2004), S. 81; Strauss (1998), S. 13 ff.

1 Datenerhebung mittels Beobachtung

Gemäß dem Forschungsstil der Grounded Theory sollte vor Feldeintritt weder eine Auswahl festgelegt werden, welches empirische Material erhoben werden soll, noch welche Zusammensetzung dieses haben soll. Zur Erstellung eines Interviewleitfadens wurden dennoch wenige Parameter definiert, die aus dem ersten Festivalbesuch im Jahr 2008 und Fachliteratur zum musikalischen und sozialen Phänomen Techno stammten. Die Datenerhebung wurde nichtsdestotrotz offen gehalten für potentielle andere Aspekte. Empirie und Theoriegenese waren bei der Untersuchung des Phänomens Fusion Festival untrennbar miteinander verbunden. So wurde die Grounded Theory als Forschungsstil gewählt, um die Empirie nicht in vorgefertigte Erklärungsmodelle zu pressen. Die Generierung der Theorie zur Erklärung des Untersuchungsphänomens orientierte sich an den erhobenen Daten. Vice versa wurde das Sampling anhand der Analysen unmittelbar nach den Erhebungen weitergeführt. Deshalb war der Zugang zum Feld als Sampling von entscheidender Bedeutung.

Mittels Feldforschung sollte die Innenperspektive erzielt werden, denn durch die direkte Teilnahme kann die soziale Praxis präziser wahrgenommen und wirklichkeitsnaher interpretiert werden als von der Position des „Verandasoziologen"[17].[18] Im Fokus stand dabei die „kleine soziale Lebenswelt"[19] der Fusionisten. Diese kleine Lebenswelt ist nicht mit der sozialen Welt nach Strauss gleichzusetzen. Denn nicht die Erfahrung einer geteilten Lebenswelt mit anderen wird betrachtet, sondern die subjektive Erfahrung der gemeinsam konstruierten Wirklichkeit. Bedeutungszuschreibungen werden hierbei nicht als subjektiv produziert – und dann mit denjenigen geteilt, die die gleiche Wertschätzung haben – betrachtet, sondern als gemeinsam produziert. Das „Wir-Erlebnis" steht also im Vordergrund. Zudem zielt die Bezeichnung klein nicht auf einen kleinen Raum oder wenige Mitglieder ab, sondern die Reduktion möglicher Relevanzen auf das bestimmte Relevanzsystem Fusion Festival.[20] Die Feldforschung eignet sich deshalb besonders gut, um soziale Interaktion zu beobachten und zu erleben, da soziale Praxis stets eine Interpretation und Kommunikation von Zeichen und Symbolen ist.[21] Die Konstruktion der sozialen Wirklichkeit bezogen auf den Untersuchungsgegenstand lässt sich hiermit fruchtbar analysieren sowie Theorien generieren.[22]

---

[17] Girtler (2001), S. 43.
[18] Vgl. Girtler (2001), S. 43; Malinowski in Girtler (2001), S. 67 f.
[19] Vgl. Luckmann (2007); Honer (1999).
[20] Vgl. Hitzler (2007), S. 115 f.; Pfadenhauer (2005), S. 7.
[21] Vgl. Luckmann (1986, 1989) in Hitzler (2007), S. 115.
[22] Vgl. Pfadenhauer (2005), S. 11.

Der herausragende Vorteil der Beobachtung als Erhebungsmethode begründet die Anwendung beim Untersuchungsphänomen Fusion Festival als multisensorisches Erlebnis. Denn mittels Beobachtung werden nicht nur nonverbale Daten, sondern jegliches sinnlich wahrnehmbares Handeln erfasst.[23] Keine Interviewmethode oder andere denkbare Datenquellen können eine Beobachtung ersetzen, da sich nur hier die Organisation und Priorisierung von bestimmten Handlungen, die wechselseitigen Beziehungen zwischen Akteuren und deren kulturelle Praxis erfahren lassen.[24] Die Beobachtung erfolgte basierend auf Kontextwissen und einem flexiblen Beobachtungsleitfaden, der jedoch ziemlich schnell vernachlässigt wurde, um selektive Wahrnehmung weitgehend zu vermeiden, wenngleich eine verzerrte Perspektive aufgrund von begrenztem Erinnerungs- und Wiedergabevermögen nicht auszuschließen sind.[25] Daraufhin wurden relativ freie teilnehmende Beobachtungen durchgeführt, sofern dies mit Kontextwissen möglich war.[26] Die Flexibilität der teilnehmenden Beobachtung ist ein bedeutender Vorteil, da hier das theoretische Sampling besonders leicht umzusetzen ist, vorausgesetzt die Rückkehr ins Feld ist (noch) möglich. Außerdem kann das methodische Vorgehen dem Gegenstand ideal angepasst werden.[27]

Die Beobachtung wird in doppelter Hinsicht als Prozess beschrieben. Der prozessuale Zugang zum Feld und den Forschungssubjekten ist dabei eine Perspektive. Die andere Prozessperspektive beschreibt die zunehmende Konkretisierung und Konzentration auf diejenigen Phänomene, die der Theoriegenerierung dienen, was im Rahmen der Grounded Theory kein linearer Prozess ist. Die Beobachtung durchläuft die Phasen der Deskription, Fokussierung und Selektion. Zur Orientierung im Feld und unspezifischer Beschreibungen dient die deskriptive Beobachtung. Die Perspektive wird dann weiter auf relevante Aspekte fokussiert, um dann letztendlich nur noch selektiv zu beobachten.[28]

Anhand der Stellung des Forschers im Feld werden verschiedene Beobachtungstechniken bezeichnet. Die Anpassung an das soziale System des Festivals und damit die Übernahme der Rolle des vollständig Partizipierenden erschien besonders fruchtbar. In der Rolle des „Teilnehmers als Beobachter" gibt sich der Forscher als dieser zu erkennen. Da die Informanten hier über die Forschungsabsicht in gewissem Maße Bescheid wissen, sind Fragen zu bestimmten Handlungen oder Aussagen möglich (hier: in der Zeltlagergruppe). Beim vollständig Partizipierenden erfolgt die Beobachtung ohne Kenntnis der Beobachteten (hier: im

---

[23] Vgl. Cropley (2005), S. 91 f.; Girtler (2001), S. 61.
[24] Vgl. Lüders (2007), S. 391; Schensul (1999) in Kawulich (2005), S. 6.
[25] Vgl. Flick (2007 b), S. 289.
[26] Vgl. Girtler (2001), S. 68.
[27] Vgl. Flick (2007 b), S. 294.
[28] Vgl. Spradley (1980) in Flick (2007 b), S. 288.

Bühnenbereich). Letztendlich entstand ein Kontinuum von beobachtender Teilnahme bis hin zur teilnehmenden Beobachtung. Durch die zeitweise Loslösung von der beschriebenen Zeltlagergruppe konnten verschiedene Perspektiven erfahren werden. Dafür wurden bewusst Kontrastfälle untersucht. Die Konzentration auf die Teilnahme ermöglichte die Erhebung von Daten aus Beobachtung und subjektiven Erlebnissen.[29] Teilnahme kann als äußerst flexibler Begriff gedeutet werden, indem diese von Beobachtung einer Gruppe, in die der Forscher aufgenommen wurde, bis hin zur Übernahme einer spezifischen Rolle (abgesehen von der Forscherrolle) innerhalb der Gruppe reichen kann. Als grundsätzlich vorteilhaft lässt sich hier die Partizipation und Integration in eine natürliche Lebenssituation erachten, die aber auch beidseitige Interaktion und damit Beeinflussung bedeutet.[30] Denn trotz passiver Haltung beeinflusst der Forscher das zu untersuchende Feld und wird auch selbst beeinflusst. Die Rolle des Insiders verspricht aber auch ein besseres Verständnis des Beobachteten, da durch das going native der Forscher zu einem echten „Mitglied" wird. Während des Festivals erfolgte deshalb eine Identifikation mit den Werten der Forschungssubjekte. Wissen über die Symbolik (Sprache, DJs, Musikgenres etc.) der erforschten Kultur verhalf zu einem schnellen Feldzugang, was auch einen Zugang zum Denken der Feldteilnehmer bedeutete.[31] Dabei entstand häufig die Situation, mehr Insider zu sein als kritische Distanz zu wahren, was häufig als negativ angesehen wird,[32] Girtler hingegen als fruchtbar für die Forschung erachtet, um vermeintliche Selbstverständlichkeiten zugunsten echten Verstehens der Handlungen zu erzielen.[33] Um tatsächlich Erkenntnisse zu gewinnen, sollte die Rolle eines professionellen Fremden eingenommen werden, der sich in dem Lebensbereich engagiert und dennoch Distanz wahrt,[34] sprich zwischen primären Konzepten der Alltagssprache der Feldteilnehmer und den sekundären Konzepten der Wissenschaftssprache differenziert.[35] Insbesondere vorangegangene persönliche Erfahrungen von zahlreichen Techno-Partys und Festivals wie auch ein erster privater Fusionbesuch erleichterten zwar die Insiderrolle, aber erschwerten zugleich die Rolle des professionellen Fremden. Erst die zunehmende Distanz nach dem Feldaustritt und zusätzliche Vergleiche mit anderen Festivals, vor allem der Rockmusik, ließen die Besonderheiten der symbolischen Interaktionen der Fusionisten deutlich werden. Für Vergleiche dienten persönliche Erlebnisse von verschiedenen Festivals im

---

[29] Vgl. Pfadenhauer (2005), S. 8.
[30] Vgl. Girtler (2001), S. 63 f., 116 ff.; Kawulich (2005), S. 9 f.; Wolff (2007), S. 341.
[31] Vgl. Girtler (2001), S. 54 ff.
[32] Vgl. Bennett (2002), S. 456 f., 463 f.; Cropley (2005), S. 93; Wolff (2007), S. 341.
[33] Vgl. Girtler (2001), S. 80 ff., 120 f., 172.
[34] Vgl. Flick (2007), S. 291.
[35] Vgl. Spöhring (1989), S. 69.

Musikgenre des Reggaes im Jahr 2007 und Rock/Pop in 2008. Auch informelle Gespräche mit ehemaligen Besuchern von Rockfestivals (Highfield Festival, Hurricane Festival, Rock am Ring, Wacken Open Air), diversen Rockkonzerten, Reggaefestivals (Reggae Jam, Chiemsee Reggae Summer, Summerjam) und diversen Popkonzerten waren dabei sehr aufschlussreich und hilfreich bei der Vermeidung von „Selbstverständlichkeiten"[36]. Die persönlichen Erfahrungen auf verschiedenen Festivals wie auch die teilnehmende Beobachtung während der Fusion ermöglichen eine Einbettung der Gespräche, Diskussionen und Handlungen in den jeweiligen Kontext. Erst durch den Handlungskontext lassen sich diese wirklich verstehen und eine Fehlinterpretation vermeiden.[37]

Der konkrete Zugang zum Festival war relativ einfach, da bis zum Jahr 2009 die Anzahl der Tickets nicht begrenzt wurde. Nichtsdestotrotz waren finanzielle Aufwendungen (für Ticket und Anreise) nötig, welche jedoch im Vergleich zu anderen Festivals relativ gering ausfielen. Der Ticketpreis zwischen 30,- und 60,- EUR (je nach Kaufdatum) stellt eine vergleichsweise niedrige Eintrittsbarriere dar. Die Teilnahme am Festival wird darüber hinaus denjenigen ermöglicht, für die auch dieser geringe Eintrittspreis noch zu hoch ist, indem bei einer sechsstündigen Arbeitsschicht 30,- EUR verdient werden können. Das „going native" konnte erleichtert werden durch Schlüsselpersonen, die bereits mehrmals die Fusion besuchten. Über diese fand die Aufnahme in ein Zeltlager von einem Freundeskreis – bestehend aus jahrelangen Festivalbesuchern – statt, das aber auch jährlich Zuwachs durch erstmalige Festivalbesucher bekommt. Die Mitglieder des Zeltlagers wurden gleich bei der Anreise über die Forschungsabsicht aufgeklärt, worauf sie mit Interesse und genereller Offenheit reagierten. Vertrauen konnte in erheblichem Maße durch Anpassung an das Feld aufgebaut werden. Vor allem gemeinsame Aktivitäten (z. B. tanzen) waren hilfreich, wie auch gemeinsames Trinken von Alkohol Zungen löste und damit den Zugang zum Feld öffnete. Der gemeinsame Konsum wird auch von Girtler als bedeutende Geste des Forschers an die zu beobachtende Gruppe erachtet, um zu signalisieren, dass man wirklich Mitglied der Gruppe werden möchte.[38] Bei informellen Gesprächen wurde deutlich, dass die Kenntnis der Feldsprache zu einem besseren gegenseitigen Verständnis führte. Wissenschaftliche Begriffe waren da eher hinderlich. Trotz Integration bleibt der Forscher aber immer in einem Zustand des „Mitglieds im Schweben"[39], was auch während der Fusion häufiger erlebt wurde. Und so kam in manchen Situationen eine verhaltene Stimmung auf, in der sich die Feldteilneh-

---

[36] Girtler (2001), S. 134.
[37] Vgl. Bohnsack (2007), S. 21.
[38] Vgl. Girtler (2001), S. 90 ff.
[39] Ders. (2001), S. 127.

mer durch bloße Anwesenheit überwacht fühlten. Nach ausführlichen Gesprächen zu heiklen Themen äußerten sie außerdem häufiger die Bitte, dies nicht zu notieren. Hierbei wird der schmale Grat des Forschers deutlich, bei dem zu große Neugier, aber auch Zurückhaltung einen Spionageverdacht hervorrufen können.[40]

Abgesehen zur bereits erwähnten Zeltlagergruppe konnte die Beobachtung ansonsten nur verdeckt durchgeführt werden, da aufgrund der großen Anzahl an Besuchern eine Aufklärung über die Forschungsabsichten nicht möglich war. Um den ethischen Einwänden entgegen zu wirken, wurden alle Erforschten anonymisiert, sodass zumindest eine Nachvollziehbarkeit bei ca. 60.000 Besuchern unwahrscheinlich erscheint. Das Dilemma des Forschers bleibt jedoch, da letztendlich andere Menschen als Informanten für die eigene Arbeit genutzt werden.[41]

Im Rahmen der Erhebungsmethode der Beobachtung treten mehrere Schwierigkeiten auf. Die enorme Reizüberflutung im Feld stellte ein ernsthaftes Problem dar. Obwohl der Rückzug aus dem Feld in der Literatur betont wird, konnte dies während des Festivals keineswegs vollzogen werden. Selbst die Erholung im eigenen Zelt war nur marginal, da die Musik und Gespräche teilweise derart laut waren, dass auch Ohropax kaum noch wirksam waren. Zudem verursachte die erwünschte Identifikation mit den Feldteilnehmern auch das – allgemein übliche – Gefühl, etwas verpassen zu können und deshalb lieber wenig zu schlafen. Obwohl dies eine tagtäglich steigende Belastung zur Folge hatte, ermöglichte dies auch das Verständnis für unterschiedliche Aktivitäts- und Erholungsphasen an unterschiedlichen Festivaltagen, zu unterschiedlichen Tages- und Nachtzeiten.

Um Beobachtungen gegenstandsbezogen zu erfassen und selektive Wahrnehmung zu vermeiden, waren Gespräche mit Feldteilnehmern über bestimmte Eindrücke äußerst hilfreich. Denn als problematisch an der Beobachtung wird die Subjektivität angesehen, da sich der Forscher mit den Untersuchten in gewisser Weise anfreundet, um Zugang zum Feld zu erhalten. Diese Befangenheit kann durch den Ausstieg aus dem Feld reduziert werden. Laut Girtler hingegen bewahrt die subjektive Sicht den Anspruch, die soziale Praxis des Feldes richtig zu verstehen und keine Theorien aufzuzwingen.[42]

Beobachtungsprotokolle dienen dem nachträglichen Erfassen des Beobachteten und Wahrgenommenen sowie der Nachvollziehbarkeit der Forschung. Durch Erinnerungslücken geschuldet geben Protokolle dasjenige wieder, an das sich der Forscher erinnert. Sie stellen eine „rekonstruierende Konservierung"[43] dar. Sie sind Texte von Autoren, „die [...] ihre ‚Beobachtungen' und Erinnerungen nach-

---

[40] Vgl. Girtler (2001), S. 108.
[41] Vgl. ders. (2001), S. 171.
[42] Vgl. Kawulich (2005), S. 9; Girtler (2001), S. 54.
[43] Bergmann (1985) in Lüders (2007), S. 396.

träglich sinnhaft verdichten, in Zusammenhänge einordnen und textförmig in nachvollziehbare Protokolle gießen"[44]. Einmal abgesehen von der Interpretation der jeweiligen Texte entsteht beim Verfassen von Feldprotokollen keine „1:1-Repräsentation" der beobachteten Wirklichkeit, sondern eine Repräsentation komplexer Sinnstiftung des Forschers.[45]

Lüders und Aster sind der Auffassung, dass nur durch längere Teilhabe am Feld sowie durch Kombination von Beobachtung und Interview ein besseres oder gar wirkliches Verständnis erreicht werden kann.[46] Das Festival wird offiziell Donnerstag 21:00 Uhr eröffnet und Sonntag 0:00 Uhr beendet. Die längste mögliche Teilnahme am Feld wurde durch den Festivalbesuch von Mittwoch bis Montag realisiert, um so von der An- bis zur Abreise möglichst zahlreiche und unterschiedliche Situationen zu beobachten. Eine weitere Ausdehnung war aufgrund der begrenzten Dauer und der jährlichen Einmaligkeit nicht möglich. Wenngleich diese vermeintlich lange Teilnahme nicht den Vorstellungen von Ethnologen bzw. Soziologen entspricht, so muss dabei doch berücksichtigt werden, dass gerade dieser begrenzte zeitliche Rahmen die Besonderheit eines jeden Festivals bedingt. Wobei sich auch Unterschiede zwischen verschiedenen Festivals feststellen lassen. Das Fusion Festival dauert durchschnittlich zwei Tage länger als andere Musikfestivals in Deutschland. Zusätzlich wird hier ab der offiziellen Eröffnung jeden Tag 24 Stunden Musik gespielt, was bei vielen Festivals ebenfalls nicht vorkommt. Bei Rockfestivals enden die Konzerte beispielsweise spätestens 2:00 Uhr nachts.

Um der Kritik an der Subjektivität der Protokolle wie auch der Analyse entgegen zu treten, werden zuweilen die Daten- wie auch die Methodentriangulation vorgeschlagen. Da die Beobachtung die Datenerhebung mit allen Sinnen umfasst, erscheint die Forderung nach einem Mix von verschiedenen Erhebungsmethoden überflüssig. Der Vergleich der Daten auf Basis der Feldprotokolle von einem (Intra-Beobachter-Zuverlässigkeit) oder mehreren Forschern (Inter-Beobachter-Zuverlässigkeit) soll zudem unterschiedliche Sichtweisen auf ein Phänomen ermöglichen. Resultieren aus der Triangulation ähnliche Ergebnisse, wird irrtümlicherweise davon ausgegangen, dass die Interpretationen automatisch korrekt sein müssen. Die Triangulation dient durchaus der Validierung und Erkenntniserweiterung, kann jedoch eine umfassende Analyse und Begründung der generierten Theorien nicht ersetzen.[47]

---

[44] Lüders (2007), S. 396.
[45] Vgl. ebd., S. 397.
[46] Vgl. ebd., S. 391; Aster (1989), S. 128.
[47] Vgl. Lüders (2007), S. 400.

2 Befragung als ergänzende Erhebungsmethode

Ein intensives Literaturstudium zur Vorbereitung der Feldforschung diente einem breiteren Verständnis des Untersuchungsphänomens. Entsprechende Literatur musste jedoch sorgfältig geprüft werden, da aufgrund der stetigen Veränderungen der Kultur Techno die Literatur über bestimmte Phänomene sehr schnell veraltet. Zudem weist das Fusion Festival gewisse Besonderheiten in Abgrenzung zu anderen Technofestivals auf, die später noch eingehender erläutert werden. Daraufhin musste Kontextwissen unbedingt im Abgleich mit eigenen Erfahrungen angeeignet werden. Die offizielle Website sowie der Newsletter des Festivals lieferten zusätzliche Informationen. Nach Girtler kann wissenschaftliches Vorverständnis beim Erkenntnisprozess hinderlich sein, die betreffende Lebenswelt „von innen" her zu sehen.[48] Da jedoch die Teilnahme im Feld derart begrenzt war, stellte sich ein gewisses Vorverständnis als hilfreich dar. Daraufhin wurde ein Interview-Leitfaden zur Orientierung entwickelt, wenngleich dies die Gefahr der von Girtler kritisierten „Leitfadenbürokratie" birgt.[49]

Interviews ermöglichen ein besseres Verständnis sozialer Praxis, da durch offenes Fragen nach Situationsdeutungen und Handlungsmotiven eine diskursive Verständigung über Selbst- und Fremdinterpretationen möglich ist.[50] Girtler kritisiert die Interviewmethode, weil sie dem Interviewten lediglich kurze und unklare Antworten entlocke und er durch die Befragung auf eine „nachgeordnete" Position verwiesen werde.[51] Während des Interviews entsteht eine künstliche Befragungssituation, da sich Forscher und Interviewpartner fremd sind. Die Beziehung lässt sich aufgrund der dominanten Initiative des Forschers als asymmetrisch beschreiben, und sozial folgenlos für den Befragten.[52] Um die Künstlichkeit von Frage-Antwort-Situation zu verringern, wurden verschiedene Interviewmethoden kombiniert, die dem Befragten mehr Freiraum bei der eigenen Erzählung gewähren sollten. Obwohl Interviewpartner subjektive Einstellungen und Erfahrungen erzählen, geben sie doch als Experten – aufgrund der gemeinsamen Auslegungsmuster – ihre kleine Lebenswelt „objektiv" wieder. Das handlungsleitende Identitätskonzept des symbolischen Interaktionismus beschreibt, dass Handlungen aus der Wechselwirkung von wahrgenommenen Erwartungen anderer Menschen an die eigene Person und der persönlichen Gestaltung der (erwarteten) sozialen Rolle entstehen.[53]

---

[48] Vgl. Girtler (2001), S. 42.
[49] Vgl. Flick (2007 b), S. 223.
[50] Vgl. Hopf (2007), S. 350.
[51] Vgl. Girtler (2001), S. 147 ff.
[52] Vgl. Kromrey (1983) in Spöhring (1989), S. 148.
[53] Vgl. Spöhring (1989), S. 61, 153.

Das Interview ist ein interpersonelles Drama, indem Forscher und Befragter verschiedene Rollen einnehmen. Wird dem Gesprächspartner genügend Freiraum gewährt, so kann er sich in der Erzählung in verschiedenen Rollen präsentieren und damit eine umfassende Darstellung erreichen. Der Plot entwickelt sich generell interaktiv zwischen Forscher und Interviewpartner. Je mehr Freiraum der Erzähler hat, desto mehr strukturiert er die Dramaturgie selbst. Der Forscher kann dabei je nach Fragehäufigkeit mehr oder weniger Einfluss auf die Themen und Schwerpunkte nehmen.[54]

Da während des Festivals formale Interviews schwer durchzuführen waren, mussten die Erhebungsmethoden an die Situation angepasst werden. So wurden während des Festivals vermehrt ethnographische Interviews geführt. Die reflexive Interviewmethode der ethnographischen Interviews greift in Lebenswelten ein, um in Gesprächen aufzudecken, welche Prozesse unter bestimmten Bedingungen stattfinden und große soziale Zusammenhänge zu erklären, um letztendlich eine gegenstandsbezogene Theorie der jeweiligen Kultur zu erstellen.[55] Ethnographische Interviews stellen Gespräche dar, in denen der Forscher feinsinnig zuhört und in direkter Art nach spezifischen Deutungen des Gesprächspartners fragt.[56] Diese Methode ist gekennzeichnet durch spontane Gelegenheiten für Interviews, sprich wenn sich im Feld Kontaktaufnahmen zufällig ergeben. Derartige Situationen ergaben sich häufig während des Festivals in unmittelbarer Umgebung der Bühnen. Hierbei müssen zunächst den Gesprächspartnern die Forschungsabsichten erklärt werden, um dann in ein Interview überzugehen. Obwohl der Interviewer die Strukturierung des Gesprächs vornimmt, so soll dennoch dem Interviewten genügend Freiraum gegeben werden, damit er den Fokus auf bestimmte für ihn relevante Aspekte setzen kann.[57] Eine offene Fragestellung bietet dem Interviewten die Möglichkeit in eigener Sprache, eigenem Symbolsystem und eigenem Relevanzsystem als Experte von seiner eigenen kleinen Lebenswelt zu berichten.[58] Die Offenheit und Spontaneität dieser Interviewmethode ist Vor- und Nachteil zugleich. Es müssen keine Termine und Treffpunkte vereinbart werden, aber dementsprechend ist die Aufrechterhaltung des Interviews schwieriger, da die Situation zwischen freundlicher Unterhaltung und formalem Interview changiert.[59]

Die Komplexität der sozialen Interaktion spielt hierbei eine bedeutende Rolle. Denn jedes Interview ist eine Koproduktion von Interviewer und Interviewtem.

---

[54] Vgl. Pool (1957) in Heyl (2001), S. 373.
[55] Vgl. Burawoy (1998) in Heyl (2001), S. 378.
[56] Vgl. Heyl (2001), S. 369.
[57] Vgl. Spradley (1979) in Heyl (2001), S. 369.
[58] Vgl. Bohnsack (2007), S. 20f.
[59] Vgl. Flick (2007 b), S. 220f., 270.

Je nachdem welche Beziehung beide zueinander haben und unter welchen Bedingungen ein Gespräch zustande kommt, wird der Interviewpartner verschiedene Themen auswählen, die er mit dem Forscher teilen möchte.[60] Die Erkenntnis des Forschers ist dementsprechend ein Produkt aus der Kokonstruktion des Interviews und der Rekonstruktion während der Analyse. Der Forscher kann somit in der ambivalenten Rolle des „Goldgräbers" und des „Reisenden" beschrieben werden. Er gräbt sich immer tiefer in die Materie hinein und separiert das für ihn interessante Material, um dabei mit etwas Glück und dem richtigen Gespür etwas – für die Forschungsabsichten – Wertvolles zu finden. Außerdem begibt er sich stets auf eine „Erkenntnisreise", die vielleicht im Voraus grob geplant wurde, aber immer neue Wege versprechen neue unvorhergesehene Ereignisse.[61] Ein Inter-View verspricht zudem verschiedene Sichtweisen durch Interaktion während der Kommunikation zwischen den Gesprächspartnern.[62] Durch ethnographische Fragen erkundet der Forscher die kleine Lebenswelt des Befragten. Diese Fragetypen sind beschreibende, strukturelle und kontrastive Fragen. Strukturelle Fragen sollen Aufschluss darüber geben, wie der Interviewte sein Wissen über das Fusion Festival organisiert. Mit kontrastiven Fragen lassen sich Bedeutungszuschreibungen und damit auch Prioritäten des Informanten erkennen.[63]

Im Anschluss an ein Interview wird nicht nur der Gesprächsgegenstand untersucht, d. h. was der Befragte gesagt hat, sondern auch wie er es gesagt hat. Intonation, Pausen, aber auch bewusstes (Ver-)Schweigen sagen ebenso viel aus wie konkrete Worte. Der Forscher muss stets aufmerksam sein, nicht nur während der Gespräche, sondern auch in der Analyse, damit er genau erfasst, welche Bedeutungen der Befragte spezifischen Dingen und Handlungen beimisst. Auch gewisse „Schockmomente", in denen eine andere Antwort erfolgt, als eigentlich erwartet wurde, sind äußerst aufschlussreich im Erkenntnisprozess. Erwartungen des Forschers entstehen aus Vorwissen und bereits getätigten Beobachtungen sowie vorläufigen Theorien. Sieht sich dann der Forscher mit etwas völlig Unerwartetem konfrontiert, ist dies ein besonders deutliches Zeichen dafür, dass Theorien überarbeitet werden müssen.[64]

Themenzentrierte Interviews fanden vermehrt Anwendung, als eine Woche nach dem Festival Interviewtermine in Lüneburg vereinbart wurden. Die Partner wurden hierbei über Schlüsselpersonen vermittelt, die ähnliche Musikpräferenzen haben und deren Bekannte das Festival im Juni 2009 besuchten. Das Sampling erfolgte dabei auch nach Kriterien wie Alter, Geschlecht und Anzahl der Fusion-

---

[60] Vgl. Heyl (2001), S. 370.
[61] Vgl. Kvale (1996) in Heyl (2001), S. 370.
[62] Vgl. ebd., S. 373.
[63] Vgl. Flick (2007 b), S. 221.
[64] Vgl. Heyl (2001), S. 374 ff.

besuche, um Vergleiche zwischen potentiell unterschiedlichen Besuchergruppen zu ziehen. Das problem- bzw. themenzentrierte Interview zielt darauf ab subjektive Werthaltungen, Wahrnehmungen und Verarbeitung gesellschaftlicher Realität zu erfahren. Die Akteursperspektive ist entscheidend, da traditionelle Rollenvorgaben nicht länger gelten und selbstbestimmtes Handeln die Selbstreflexion jedes einzelnen Akteurs erforderlich machen. Das problemzentrierte Interview lässt sich ideal im Rahmen der Grounded Theory verwenden, da es ebenso auf die Generierung einer gegenstandsbezogenen Theorie abzielt. Das Kontext- bzw. Vorwissen dient als Grundlage für Frageideen. Das Offenheitsprinzip proklamiert hierbei vor allem, dass möglichst viele Informationen mittels Erzählung aus der Akteursperspektive erlangt werden, wobei der Interviewer durch gezielte Fragen die Problemzentrierung ergänzt. Während der Erhebung wie auch der Analyse müssen dabei unbedingt die Explikationen in den Antworten berücksichtig werden und keine Theorien „übergestülpt" werden. Obwohl diese Interviewtechnik ursprünglich einen Methodenmix mit Gruppendiskussionen, biografischen Methoden und standardisierten Fragebögen vorsieht, wurde dies in der vorliegenden Forschungsarbeit nicht verfolgt, da vor allem die Beobachtung der Festivalteilnehmer einen engen Gegenstandsbezug versprach. Jedes Interview begann mit einem Kurzfragebogen zu soziodemografischen Daten, um den späteren Gesprächsverlauf nicht durch derartige Faktenfragen zu behindern. Längere Erzählsequenzen, in denen die Befragten ihre eigenen Sichtweisen und Deutungen ansprechen konnten, eröffneten ergänzende Perspektiven für ein breiteres Erfassen der kulturellen Praxis, was durch verstärktes Nachfragen ergänzt wurde. Der Leitfaden diente dabei als Themen-Checkliste. Sondierungs- und Ad-hoc-Fragen sind bei dieser Interviewmethode durchaus legitim zur Generierung von detaillierten Erzählungen wie auch zum besseren Verständnis. Außerdem wurden im Anschluss in Postskripten die Kontextinformationen notiert, um bei der späteren Analyse die Aussagen (wie Ironie oder Befangenheit) besser verstehen zu können, aber auch im theoretischen Sampling neue Fälle auszuwählen. Problemzentrierte Interviews als „diskursiv-dialogische Verfahren"[65] verstehen den Befragten als Experten seiner Lebenswelt. Das bekundete Interesse an den subjektiven Erfahrungen der einzelnen Interviewpartner veranlasste sie frei von Erwartungen zu erzählen. Sie fühlten sich in der Rolle als Experte für das Fusion Festival von den Zugzwängen eines Interviews gelöst und führten ihre Antworten sehr ausführlich aus. Sie fühlten sich durch diese Rollenzuschreibung geehrt und nahmen sie deshalb sehr ernst. Dieses emotionale Engagement führt laut Girtler zu interner Gültigkeit.[66]

---

[65] Mey (1999) in Witzel (2000), S. 5.
[66] Vgl. Witzel (2000), S. 1 ff.; Spöhring (1989), S. 177 ff.; Flick (2007 b), S. 270 f.; Girtler (2001), S. 57.

Die themenzentrierten Interviews wurden mit verschiedenen Interviewtechniken durchgeführt, um die Potenziale und Grenzen der Techniken optimal zu kombinieren. Die ethnographischen Interviews fanden in der Face-to-Face-Situation statt. Im Anschluss an das Festival wurden mehrere Gesprächstermine auch als telefonische Interviews realisiert. Face-to-Face-Interviews sind gekennzeichnet durch synchrone Kommunikation in Zeit und (realem) Raum. Als vorteilhaft erweist sich hierbei, dass auch die nonverbale Kommunikation des Interviewten sowie die Atmosphäre der Situation erfasst werden können. Die direkte Interaktion führt zu spontanen Antworten, erfordert aber auch die schnelle Reaktion auf neue Aspekte, die weitere Fragen aufwerfen. Insbesondere die flexible Handhabung wie auch Weiterentwicklung des Leitfadens eröffnet zahlreiche Möglichkeiten, aber auch Herausforderungen. Die „double attention" des Forschers, d.h. gleichzeitiges Zuhören und auf Antworten mit vertiefenden Fragen reagieren, ist hierbei entscheidend über den Nutzen des Interviews.[67] Die iterativ-zyklische Vorgehensweise während der gesamten Forschung ist auch hier sinnvoll, weil die anschließende Analyse eines Interviews zu vertiefenden Fragen für das nächste Interview führt.[68]

Mittels telefonischer Interviews konnten nach dem Festival weitere Personen befragt werden. Der weite geografische Zugang ist ein entscheidender Vorteil dieser Interviewtechnik. Der Kontakt konnte über bereits erwähnte Schlüsselpersonen hergestellt werden, weshalb gleich zu Beginn der Gespräche ein gewisses Vertrauensverhältnis bestand. Dennoch mussten die Gesprächspartner mit größter Sorgfalt ausgewählt werden. Kollegen oder enge Freunde von Familienmitgliedern und eigenen Freunden wurden bewusst nicht befragt, um potentielle soziale Konsequenzen und Befangenheit im Antwortverhalten zu vermeiden. Obwohl Mimik und Gestik aufgrund der räumlichen Asynchronizität hierbei nicht beobachtet werden können, so darf nicht die Bedeutung von Intonation und Tonlage unterschätzt werden, die neben dem gesprochenen Wort zahlreiche Informationen liefern. Außerdem verlängerte sich die Interviewdauer im Vergleich zu Face-to-Face-Interviews. Insbesondere bei sensiblen Themen zeigten sich die telefonisch Befragten besonders offen und bereit Auskunft zu geben, was ein entscheidender Vorteil dieser Technik ist. Obwohl die Interviewsituation hier nicht wie in der Face-to-Face-Befragung positiv durch Arrangieren einer besonders angenehmen Umgebung beeinflusst werden konnte, so wurde aber darauf Wert gelegt, mit den Partnern einen geeigneten Termin zu vereinbaren, bei dem sie sich zu Hause und in einer möglichst stressfreien Situation befanden, um die Erinnerungsfähigkeit zu fördern. Obgleich der Zugang zu weiteren Interviewpartnern durch die telefo-

---

[67] Vgl. Wengraf (2001) in Opdenakker (2006), S. 3.
[68] Vgl. Opdenakker (2006), S. 2 ff.

nischen Interviews ermöglicht wurde, konnte dies zeitlich nicht beliebig ausgeweitet werden. Spätestens drei Wochen nach dem Festival mussten die Interviews eingestellt werden, da verblasste Erinnerungen nun vermehrt zu verzerrter Wahrnehmung führen konnten.[69]

Eine Aufzeichnung der Interviews per Tonbandgerät konnte aus zwei Gründen nicht durchgeführt werden. Zum einen waren die Nebengeräusche von Musik und anderen Menschen enorm, was eine niedrige Tonqualität verursachte. Denn die Interviews wurden dort geführt, wo der Kontakt zustande kam, ungeachtet von Ort und Zeit. So erfolgten manche Gespräche direkt an einer Bühne inklusive entsprechender Geräuschkulisse. Das passende Gesprächsklima wurde so z. B. über ähnliche Musikpräferenzen hergestellt, die „Interview-Bühne" vor der Festival-Bühne eröffnet.[70] Zum anderen und sehr viel schwerwiegender, aber ebenso charakteristisch für das Feld,[71] war das Misstrauen gegenüber einem Mitschnitt, weil die Interviewpartner das mit einem Journalisten assoziierten und daraufhin ablehnend reagierten. Wie bei Feldstudien üblich, mussten ein unvorbereitetes Feld sowie unbeliebte Fragen mit den Forschungsabsichten vereinbart werden.[72] Diverse Reaktionen auf das Forschungsvorhaben ließen die Vermutung entstehen, dass Betäubungsmittel der Hauptgrund für den Festivalbesuch seien. Fragen wie: „Muss man Drogen nehmen, um als Interviewpartner in Frage zu kommen?" oder „Worüber willst du denn schreiben? Es geht doch sowieso nur um Drogen!" sind dafür beispielhaft und erklären auch die partielle Abwehrhaltung gegenüber der Forschungsabsicht. Entscheidend beim Vertrauensaufbau war insbesondere die Ernsthaftigkeit der Forschungsabsicht, um den Verdacht der journalistischen Sensationslust und opportunistischem Verhalten abzuwehren. Dabei wurden die Gründe und zentralen Themen des anschließenden Gesprächs sowie das Versprechen der Anonymisierung der Daten erklärt. Nichtsdestotrotz zielten mehrere Fragen konkret auf das Thema Drogen ab, um deren Bedeutung im Rahmen des Festivals einschätzen zu können. Im Betäubungsmittelgesetz (BtMG) § 1 Abs. 1 Anlage I–III sind alle Substanzen aufgelistet, die per Gesetz als illegale („nicht verkehrsfähige") Betäubungsmittel gelten. In der vorliegenden Forschungsarbeit zählen aber auch legale Substanzen wie Alkohol oder Koffein dazu. Den Interviewpartnern wurde bewusst keine Definition von Drogen vorgelegt, damit sie selbst bei ihren Ausführungen entscheiden konnten, welche Substanzen sie als Drogen betrachten.

---

[69] Vgl. ebd.
[70] Vgl. Hermanns (2007), S. 363.
[71] Vgl. Lüders (2007), S. 392.
[72] Vgl. Girtler (2001), S. 71.

Bei den Interviews auf die Aufzeichnung per Tonbandgerät zu verzichten, wurde mit wachsendem Vertrauen seitens der Gesprächspartner honoriert. Das handschriftliche Notieren wurde akzeptiert und brachte einen weiteren Vorteil mit sich. Denn typische Fehler eines Interviewers bei qualitativen Befragungen wie z. B. Dominanz oder Ungeduld in der Gesprächssituation konnten durch das Notieren der Antworten minimiert werden. Die Mitschriften verlangsamten automatisch die Interviews, was den Befragten mehr Zeit zum Nachdenken und Erinnern von bestimmten Situationen und Emotionen ließ. Sie konzentrierten sich mehr auf ihre eigenen Erfahrungen bezüglich des Festivals und weniger auf den Interviewer. Viele Befragten bedankten sich sogar am Ende des Interviews, da sie aufgrund der Erzählaufforderung nicht nur ihre Erinnerungen weckten, sondern auch das Fusion Feeling erneut spürten.

Im interpersonellen Drama der Interviewsituation mussten folgende Schwierigkeiten bewältigt werden, wie das Dilemma der Vagheit, der Fairness und der Selbstpräsentation. Die Erwartungen an die einzelnen Interviews waren sehr hoch, die ex ante Vorgaben jedoch sehr vage. Diese verleiteten anfangs zu den bereits erwähnten Anfängerfehlern (Dominanz, Ungeduld), die jedoch mit zunehmender Routine und Konzentration auf das Mitschreiben minimiert werden konnten. Das Fairness-Dilemma wog besonders schwer, da einerseits möglichst viele persönliche Informationen gewonnen werden sollten, andererseits auch ethische Zweifel aufkamen. Letztendlich musste das geeignete Maß gefunden werden, wie viel Kenntnis über den Lebensbereich geäußert wird, um einerseits nicht als ein vermeintlich allwissender Forscher zu gelten und andererseits Akzeptanz und Verstehen des Feldes zu gewährleisten.[73]

3   Datenanalyse

Die Theorie zur Vergemeinschaftung der Besucher des Fusion Festivals wurde nach dem Forschungsstil der Grounded Theory generiert. Der von den Besuchern selbst festgelegte Fokus auf bestimmte Elemente der Festivalpraxis sowie deren In-Vivo-Kodes wurden aufgenommen, um mithilfe kulturwissenschaftlicher Paradigmen zu verstehen und zu erklären, wie Gemeinschaft konstituiert wird. Die Arbeit wurde als rekonstruktive Sozialforschung[74] realisiert, da einerseits die spezifische Vorgehensweise (Datenerhebung und Auswertung) erst im Forschungsprozess entstanden ist und methodologische Überlegungen zur Systematisierung und Reflexion im Rahmen der Rekonstruktion der Arbeitsprozesse dienten. An-

---

[73] Vgl. Hermanns (2007), S. 361.
[74] Vgl. Bohnsack (2007), S. 32 f.

Forschungsstil Grounded Theory

dererseits zielte bzw. zielt die Forschung auf die Rekonstruktion der Lebenswelt der Festivalbesucher ab. Die Verschränkung von Datenerhebung, -analyse und Theoriegenese zielt auf ein iterativ-zyklisches Vorgehen ab. Die hier beschriebene vermeintliche Reihenfolge der Prozesse fand deshalb in der Forschung so nicht statt. Das folgende Beispiel verdeutlicht exemplarisch die Überlegungen und anschließenden Entscheidungen unter Verwendung des eingangs erwähnten Kodierparadigmas (Abb. 1).

Abbildung 1 Kodierparadigma für sozialwissenschaftliche Fragestellungen (Darstellung nach Böhm in Flick 2007, S. 479).

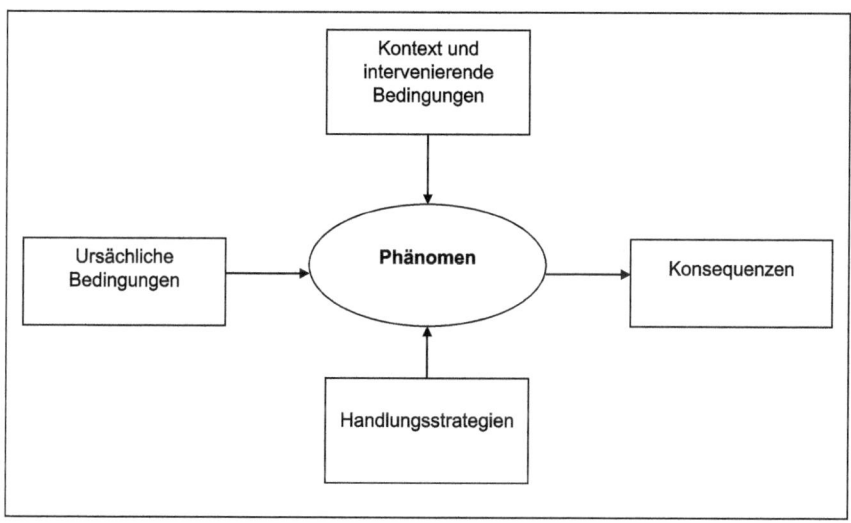

Hierfür lässt sich eine in den Interviews häufig geäußerte Unzufriedenheit über die zahlreichen Festivalbesucher (Phänomen) aufführen. Ursache für die jährlich immens steigenden Besucherzahlen ist die begeisterte Berichterstattung derjenigen, die das Festival bereits erlebt haben. Der Kontext und die intervenierenden Bedingungen sind das Gemeinschaftsgefühl. Nach dem Fusion Festival im Jahr 2009 sah sich der Kulturkosmos endgültig im Handlungszwang und hat infolgedessen zahlreiche Restriktionen (Handlungsstrategien) eingeführt, wie die Schließung des Online-Forums, aber auch die Begrenzung der Tickets auf 60.000 Stück. Die Konsequenz soll weniger Verärgerung und wieder mehr Begeisterung für das Festival mit nun zahlenmäßig begrenzten Besuchern sein.

Als Schlüsselkategorie kristallisierte sich in den Analyseprozessen immer stärker die Gemeinschaft heraus. Durch andere Menschen kann das Erlebnis für den Einzelnen positiv oder negativ erfahren werden. Die Gemeinschaft wird nicht nur bewusst aufgesucht, sondern stellt auch einen bedeutenden Grund für den Festivalbesuch dar. Anhand der definierten Schlüsselkategorie wurden Beobachtungen und Interviews immer stärker auf diesen Aspekt konzentriert (theoretisches Sampling). Dafür wurde das Verhalten der Festivalbesucher untereinander, zum Veranstalter wie auch zu (Musik-)Künstlern untersucht, um die entstehende Theorie zu verdichten. Außerdem waren Personenmerkmale anfangs ausschlaggebend für das Sampling. Dabei wurde zunehmend deutlich, dass weder Alter, noch Geschlecht der Teilnehmer eine unterschiedliche Festivalpraxis hervorrufen (constant comparative method). Die so genannte Techno-Szene – welche nicht als die eine existiert – begann zunächst als Jugendkultur. Mit der jahrelangen Entwicklung der Musik, haben sich auch die Anhänger weiterentwickelt, die ebenso wie die Musik reifer geworden sind.[75] Die Fusionbesucher sind ebenso keine Jugendlichen mehr, wenngleich sie mehrheitlich in ihrer Jugend begannen, Technomusik zu hören. Manche hören Musik dieses Genres tagtäglich, andere nur auf Partys oder Festivals, da sie gerne dazu tanzen. Nach eigenen Einschätzungen sind die Festivalbesucher zu 85 % im Alter zwischen 25 und 35 Jahren, ca. 10 % über 35 und nur 5 % im Alter von Anfang 20. Die Anzahl und Dauer der Besuche hingegen zeitigten entscheidende Unterschiede, was im weiteren Verlauf der Arbeit noch eingehender geklärt wird (Kontrastfälle).

Die Qualität qualitativ gewonnener Daten mit den Kriterien Objektivität, Validität und Reliabilität zu beurteilen, ist nicht ganz passend, da diese ursprünglich für die standardisierte (quantitative) Forschung entwickelt wurden. Dadurch ergibt sich auch ein unterschiedliches Verständnis der Begriffe. Reliabilität wird in der qualitativen Forschung mitunter als Vertrauenswürdigkeit und Vorhersagbarkeit verstanden. Die Prozesshaftigkeit wie auch geringe Standardisierbarkeit des Forschungsverlaufes verunmöglicht jedoch die beliebige Wiederholung der Forschung mit absolut identischen Ergebnissen.[76] Als wahr gelten somit jene Theorien, die noch nicht falsifiziert wurden. Die kontinuierliche Verifizierung beugt einer Falsifikation am Ende des Forschungsprozesses vor. Grounded Theory dient der Entwicklung von intern widerspruchsfreien Theorien, die zudem extern eine angemessene Repräsentativität der sozialen Phänomene garantieren sollen. Die interne Validität wird durch die sukzessive Theoriebildung wie -kontrolle gewährleistet.[77] Die externe Validität kann nur durch eine präzise Dokumentation der im

---

[75] Vgl. Hitzler (2010 a), S. 154.
[76] Vgl. Steinke (2007), S. 323 f.; Spöhring (1989), S. 28.
[77] Vgl. Strübing (2004), S. 77.

Forschungsprozess getroffenen Entscheidungen, z. B. zum Sampling, hergestellt werden.[78] Objektivität der Ergebnisse, sprich Unabhängigkeit von Messinstrument und Forscher[79], kann aus zwei Gründen schwerlich erreicht werden. Zum einen stellt die Datenanalyse eine mitunter subjektive Leistung des Forschers dar und zum anderen baut die Erhebung genau auf ebendiesen Erkenntnissen auf, entscheidet über Sampling, theoretische Sättigung etc.[80] Infolgedessen bestimmen die Charakteristika des Forschers das Ergebnis maßgeblich. Zu diesen Eigenschaften zählen seine analytische Kompetenz sowie theoretische und soziale Sensibilität und das Einhalten der unverzichtbaren Elemente der Grounded Theory (Kodieren, analytische Memos, iterativ-zyklische Vorgehensweise, theoretisches Sampling und theoretische Sättigung, stete Komparation inklusive generativer Fragen).[81] Die intuitive Kompetenz zur Theoriegenerierung des Forschers fließt in die o. g. Charakteristika stets mit ein.[82] Offenheit für neue Aspekte und stete Kommunikation mit den Experten der Lebenswelt (den Festivalbesuchern) ermöglichte kontrolliertes Fremdverstehen und damit methodische Kontrolle.[83]

Die Triangulation fand nicht nur als Validierungsstrategie, sondern insbesondere als zusätzliches Mittel zur Erkenntniserweiterung Anwendung. Die Ethnographie schließt alle möglichen, d. h. praktikablen und ethisch vertretbaren, Methoden zur Datengewinnung ein und vollzieht damit eine implizite Triangulation.[84] Wie bereits erwähnt, erfasst die Beobachtung alle sinnlich wahrnehmbaren Aspekte, also auch informelle Gespräche, aber keine Interviews. Die Between-Method-Triangulation fand in der vorliegenden Forschung demnach implizit und explizit (bewusste Kombination von Interviews und Beobachtung) Anwendung. Durch diesen Mix von reaktiven Interviews und (weitgehend) nichtreaktiver Beobachtung[85] konnten die jeweiligen Grenzen bzw. Schwierigkeiten der einzelnen Methoden minimiert werden.[86] Bei Interviews lässt sich hier die Informationsasymmetrie erwähnen, bei Beobachtungen die Probleme der Fehlinterpretationen und Verzerrung durch selektive Wahrnehmung.[87]

---

[78] Vgl. ebd., S. 77 ff.; Matt (2007), S. 585 f.
[79] Vgl. Diekmann (2008), S. 249.
[80] Vgl. Strübing (2004), S. 79 f.
[81] Vgl. Strauss (1996), S. 4, 25 ff., 169 ff.; Strübing (2004), S. 87 ff.
[82] Vgl. Bohnsack (2007), S. 27.
[83] Vgl. Hoffmann-Riem (1980), S. 343 f.
[84] Vgl. Flick (2007), S. 314.
[85] Vgl. Diekmann (2008), S. 565 zur Abgrenzung zwischen nichtreaktiver und reaktiver Beobachtung.
[86] Vgl. Steinke (2007), S. 320; Flick (2007 a), S. 313; Diekmann (2008), S. 542 f.
[87] Vgl. Diekmann (2008), S. 551.

II Allgemeiner Interviewleitfaden

Der folgende Leitfaden diente als Hilfe im Rahmen der Interviews. Je nach Situation wurden manche Fragen abgewandelt oder Andere vertieft.

Persönliche Angaben:
- Name
- Geschlecht
- Alter
- Beruf/Bildungsstand
- Wohnort
- Tag der Ankunft
- Tag der Abfahrt

Bedeutung von Musik:
- Welche Bedeutung hat Musik für dich?
- Welche Musik hörst du im Alltag?
- Welche Bedeutung hat Techno für dich?
- Wie oft gehst du auf Techno-Partys?
- Welche Festivals besuchst du jährlich?
- Warum bist du dieses Jahr auf der Fusion?
- Was wusstest du bereits vor deinem Besuch von der Fusion?
- Woher?

Fusion Festivalbesuch:
- Was verbindest du mit dem Fusion Festival? (spontan auflisten)
- Wie oft warst du bereits auf der Fusion?
- Warum fährst du regelmäßig zur Fusion?
- Welche Erwartungen verbindest du mit der diesjährigen Fusion?
- In welcher Weise hat sich das Festival in den letzten Jahren verändert?
- Wo auf dem Gelände verbringst du die meiste Zeit?
- Welche Bedeutung hat dein Zelt für dich?

Wahrnehmung/Faszination des Fusion Festivals:
- Was unterscheidet die Fusion von anderen Partys?
- Wie würdest du die Stimmung auf dem Festival beschreiben?
- Im Vergleich zu anderen Festivals: Worin besteht ein Unterschied?

- Was macht für dich die besondere Stimmung der Fusion aus?
- Welche Gefühle empfindest du auf dem Fusion Festival?
- Welche Rolle spielt für dich die Zeit während des Festivals? Verändert sich dein Zeitempfinden?
- Was gefällt dir am besten?
- Was gefällt dir gar nicht?
- Kommst du nächstes Jahr wieder?
- Welchen Grund könnte es geben, dass du nächstes Jahr nicht kommen wirst?
- Gibt es während des Festivals Situationen, in denen man regelrecht mit den Anderen „verschmilzt"? Beschreibe diese!

Andere Besucher:
- Mit wem bist du hier?
- Hast du auch andere Leute überzeugt, die Fusion zu besuchen? Wen?
- Welche Bedeutung haben die anderen Festivalteilnehmer für dich?
- Existiert hier eine Gemeinschaft/Community?
- Wer gehört dazu?
- Wer gehört nicht dazu? Bzw. wer passt nicht auf dieses Festival?
- Welche Bedeutung hat der DJ/die Band?
- Welche Einstellung hat deine Familie dazu, dass du dieses Festival regelmäßig besuchst?

Abgrenzung vom Alltag:
- Was unterscheidet das Festivalleben vom Alltag?
- Wie sieht dein Festival-Alltag aus?
- Nenne einige Aspekte, die du besonders am Festivalleben magst!
- Versuchst du, diese Aspekte in den Alltag zu integrieren?
- Welche Aspekte möchtest du gar nicht in den Alltag übernehmen?
- Wie hast du dich auf das Festival vorbereitet?
- Was machst du nach dem Festival?

Transzendenz und Ekstase:
- Welche Bedeutung haben Drogen auf dem Festival?
- Wie siehst du das im Alltag?
- Existieren hier Unterschiede im Vergleich zu anderen Festivals? (hinsichtlich Drogenkonsum)

MIX
Papier aus verantwortungsvollen Quellen
Paper from responsible sources
FSC® C105338

If you have any concerns about our products,
you can contact us on
ProductSafety@springernature.com

In case Publisher is established outside the EU,
the EU authorized representative is:
**Springer Nature Customer Service Center GmbH
Europaplatz 3, 69115 Heidelberg, Germany**

Printed by Libri Plureos GmbH
in Hamburg, Germany